Erfolgreich beim Kunden in der digitalen Welt

Springer-Verlag Berlin Heidelberg GmbH

Peter Vervest · Al Dunn

Erfolgreich beim Kunden in der digitalen Welt

Mit Beiträgen von
Martijn Hoogeweegen, Nancy Foy Cameron
und Thomas Weesing

Mit 36 Abbildungen

 Springer

Professor Dr. Peter Vervest
D-Age Management BV
Bergweg 173
3707 AC Zeist
Niederlande
vervest@d-age.com

Al Dunn
Dunn Vervest Associates Ltd
Northfield
17 Berks Hill
Chorleywood WD3 5AG Herts
Großbritannien
al.dunn@dial.pipex.com

Titel der englischen Originalausgabe:
Peter Vervest, Al Dunn, How to Win Customers in the Digital World

Übersetzt aus dem Englischen von:
Frau Dipl.-Dolm. Iris Krebber M.A.

Die Deutsche Bibliothek – CIP-Einheitsaufnahme
Vervest, Peter: Erfolgreich beim Kunden in der digitalen Welt / Peter Vervest; Al Dunn. –
Berlin; Heidelberg; New York; Barcelona; Hongkong; London; Mailand; Paris; Tokio:
Springer, 2002

ISBN 978-3-642-62648-7   ISBN 978-3-642-56028-6 (eBook)
DOI 10.1007/978-3-642-56028-6

http://www.springer.de

© Springer-Verlag Berlin Heidelberg 2002
Ursprünglich erschienen bei Springer-Verlag Berlin Heidelberg New York 2002
Softcover reprint of the hardcover 1st edition 2002

Umschlaggestaltung: Erich Kirchner, Heidelberg

SPIN 10837645   42/2202-5 4 3 2 1 0 – Gedruckt auf säurefreiem Papier

„Survival is not mandatory,
you do have a choice"

(„Überleben wird nicht befohlen,
es ist Ihre Entscheidung")

EIN JAPANISCHER MANAGER

Geleitwort

Total Action muss das Funktionsprinzip jedes Unternehmens sein. Diejenigen Unternehmen, welche es verstehen, den Kunden in der heutigen anspruchsvollen Welt des totalen Wettbewerbs zu überzeugen, halten den Schlüssel zum geschäftlichen Erfolg in Händen. Fragt man Führungskräfte und Mitarbeiter nach ihrer Meinung, bekunden ausnahmslos alle, dass sie diese Weisheit durchaus verstanden haben, es dennoch als unglaublich schwierig empfinden, gemeinsam konstruktiv auf dieses Ziel hinzuarbeiten. Die „digitale Welt" funktioniert nach einer völlig neuen geschäftlichen Logik mit dem Tenor: Wir müssen schnell und effektiv handeln, um unsere zunehmend anspruchsvollen und fortschrittlichen Kunden zu halten und neue Kunden hinzuzugewinnen. Dabei ist es unerheblich, ob es sich um individuelle Kunden oder Unternehmen handelt. Die meisten Kunden fordern viel mehr, als viele Unternehmen zu bieten im Stande sind.

Es heißt, dass der Erfinder des Telefons davon überzeugt war, dass seine Erfindung vor allem dazu genutzt werden würde, jemanden darüber in Kenntnis zu setzen, dass ein Telegramm an ihn abgeschickt worden sei. Heute wissen wir, dass man mit einem Telefon – und all den damit verbundenen digitalen Geschäftstechnologien – noch sehr viel mehr machen kann. Doch um erfolgreich zu sein, gilt es, das eigene Handeln neu zu überdenken. Warum erledigen wir die Dinge auf diese Weise und nicht anders? Und weshalb tun wir sie überhaupt? Dies sind die Ausgangsfragen für das hier vorliegende Buch.

Die Autoren vergleichen traditionelle Organisationsmuster mit den Möglichkeiten der neuen digitalen Technologien. Diese Technologien sind entscheidend für eine Wiederbelebung der oftmals träge gewordenen Großunternehmen. Sie verdeutlichen den essentiellen Grundsatz alles geschäftlichen Handelns, demzufolge nur zufriedene Kunden Gewinne garantieren. Dank der digitalen Technologien können die Unternehmen nun ihr eigenes Handeln im Dienste des Kunden völlig neu organisieren. Um davon profitieren zu können, müssen sie jedoch den Kunden ins Zentrum ihrer Entscheidungsprozesse stellen und das eigene Handeln aus der Perspektive des Kunden bewerten.

Wie viele führende Unternehmensvertreter habe auch ich selbst die Erfahrung gemacht, dass es eine extrem schwierige – manche würden sagen eine aussichtslose – Aufgabe ist, ein Unternehmen aus seinem bequemen Verhalten der Vergangenheit herauszureißen und zu einem gewinnorientierten und auf den Kunden konzentrierten Hochleistungsunternehmen zu machen, wie es heutzutage für den wirtschaftlichen Erfolg unerlässlich ist. Der *Total Action*-Ansatz geht dazu von einer neuen – möglicherweise einzigartigen – Kombination von Managementdenken und Erfahrung aus, auf der die notwendige detaillierte Vorstellung von einem Unternehmen neuen Typs mit „totaler Leistung" für den Kunden und für alle beteiligten Interessengruppen aufbaut.

Ein solches Unternehmen aufzubauen ist keine leichte Aufgabe. Im Geschäftsleben geht es darum, Entscheidungen zu treffen und Kompromisse zu schließen. Stützt ein Unternehmen sich auf die digitalen Technologien, so werden diese Kompromisse unabhängig davon, ob es sich nun um E-Mail-Kontakte oder anspruchsvollere webgestützte Wissenssysteme und elektronischen Geschäftsverkehr handelt, weithin sichtbar. In einem Umfeld des direkten Austausches von Informationen können wir heute bessere Entscheidungen treffen, die dem Kunden dienen und für jeden Mitarbeiter des Unternehmens intellektuell und handlungstechnisch nachvollziehbar sind.

Sie werden vielleicht jetzt fragen: Ist das denn ein realistisches Ziel? Haben wir denn überhaupt eine Wahl? Wenn wir uns an die Anfänge des „Total Quality Management" zurückerinnern, dann bestand damals der Grundgedanke darin, dass das gesamte Management und nicht nur die Qualitätsabteilung für die Sicherung der Qualität verantwortlich ist. *Total Action*, wie es in dem vorliegenden Buch verstanden wird, geht von dem Grundgedanken aus, dass Kundenzufriedenheit eine Aufgabe für das gesamte Unternehmen darstellt und nicht der Vertriebs- oder Kundenservice-Abteilung überlassen werden kann. Für mich ist diese Einsicht von essentieller Bedeutung. Die Autoren machen unmissverständlich klar, wie die digitalen Technologien einem Unternehmen dabei helfen können, mehr über den Kunden zu erfahren und ihn damit besser zu verstehen. Sie weisen auch darauf hin, dass diese Einsichten nur dann sinnvoll genutzt werden können, wenn alle Mitarbeiter des Unternehmens sie teilen. Auf der Grundlage einer solchermaßen verbesserten Kundenkenntnis lässt sich dann eine neue Kundenbeziehung aufbauen, die in der digitalen Welt wichtiger sein wird als jemals zuvor.

Ich bin davon überzeugt, dass dieses Buch einfache, aber eindeutig überzeugende Ansätze bietet, mit denen ein Unternehmen seine Strukturen ganz auf den Kundenerfolg ausrichten kann. Es beleuchtet die Perspektive des Managements im Zusammenhang mit den faszinierenden, wenn auch gelegentlich verwirrenden Entwicklungen der heutigen Telekommunikations- und Computertechnologien.

Ben Verwaayen
Chief Executive Officer, BT plc
früher Vice Chairman und Chief Operating Officer, Lucent Technologies

Vorwort

Viele Manager stellen die schwierige, aber gleichwohl unausweichliche Frage: „Wie können manche Unternehmen noch wirkungsvoll und entschieden handeln, während die digitale Welt das gesamte Geschäftsleben völlig verändert?" Sie sehen, wie das eigene Unternehmen in dem Bemühen, neue Kunden zu gewinnen und alte zu halten, interne Kämpfe ausficht und sich gleichzeitig gegen die Unsicherheit des Wettbewerbs, der Technologie und der Internationalisierung behaupten muss. Andere Unternehmen verzeichnen als Ergebnis ihrer Bemühungen um Kundentreue und eine zufriedene Kundschaft enorme Erfolge und Wachstumsraten! Wie haben diese Unternehmen es geschafft, so erfolgreich zu sein?

Um nicht nur zu überleben, sondern zu wachsen und erfolgreich zu sein, müssen die heutigen Unternehmen sich neu definieren und auf das Prinzip von *Total Action* einstellen, indem sie gewährleisten, dass alles Handeln für einen benannten Kunden des Unternehmens einen Mehrwert bedeutet. Die digitalen Geschäftstechnologien ermöglichen die Verwirklichung dieser Zielsetzung. Allerdings reicht die Technologie allein nicht aus. Unsachgemäß angewandt kann sie mehr Schaden anrichten, als sie Gutes bewirkt. Statt den Erfolg des Kunden durch ein bestimmtes Verhalten zu garantieren, kann die Technologie auch negativ wirken und mögliche Missstände in den Unternehmen verstärken, welche damit für die betreffenden Kunden leicht sichtbar werden. Eine solche *Fatal Inaction* wird das Scheitern von vielen der heute im Markt aktiven Unternehmen bewirken. Dieses Scheitern manifestiert sich an der Erfolglosigkeit von Kundenkontakten. Es wird auch erkennbar an intensiven Aktivitäten, die keinerlei Beitrag zu einem erfolgreichen Handeln des Unternehmens gegenüber dem Kunden leisten. Viele (wenn nicht gar die meisten) Unternehmen haben sich von ihren Kunden distanziert. Im Laufe der Zeit haben sich ihre Aktivitäten in besondere Funktionsbereiche und Abteilungen aufgespalten, die es sich zur Aufgabe erklären, ihre eigenen geschäftlichen Aufgaben zu betreuen und weiterzuentwickeln.

Solche Unternehmen laufen mit der Zeit völlig aus dem Ruder. Auch wenn die Belegschaft aus hochintelligenten Mitarbeitern besteht, sind diese in einem Klima des innerbetrieblichen Autismus unfähig, konstruktiv zu handeln. Alle Handlungen des Unternehmens sind nach innen gerichtet, und es werden interne Märkte bedient, deren Regeln und Verhaltensstandards eine mit der digitalen Geschäftswelt völlig unvereinbare Starrheit aufweisen. Zwischen den Aktivitäten an der Verkaufsfront und der internen Organisation bildet sich eine unüberwindliche Trennwand. Die Verkaufsmitarbeiter verlieren jegliche Handlungskompetenz und fühlen sich in Anbetracht des Unvermögens ihrer eigenen Verwaltungsstrukturen frustriert und demotiviert. Der Verwaltung dagegen ist das Risiko eines schlechten Service gegenüber dem Kunden gar nicht bewusst.

Dieses Buch möchte den Unternehmen zeigen, wie sie solche Mängel bewerten und erfolgreich bekämpfen können. Indem sie sich ganz auf den Kunden konzentrieren und für ihn engagieren, können sie den Zustand fataler Untätigkeit überwinden und zu einem Unternehmen mit *Total Action* werden. Nur so wird es ihnen möglich sein, in der digitalen Welt Kunden zu gewinnen. Das vorliegende Buch versteht sich als Anleitung. Zahlreiche lebendige Beispiele veranschaulichen, wie die beschriebenen Unternehmen – und ihr Management – die entscheidenden Schritte unternehmen können, um unter Einsatz der bestehenden Ressourcen eine dauerhaft stabile Beziehung zu ihren Kunden aufzubauen.

Unser Ziel ist es aufzuzeigen, wie es den Unternehmen gelingen kann, sich erneut auf die Lebenswirklichkeit des Kunden zu konzentrieren – um seine Bedürfnisse erkennen und wirksam reagieren zu können. „Für den Kunden zu denken" ist nicht ausreichend. Es muss vielmehr darum gehen, „für den Kunden zu handeln". *Total Action* ist viel mehr als nur ein Konzept oder ein Denkansatz. Es umfasst eine Reihe von Instrumenten zur vollständigen Konzentration auf den Kunden mit dem Ziel eines Ausbaus der Geschäftstätigkeiten und der Erfüllung aller Kundenanforderungen. Die direkte Versorgung von Einzelpersonen wie auch der Mitarbeiterteams mit den für den Kundenerfolg erforderlichen Informationen kann mit effektiv genutzten digitalen Technologien gewährleistet werden.

Das vorliegende Buch ist das Ergebnis unserer Arbeit mit komplexen Organisationsstrukturen, in denen eine Vielzahl von Führungskräften sich in ihrer Handlungsfreiheit eingeengt fühlt, weil ihre Organisation nicht in der Lage ist, flexibel und wirkungsvoll auf die Anforderungen der digitalen Welt zu reagieren. Wenn Manager erkennen und verstehen, dass sie sich dem Kunden auf neue Art und Weise nähern und ihr Unternehmen ganz auf eine Erfüllung der Kundenwünsche ausrichten müssen, haben sie alle Trümpfe in der Hand. Sie müssen dann auch in die Lage versetzt werden, die ersten Schritte in die Wege zu leiten, um ihr Unternehmen zu einem *Total Action*-Betrieb zu machen.

Total Action ist ein Ansatz für Strategen, denn schließlich geht es darum, das Unternehmensschiff zuverlässig durch zunehmend unsichere und unerforschte Gewässer zu navigieren. Den für die Umsetzung verantwortlichen Führungskräften obliegt die Auslegung dieser Strategien – und Überzeugungen – in Form von Aktivitäten in einem komplexen und unbeweglichen internen Markt mit unvereinbaren und widersprüchlichen Anforderungen. Den IT-Fachleuten fällt die Aufgabe zu, die neuen Geschäftstechnologien und Geschäftsmöglichkeiten in ein Kompendium von häufig veralteten Systemen und Verhaltensweisen einzupassen. Da wir so viele von ihnen geschult und ausgebildet haben, richtet sich dieses Buch vor allem auch an diejenigen Mitarbeiter, deren zentrale Aufgabe darin besteht, die Kapazitätspotentiale ihrer Untergebenen zur Entfaltung zu bringen, damit wirkungsvolles Handeln in einer digitalen Welt garantiert werden kann.

Ein weiteres Ziel unserer Arbeit bestand darin, die fehlende Verbindung zwischen der obersten Unternehmensführung und dem alles entscheidenden einzelnen

Kunden herzustellen, bzw. die Mitarbeiter an der Verkaufsfront mit der Verwaltung und den Kollegen in der Produktion zu vernetzen. Es ist unser Anliegen zu vermeiden, dass die neuen Technologien einen verwirrenden oder bedrohenden Einfluss ausüben. Sie sollen es den Unternehmen vielmehr ermöglichen, eine neue, am Kunden orientierte Perspektive zu gewinnen und alle vorhandenen Potentiale zu aktivieren, damit die Kunden und letztlich auch die Unternehmen selbst am erreichten Erfolg partizipieren.

Total Action ist das Ergebnis der Erfahrungen, die wir im Laufe vieler Jahre mit den Unternehmen unserer Kunden und unseren Kollegen gemacht haben. Wir danken unserem Beraterteam bei *Multimedia Skills* für ihre konstruktive Mitarbeit. Sie haben die Umsetzung und Weiterentwicklung unserer Ansätze und Überzeugungen in unternehmerisches Handeln geprägt und unsere Arbeit mit neuen Einsichten und Erfahrungen bereichert. Gleichzeitig bitten wir sie um ihr Verständnis dafür, dass sie doch recht lang auf die Veröffentlichung dieses Buches haben warten müssen. Wir danken insbesondere Martijn Hoogeweegen von *Multimedia Skills*, der uns mit seiner Dissertationsarbeit „Modular Network Design" nicht nur eine klare Beschreibung seiner Arbeit geliefert, sondern auch einen entscheidenden Beitrag zu der Veröffentlichung des vorliegenden Textes geleistet hat. Unserer Assistentin Karen Verhoef gebührt ein Dank für den Beweis ihres organisatorischen Geschicks, ihre Geduld und ihr unverbrüchliches Engagement. Wir danken auch Thomas Weesing für seine wertvollen Anregungen, die für das Grundkonzept dieses Buches von unschätzbarem Wert waren.

Vor allem aber danken wir unseren Kunden, insbesondere denjenigen unter ihnen, die so überzeugt von unseren Ansätzen und Erfahrungen waren, dass sie *Total Action* in ihren Strukturen einführten, obwohl ihnen aus dem näheren Umfeld oftmals Zynismus und Zweifel entgegenschlugen. Vergessen wollen wir auch nicht die Kunden unserer Kunden, die einen entscheidenden Beitrag dazu leisteten, dass der *Total Action*-Ansatz sich als erfolgreich erweisen konnte.

Einen entscheidenden Beitrag zur Weiterentwicklung unseres *Total Action*-Ansatzes leistete auch eine Forschungsreise in die USA, die wir im Juni 1998 unternahmen. Wir luden eine Reihe von Persönlichkeiten, die wir als kreativ, aber auch kritisch unseren Ideen gegenüber einschätzten, auf die Reise ein, während derer wir mit führenden amerikanischen Wirtschaftsvertretern, Akademikern und Unternehmern zusammentrafen. Der erste Entwurf des Buches wurde ihrer Kritik – die nicht immer zur Freude der Autoren ausfiel – unterworfen. Wir möchten allen Teilnehmern für einen höchst angenehmen und anregenden Forschungsaufenthalt danken: Rinette Julicher (Landwirtschaftsministerium der Niederlande), Cees Ottevanger (Polizei Rotterdam), Freddy de Slachmuylder (PTT Post, heute TPG), Gert van der Weide (IBM), Vincent Everts (Mediaplaza), Prof. Hans Wissema, Hakån West (Nokia), Prof. René Wagenaar (KPN Research), Gerrit de Vries (Technical Union). Sie alle waren mehr als hilfreich. Die Forschungsreise wäre nicht möglich gewesen ohne die Unterstützung von Adriaan Ligtenberg (A3 Ventures), Prof. Jim Senn und Prof. Dick Welke (Georgia State University) und Prof. Benn Konsynski (Emory Business School, Atlanta). Wir danken allen Unterstützern für ihre großzügige Hilfe. Ein Dank gebührt auch Ken Shain (damals Cyco International, Atlanta) für seine vielfältige Unterstützung. Darüber hinaus danken wir zahlreichen amerikanischen Unternehmen für die große Geduld, die ihre Vertreter bei unseren Befragungen über die digitalen Technologien und deren Anwendung in den einzelnen Unternehmen aufbrachten.

Chris Kemp betreute die englische Version des vorliegenden Textes. Nancy Foy Cameron leistete einen wichtigen Beitrag bei seiner sprachlichen Verbesserung. Al Dunn möchte anerkennend einen frühen Mentor, den verstorbenen Philip H. Dorn (Phil) aus New York, erwähnen, welcher vor etwa 20 Jahren klärend darauf hinwies, dass mit Humor jede Kommunikation ein Erfolg sein kann und der gesunde Menschenverstand letztlich Klärung in jedes Chaos zu bringen in der Lage ist.

Peter Vervest, Amersfoort, Niederlande
Al Dunn, Chorleywood, England

Vorwort zur deutschen Ausgabe

Der heutigen Unternehmenswelt bietet sich die außergewöhnliche Gelegenheit, die neuen digitalen Geschäftstechnologien umsichtig zu nutzen und damit ihren geschäftlichen Erfolg für die Zukunft zu sichern. Als Unternehmen oder auch als einzelne Manager sind wir konfrontiert mit den zum Teil erstaunlichen Möglichkeiten dieser Technologien. In der jüngeren Vergangenheit wurden wir Zeugen des Siegeszuges von Internet und World Wide Web. Es war der Beginn einer wahrhaft mobilen Welt, der alles umfassenden Welt des E-Business. Das Internet gehört heute bereits fast überall zum Standard. Es stellt einen neuen Kanal für den Kontakt zwischen Unternehmen und Kunden dar. Bei einer umsichtigen Nutzung bietet diese neue Kontaktmöglichkeit für beide Seiten einen echten Mehrwert. Heute können Kunden und Interessierte zu jeder Zeit und von jedem Ort aus Kontakt zu unseren Unternehmen aufnehmen. Sie nutzen ihre Mobiltelefone, um Informationen zu sammeln und Transaktionen auszulösen und leisten so einen Beitrag zur Steigerung von Umsätzen und Gewinnen.

Einige Akteure haben ihre Chance erkannt und verwirklichen ihre Vision. Andere sind zunehmend verunsichert und fragen sich, was an der Welle der neuen Technologien wirklich wichtig ist und für das eigene Unternehmen nutzbar gemacht werden sollte. Sie wissen nicht, wie sie dabei vorgehen sollen. Wir alle haben im Jahre 2000 den Albtraum der „E-Welt" miterlebt, als viele überzogene Erwartungen auf den Boden der Realität zurückgeholt wurden. Auch in dieser Situation wurden die Wurzeln jedes geschäftlichen Handelns erneut deutlich: Es geht letztlich darum, den profitträchtigen Kunden von der eigenen Leistung zu überzeugen und immer wieder neu für sich zu gewinnen.

Total Action – mit der wir den Kunden in einer digitalen Welt für uns gewinnen – ist eine auf Erfahrung aufbauende pragmatische Anleitung zum Erfolg in einer Welt der digitalen Geschäftsbeziehungen. Die grundlegenden Möglichkeiten der digitalen Geschäftstechnologien werden vorgestellt. Es wird gezeigt, wie auch Ihr Unternehmen von ihnen profitieren kann, und wie es sie idealerweise umsetzt.

Total Action will keine großen Visionen verwirklichen. Wir konzentrieren uns vielmehr auf die wirklich wichtigen Aspekte eines erfolgreichen geschäftlichen Handelns und zeigen auf, was zu dessen Erreichung zu tun ist. Unser *Total Action*-Prinzip fußt auf langjähriger Erfahrung mit dem Management des Wandels in komplexen Organisationsstrukturen. Kernpunkt der zentralen Veränderungen ist eine Perspektivänderung weg von der Konzentration auf ausschließlich interne Belange und hin zur Schaffung von Mehrwert für den Kunden. Der *Total Action*-Ansatz ist eine entscheidende Wegbeschreibung für den Erfolg in einer unsicheren digitalen Welt. Seine Umsetzung garantiert einen Mehrwert für den Kunden und das Unternehmen in allen geschäftlichen Aktivitäten.

Unsere Erfahrung hat gezeigt, dass viele Unternehmen nicht ausreichend für die Auswirkungen der digitalen Geschäftstechnologien gewappnet sind. Sie stehen vor allem den neuen Anforderungen an ihre interne Organisation hilflos gegenüber. Dabei bieten die digitalen Technologien ein enormes Potential für Leistungsverbesserungen. Mit ihrer Hilfe können unnötige Aktivitäten und Kosten eliminiert werden. Die digitalen Technologien können dafür sorgen, dass sich Ihr Unternehmen auf sein wichtigstes Ziel konzentriert: die Neugewinnung von Kunden und die Erwirtschaftung von Gewinn.

Es ist nicht immer einfach, dieses Ziel zu erreichen. Viele Unternehmen sind konfrontiert mit dem Beharren auf bestehenden Organisationspraktiken, dem technologischen Ballast vergangener Jahre, der zunehmenden Unsicherheit in Anbetracht einer Vielfalt von Möglichkeiten und den enormen Schwierigkeiten, wenn es darum geht, das Verhalten einer Struktur als Ganzes wie auch das einzelner Mitarbeiter zu ändern. Wir haben dieses Buch für diejenigen unter Ihnen geschrieben, die erkannt haben, wie dringend notwendig der Wandel für bessere Leistungen ist, und die noch nach den richtigen Argumenten suchen, um die eigenen Unternehmen zu wahrhaft wirksamem Handeln zu überzeugen.

Total Action ist ein Leitfaden für die effektive Nutzung der Möglichkeiten der digitalen Geschäftstechnologien und die Überwindung von Hindernissen auf dem Weg zu diesem Ziel. Wir hoffen, dass dieses Buch zu einem besseren Verständnis und einer wirkungsvolleren Umsetzung dieser Prinzipien beitragen kann.

Wir danken dem Springer-Verlag, und dort insbesondere Marianne Bopp, für die Unterstützung bei der Vorlage der deutschen Übersetzung. Vor allem aber danken wir der Übersetzerin Iris Krebber für ihre Arbeit. Sie hat es verstanden, nicht nur unsere Worte zu übersetzen, sondern auch die tiefer liegende Botschaft unserer Erfahrungen und grundlegenden Überzeugungen zu vermitteln.

Inhalt

Abbildungsverzeichnis

1 Handlungsgrundsätze für die Führungsetage

Die neuen digitalen Geschäftstechnologien versetzen heutzutage Organisationen in die Lage, eine nahezu totale Kommunikation sowie unmittelbaren Zugang zu Informationen zu gewährleisten. Dies kann in der jeweiligen Organisationsstruktur zu beträchtlichen Leistungsverbesserungen führen. Allerdings gibt es auch zahlreiche Beispiele für Misserfolge. Einige davon werden in dem vorliegenden Buch dargestellt. Sehr häufig bewirken die neuen Technologien keinerlei Verbesserungen für die zentrale Frage einer erfolgreichen Unternehmenstätigkeit: wo und wann man mit dem Kunden in Kontakt tritt. Wir sind der Ansicht, dass gerade diese Frage mit Hilfe der neuen digitalen Geschäftstechnologien besser als jemals zuvor beantwortet werden kann. Erfolge werden auf dreierlei Arten erzielt:

- *Der Kunde steht grundsätzlich im Zentrum der Entscheidungsfindung.*
- *Es werden bisher nicht verfügbare Informationen über den Kunden gewonnen.*
- *Der Prozess zur Erfüllung der Wünsche des Kunden wird zum integralen Bestandteil des Gesamtprozesses.*

Um hier erfolgreich zu sein, bedarf es der stringenten Umsetzung einer von außen nach innen vorgehenden Methode, welche die gesamte Organisation einbezieht. Wir nennen einen solchen Ansatz „Total Action". Dieser Ansatz kann beträchtliche Vorteile haben. Durch die Eliminierung aller für den spezifischen Kundennutzen bedeutungslosen Aktivitäten setzt die Organisation zusätzlich verfügbare Zeit- und Energiepotentiale zur Sicherung ihres Erfolges frei. Der intensive Wettbewerb in einer globalen, vernetzten und digitalisierten Gesellschaft wird den Unternehmen keine andere Möglichkeit lassen, als sich die Prinzipien des Total Action-Ansatzes zu eigen zu machen.

1.1 Mehrwert nicht nur für den Kunden

Nach Levitt besteht der Zweck einer Geschäftstätigkeit darin, „einen Kunden zu akquirieren und zu binden."[1] Dennoch verschwenden viele Organisationen unendlich viel Zeit und Energie mit Aktivitäten, die für den Kunden keinen direkten Wert besitzen! Man stelle sich einen Wettbewerber vor, der alle überflüssigen Belastungen über Bord wirft und sich ausschließlich auf Aktivitäten konzentriert, die für den Kunden direkt von Bedeutung sind. Wir sprechen dabei von einer

---

[1] Levitt T (1969) Marketing for business growth. McGraw-Hill, New York

Organisation, in der alle Mitarbeiter sich darin einig sind und eine klare Vorstellung davon besitzen, was für den Kunden von Belang ist. Innerhalb dieser Organisation wäre auch jedem klar, welche besondere Leistung zur besseren Unterstützung des Kunden in besonders zufrieden stellender Art und Weise erbracht werden könnte.

Überlassen Sie bei solchen Überlegungen nicht Ihrem Wettbewerber das Feld! Mit Hilfe der neuen Technologien können Sie all diese Verbesserungen selbst erzielen:

- Werfen Sie Ballast über Bord!
- Konzentrieren Sie sich ausschließlich auf Aktivitäten, die für den Kunden einen direkten Wert darstellen!
- Schaffen Sie für so viele Geschäftätigkeiten wie nur möglich eine elektronische Grundlage, indem Sie Ihre Informations- und Kommunikationssysteme effektiv vernetzen!

Diese Maßnahmen bewirken einen tiefgreifenden Wandel für alle Facetten des Managements in einem modernen Unternehmen. Darin besteht auch das Prinzip von *Total Action*: *Jede Aktivität innerhalb einer Organisation muss in direkter Beziehung zu einem benannten Kunden stehen und für diesen klar identifizierten Kunden einen Wert begründen.* Da die digitalen Geschäftstechnologien den Kommunikationsumfang innerhalb einer Organisation ansteigen lassen, bedarf es eines Ansatzes, der von außen nach innen vorgeht: Er setzt beim Kunden an und leitet alle Aktivitäten direkt vom Kontakt mit dem Kunden ab.

Das Prinzip von *Total Action* mag einfach klingen. Seine Umsetzung scheint jedoch wesentlich schwieriger zu sein. In vielen Fällen orientieren sich die Mitarbeiter eines Unternehmens auch heute noch nach ihrem internen Kunden, also demjenigen, der ihnen Anerkennung verschafft oder zu einer Beförderung verhilft. In solchen Unternehmen scheinen nur die Verkaufs- und Kundendienstabteilungen sich mit dem realen Kunden zu beschäftigen. In einigen Fällen herrscht auch der Eindruck vor, man habe ja eigentlich gar keinen Kunden. (Mit dem Fall von Regierungs- und Polizeibehörden werden wir uns an gegebener Stelle auseinandersetzen.) Sogar manche führende Manager betrachten den Kunden lediglich als Hindernis auf ihrem Weg zur Erwirtschaftung von *Shareholder Value*.

Warum also sollten Sie nun umdenken?

1.2 Die Auswirkungen der digitalen Geschäftstechnologien

Es zeigt sich sehr schnell, dass die moderne Telekommunikation die gesamte heutige Welt maßgeblich verändert. Das Internet – vormals World Wide Web – und das Mobiltelefongeschäft verzeichnen Wachstumsraten, die diese Bereiche zu den am schnellsten wachsenden Verbrauchertechnologien haben aufsteigen lassen.

DAS PRINZIP VON *TOTAL ACTION*:

JEDE AKTIVITÄT INNERHALB EINER ORGANISATION

MUSS DIREKT AUF EINEN KLAR BENANNTEN KUNDEN

AUSGERICHTET SEIN

UND

MUSS DIESEM KUNDEN,

UNTERSTÜTZT DURCH TOTALE KOMMUNIKATION

EINEN ECHTEN WERT BIETEN.

Heute scheint praktisch jeder Mensch ein Mobiltelefon zu besitzen und direkten Zugang zum Internet zu haben. Innovative neue Anwendungen wie zum Beispiel der elektronische Handel sind tagtägliche Realität. Sie sind zu praktischen und oft unverzichtbaren Optionen geworden. Der elektronische Handel, noch vor kurzem eine reine Innovation, ist bereits heute ein allgemein akzeptierter Kanal für Verkaufstätigkeiten und Auftragsabwicklung. Einige erfolgreiche Innovatoren verzeichnen erstaunliche Ergebnisse:

– Cisco, anerkannter Weltmarktführer im Bereich Netzwerkausstattung, wickelte innerhalb knapp eines Jahres 65% seiner Aufträge über das Internet ab. Als die Autoren im August 1998 ein Interview mit Vertretern von Cisco durchführten, bearbeitete das Unternehmen bereits über 65.000 elektronische Bestellungen täglich (mit einem Wert von etwa $ 16 Millionen).

– Dell, ein Pionierunternehmen im Direktmarketing sowie in der auftragsbezogenen Computerproduktion, hat inzwischen jeden anderen Computerhersteller hinter sich gelassen. Der Erfolg des Unternehmens lässt sich zurückführen auf seine innovative Nutzung des Internets zum Verkauf von Computerausstattungen.[2]

– Doch nicht nur Hochtechnologieunternehmen profitieren von den Vorteilen der digitalen Unternehmenswelt. Amazon[3] ist heute die weltweite Nummer 1 im Buchhandel, wird aber keineswegs als Hochtechnologieunternehmen gehandelt. Vielmehr bedient sich Amazon lediglich der neuen Technologie, um mit potentiellen Kunden in Kontakt zu treten. Amazon stand im Jahre 1998 bei den Finanzanalysten hoch im Kurs und wurde beinahe doppelt so hoch bewertet wie die größte amerikanische Buchhandelskette Barnes & Noble.

---

[2] Magretta J (1998) The power of virtual integration: an interview with Dell Computer's Michael Dell. Harvard Business Review, March-April 1998, S. 73-84

[3] www.amazon.com

Was also ist an diesen Unternehmen anders? Zunächst einmal ihre Technologie: Computer und Telekommunikation werden heute vernetzt genutzt. Wir können mit dem Computer Informationen nicht nur sehr schnell verarbeiten, sondern verfügen durch die fortschrittlichen Telekommunikationsmöglichkeiten auch über einen sehr schnellen Zugang zu diesen Informationen – wie auch zu den jeweils beteiligten Individuen. Dieser *unmittelbare* Zugang bedeutet, dass wichtige Informationen nahezu ohne Zeitverzug zur Verfügung stehen. Es besteht eine fast *„totale Kommunikation"* (entsprechend der Theorie, nach der jeder Teil des Systems über genauso viele Kenntnisse verfügt wie jeder andere Teil). In der Welt des Militärs oder der Logistik verfügt man dann über eine annähernd totale Kommunikation, wenn man genau weiß, wo Mensch und Material sich zu einem bestimmten Zeitpunkt befinden. Dank dieser Kenntnis ist es möglich, Ressourcen bis auf die Minute genau abzustimmen und damit wesentlich effizienter zu organisieren.

So verfügt zum Beispiel der Hafen von Rotterdam als größter Hafen der Welt über ein fortschrittliches Telekommunikationssystem zur Koordination der vielen einzelnen Logistikvorgänge, die für den Umschlag von Containern von Schiffen auf Lkws und umgekehrt notwendig sind. Eines der eingesetzten Systeme heißt CargoCard und arbeitet mit der Erkennung der Fingerabdrucks, den ein Fernfahrer beim Einfahren in das große Hafengelände als Kennung hinterlassen muss. Durch diese Kennung ist unmittelbarer Aufschluss über den Aufenthaltsort des Fahrers, seines Lkws und des geladenen Containers gegeben, womit der Fahrer dann direkt an den richtigen Ort geleitet werden kann. In Anbetracht der Zehntausende täglich für den Schiffstransport auf- und abgeladener Container ist es von großem Nutzen zu wissen, wo sich jeweils die Lkws und ihre Fahrer befinden.

Bisher haben erst wenige Unternehmens damit begonnen, die Auswirkungen der „nahezu totalen Kommunikation" auf ihre Geschäftstätigkeit zu untersuchen. Wir werden später noch genauer untersuchen, in welcher Weise sich Amazon und Dell einige der Grundprinzipien für das Kundenbeziehungsmanagement in einer digitalisierten Welt zu Eigen gemacht haben:

– Durch seinen Computer hat der Kunde unmittelbaren Zugang zu jedem nur möglichen Anbieter in der gesamten Welt. Digitale Kunden sind besser informiert, sie können kritischer vorgehen und sind von eher flüchtiger Natur. Allein durch das Anklicken einer Option auf dem Bildschirm kann der Kunde unmittelbar eine Wahl treffen. Die Beziehung zum Anbieter ist sehr viel weniger stabil.

– Um Kundenbindung zu erzielen, muss Ihr Unternehmen einen neuen „Wert" schaffen. Die das eigentliche Produkt umgebenden Serviceelemente gewinnen hier zunehmend an Bedeutung. Es bedarf eines umfassenderen Verständnisses von den Beweggründen des Kunden. *Warum* der Kunde etwas kauft, kann in diesem Zusammenhang von größerer Bedeutung sein, als *was* gekauft wird. Als Anbieter müssen Sie deshalb einen erkennbaren Wert um ihr Kernangebot herumgruppieren. Für Amazon waren die zentralen Fragen: Warum kauft der

Kunde dieses Buch? Was für einen zusätzlichen Wert können wir von der Beantwortung dieser Frage ableiten?

– Bei jedem Kundenkontakt (sei dieser nun digitaler, realer oder anderweitiger Natur) muss der Anbieter seinen Kunden „kennen." Hinter den verschiedenen „Ladentheken," an denen Kunden an den Anbieter herantreten, müssen dem Anbieter jeweils das gesammelte Wissen aus früheren Kundenkontakten sowie Informationen über Präferenzen oder Aspekte, die der Kundenbeziehung förderlich sein könnten, zur Verfügung stehen.

Genau diese Erkenntnisse hat sich Amazon in der Bücherwelt zunutze gemacht. Beim Verkauf von CDs, Computern, Kameras, Autos, Kunst, Blumen usw. greifen stets die gleichen Prinzipien. Die neue Verkaufspraxis wird tiefgreifende Auswirkungen auf traditionelle Dienstleistungsbereiche wie das Versicherungsgeschäft oder die Finanzdienstleistungsbranche haben. Ein führender Bankmanager sagte während einer Konferenz im Jahre 1996:

> In nicht allzu ferner Zukunft wird ein verärgerter Kunde ein Symbol auf seinem Bildschirm anklicken und damit sein Konto mit einem einzigen Mausklick zu einer anderen Bank verlagern können.[4]

Lassen Sie sich durch all dies nicht verwirren! Die Herausforderung besteht nicht darin, eine elektronische Verkaufsmöglichkeit, einen weiteren Internet-Auftritt oder noch einen Call Center für Ihre Kunden einzurichten. Es geht vielmehr um das, was innerhalb Ihrer Organisation abläuft: Wie schwören Sie jeden einzelnen Mitarbeiter in Ihrem Unternehmen darauf ein, sein Bestes für diesen einen spezifischen und klar identifizierten Kunden zu geben? Wie erreichen Sie, dass die erforderlichen Skaleneffekte auch dann weiterhin bestehen, wenn es um den einzelnen Kunden geht?

1.3 Worin liegt das Problem?

Oft wirkt die Unternehmensgeschichte als Störfaktor. Schauen wir uns einmal ein kleines neu gegründetes Unternehmen an, ein sogenanntes *Start-Up*. Der spezifische Reiz liegt darin, dass in diesem Unternehmen alles neu ist. Man erwartet, dass es erfolgreich ist. Das Unternehmen hat noch keine Geschichte, und es unterliegt keinen traditionellen Zwängen, die bestimmen, wie etwas abzulaufen hat. Die Mitarbeiter spüren den belebenden Geist des kreativen Unternehmertums, seine Unmittelbarkeit. Alles dreht sich um das Hauptziel und darum, dieses Hauptziel niemals aus den Augen zu verlieren: *den Kunden für sich zu gewinnen und ihn auch danach immer wieder neu an sich zu binden.*

---

[4] Diese Aussage wird Keith More, dem Planungs- und Medienmanager der Abbey National Bank, zugeschrieben.

– Wie gewinnen wir Kunden, also diejenigen Menschen, die bereit sind, für etwas mehr zu zahlen, als es uns kostet, das betreffende Produkt oder die Leistung herzustellen?

– Wie zeigen wir diesen Menschen immer wieder von Neuem, dass wir Wert für sie erzeugen können, um den dauerhaften Erfolg ihres Geschäfts zu sichern?

– Wie machen wir aus diesen Fremden treue Anhänger, die uns vertrauen und uns letztlich neue Geschäftsmöglichkeiten und neue Kunden verschaffen?

Nur wenigen Start-Ups gelingt dieser Durchbruch. Wenn ein neues Unternehmen wächst, gewinnt es an Komplexität. Dann erscheint es als nicht mehr so selbstverständlich wie zuvor, dass sich alles um den Kunden drehen muss. Es bildet sich eine Art interner Logik heraus:

So erledigen wir diese Dinge. Das ist eben unser Stil. Er hat sich in der Vergangenheit bewährt. Warum sollte er es also nicht auch in der Zukunft?!

Die einst klare Beziehung zwischen dem, was für den Kunden wichtig ist, und dem, was an internen Leistungen erfolgt, ist immer weniger deutlich zu erkennen. Diese Beziehung verwischt in einem zwingenden internen Denkprozess, der auf die meisten Mitarbeiter so vereinnahmend wirkt, dass er für diejenigen, die schon bei der Gründung des Unternehmens dabei waren, völlig unverständlich bleibt.

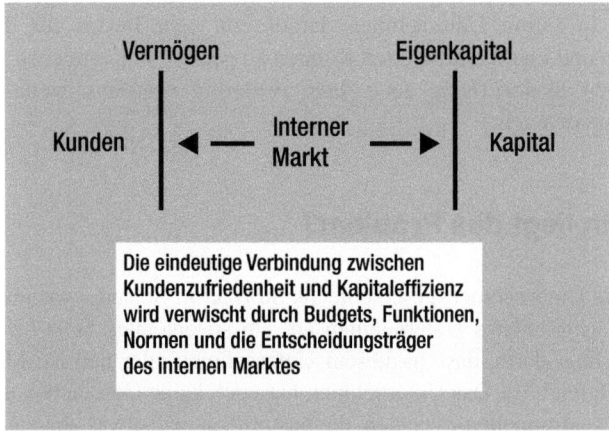

Abb. 1.1 Barrieren zwischen Kunden und Unternehmen

Der Autismus der Unternehmen

In diesem babylonischen Gewirr fehlenden Verständnisses bleibt der Kunde durch viele Schichten und funktionale Trennungen weit entfernt von den Entscheidungsprozessen des Unternehmens. Jeder Bereich hat seine eigene Kultur, seine eigene Sprache und seine eigenen Ambitionen, die nicht mit den Zielen des Unternehmens übereinstimmen. Einzelne Personen entwickeln in dieser Situation schnell ein auf das Innere ihres Unternehmens gerichtetes Verhalten, denn von dort sind auch die möglichen Belohnungen zu erwarten. Den Betreffenden selbst erscheint ihr Verhalten als ausgesprochen umsichtig, allerdings hat es nur wenig oder gar keine Bedeutung für andere. Solch eine fatale Situation, wie sie in großen Unternehmen häufig anzutreffen ist und dem menschlichen Autismus extrem gleicht, soll hier als „Autismus der Unternehmen" bezeichnet werden. Er wird in Kapitel 3 eingehender behandelt werden.

Es ist nicht schwer, interne Gründe oder Sündenböcke zu finden: eine inkompetente Führungsriege, schlechte Kommunikation oder auch eine mangelhafte Organisationsstruktur. Solche Mängel mögen durchaus zu den Schwierigkeiten eines Unternehmens beitragen, aber sie stellen nicht das wirkliche Problem dar. Schließlich geht es dabei nicht um unveränderliche Gegebenheiten. Diese Mängel treten vielmehr dann auf, wenn die zwingende interne Logik des Unternehmens einen solchen Einfluss gewonnen hat, dass sich immer eine gute Erklärung dafür findet, warum das betreffende Unternehmen in einer bestimmten Weise und nicht anders handelt.

„Fatal Inaction" – Die fatale Untätigkeit der Unternehmen

Untersuchen wir einmal, was der Autismus eines Unternehmens in einer digitalen Welt bedeutet. Stellen Sie sich vor, Sie haben sich gerade einen funkelnagelneuen Wagen geleistet. Auf der ersten Spazierfahrt mit Ihrer Neuerwerbung hat das Fahrzeug gleich eine Panne, und zwar auch noch mitten in der Nacht irgendwo weitab von jeder bewohnten Gegend. Mit den heutigen Technologien wäre es für den Hersteller des Fahrzeugs oder den Händler ein Leichtes, umgehend festzustellen, dass Sie ein Problem haben. Mit dem Navigationssystem Ihres Wagens und dem allgegenwärtigen Mobiltelefon könnten Zustand und Ort Ihres Fahrzeugs leicht festgestellt und Ihnen geholfen werden.

Aber wessen Kunde sind Sie denn eigentlich? Der des Herstellers? Oder der des Händlers? Oder vielleicht doch eher der des Herstellers Ihres Fahrzeugnavigationssystems? Vielleicht sind Sie aber auch der Kunde Ihrer Telefongesellschaft? Oder gar der des Abschleppdienstes? Wenn Sie mitten in der Nacht an einem unwirtlichen Ort liegen bleiben, ist Ihnen das alles wahrscheinlich ziemlich egal. Jede Hilfe ist willkommen! Sie werden Kunde desjenigen, der als Erster zu helfen bereit ist. *Und jeder, der nicht so flink und hilfsbereit ist, verliert in Ihnen einen Kunden.* Vielleicht haben viele potentielle Akteure die Information erhalten, dass Sie mit Ihrem neuen Wagen gute 20 km von der nächsten Werkstatt entfernt liegen geblieben sind. Aber nur wenige werden in einer Art und Weise handeln, die für Sie direkt von Nutzen ist. Die digitalen Geschäftstechnologien ermöglichen das „Wissen um etwas," aber nur wenn diese Kenntnis in einer nutzbringenden Handlung resultiert, hat die Technologie auch für den Kunden einen Sinn.

„Ist doch nicht mein Fehler!" werden einige Ihrer potentiellen Helfer sagen. Oder: „Ich dachte, *die anderen* hätten sich darum gekümmert." Diejenigen, die sich Ihrer misslichen Lage hätten annehmen können, denken meistens etwas zu kurz. Die digitalen Geschäftstechnologien ändern an diesem beschränkten Denken gar nichts. Sie verschärfen lediglich die Auswirkungen einer derart fatalen Untätigkeit.

Ein weiteres Beispiel:[5] Die größte britische Supermarktkette bietet nun auch Shopping per Internet an. Alle per Internet getätigten Bestellungen werden in der Zentrale ausgedruckt, zum Fax-Gerät hinübergetragen, von dort an den Markt gefaxt, der geographisch dem Kunden am nächsten gelegen ist, wo jemand manuell die Produkte der Einkaufsliste zusammenstellt, sich anschließend in der Schlange an der Kasse anstellt, um die Artikel dort registrieren zu lassen und sie danach auf einen Lieferwagen laden lässt, der die Ware schließlich zum Kunden bringt. Für den Kunden ist dieser Prozess sehr bequem (vorausgesetzt, dass keine Fehler unterlaufen), aber eigentlich funktioniert die beschriebene Dienstleistung ähnlich wie das Bild des majestätisch auf der Wasseroberfläche dahinschwebenden Schwans, wobei der sich unter Wasser befindliche Teil der Organisation wilde Paddelbewegungen vollführt und dabei eine ungeheure Menge an Energie verschwendet, nur damit das Bild des majestätisch dahinsegelnden Schwans nicht beeinträchtigt wird. Der gedankliche Ansatz mag durchaus in Ordnung sein, aber der Einsatz der Technologie bleibt schwach.

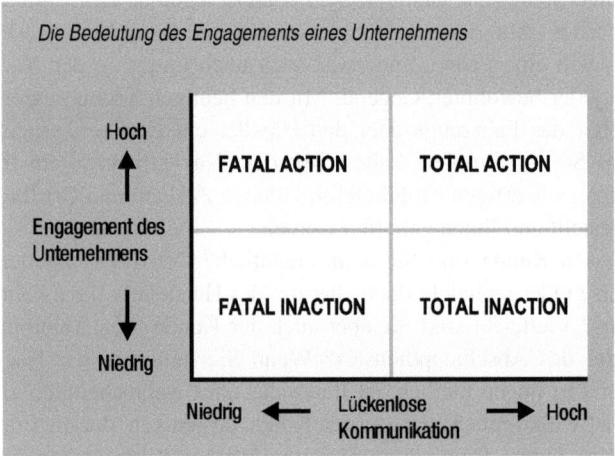

Abb. 1.2 Kommunikation + Engagement = *Total Action*

---

[5] Hierbei handelt es sich um eine reale Situation, wie sie bei Tesco in Großbritannien auftrat, als die Supermarktkette im Jahr 1998 zum ersten Mal auch Internet-Shopping anbot.

Um in der digitalen Welt erfolgreich zu sein, gilt es, neue Möglichkeiten zu entwickeln, um das vollständige *Engagement* eines Unternehmens zu gewährleisten. Zu *Total Inaction*, also völliger Untätigkeit, kommt es dann, wenn man von etwas weiß, aber nicht handelt. *Fatal Inaction*, fatale Untätigkeit, ist die Folge, wenn man nichts weiß und auch nicht handelt. Die meisten Unternehmen erkennen erst allmählich das Potential der digitalen Geschäftstechnologien. Allerdings unterlassen sie es, ihre Strukturen an die veränderte Situation anzupassen und können daher auch nicht von den Vorteilen dieser neuen Technologien profitieren.

Zunächst müssen solche Unternehmen sich auf das oberste unternehmerische Handlungsgebot besinnen: *Jede Aktivität muss darauf ausgerichtet sein, die Wünsche eines Kunden so kosteneffizient wie nur möglich zu erfüllen.* Die Wiederherstellung der eindeutigen Beziehung zwischen Kundenzufriedenheit und Kapitaleffizienz ist ein grundlegendes Gebot für jedes Unternehmen, das nach dem Prinzip von *Total Action* handelt.

Die Unternehmen stehen beispielsweise vor den folgenden Problemen:

– fehlende Vorstellung von Möglichkeiten und Grenzen der neuen Technologien im gesamten Unternehmen
– mangelnde Beherrschung der neuen Technologien
– Gründung und Aufbau neuer Unternehmenstätigkeiten rund um den Kunden
– scheinbare Schwächung derzeitiger Geschäftstätigkeiten
– Veränderung der geschäftlichen Kalkulationsformeln
– Entwicklung neuer Beziehungen mit Geschäftspartnern

1.4 Die Total Action Scorecard

Die zentralen Führungskräfte, in deren Händen die Formulierung der Unternehmensstrategie liegt, müssen sich vor allem auf die aktuellen Leistungen des Unternehmens mit den und für die Kunden konzentrieren. Dem leitenden Manager stellen sich somit folgende Fragen:

– Ist die derzeitige Leistung meines Unternehmens ausreichend? Basiert unser Handeln auf der Kenntnis unserer Kunden und ihrer Aktivitäten sowie unseres Umgangs mit ihnen?
– Wird dieses Wissen kommuniziert, verfügbar gemacht, und folgen entsprechende Aktivitäten? Fördern wir lückenlose Kommunikation und direkten Zugang zu Informationen?

Die *Total Action Scorecard* kann als Checkliste für die Erstellung einer klaren Diagnose genutzt werden. Die Strategie kann dann dazu beitragen, die Diskrepanz zwischen der tatsächlichen und der von Ihnen angestrebten Leistung Ihres Unternehmens zu überbrücken.

Die Total Action Scorecard

Die Interessen des Kunden: Inwieweit bestimmen die Aktivitäten des Kunden unsere internen Abläufe?

1. Ich verbringe den Großteil meiner Arbeitszeit mit der Bearbeitung von Kundenwünschen.

2. Ich weiß, was der Kunde will.

3. Ich bin mir bewusst, was wir für diesen Kunden tun können.

4. Ich weiß, was wir für diesen Kunden planen.

5. Ich weiß, wer in unserer Organisationsstruktur die Hauptverantwortung für diesen Kunden trägt.

6. Ich kenne meine Rolle und weiß, welchen Beitrag ich zu leisten habe, um den Kunden zufrieden zu stellen.

7. Wir bieten dem Kunden einen soliden Wert, der das Angebot unserer Mitbewerber an den Kunden übersteigt.

8. Der Kunde ist davon überzeugt, dass wir ihm einen soliden Wert bieten.

9. Mein Vorgesetzter ist der Auffassung, dass wir mit diesem Kunden einen soliden Wert erwirtschaften.

10. Ich unterlasse Handlungen, die für den Kunden wertlos sind.

Jede Frage ist nach folgender Wertzuordnung mit einer Punktzahl zwischen 1 und 5 zu beantworten:

1 = stimmt überhaupt nicht; 2 = stimmt nicht; 3 = neutral;
4 = stimmt; 5 = stimmt völlig.

Interaktive Fertigkeiten: Inwieweit fördern sie die totale Kommunikation und den direkten Zugang zu Informationen?

1. Wir wissen alles Notwendige über unseren Kunden.

2. Wir haben korrekte Daten über unsere Leistungen für den Kunden.

3. Unsere Informationen über den Kunden sind immer aktuell und vollständig.

4. Ich erhalte leicht Zugang zu unseren Informationen über den Kunden.

5. Innerhalb unserer Organisationsstruktur habe ich direkten Zugang zu dem für den Kunden verantwortlichen Mitarbeiter.

6. Der Kunde kann jederzeit mit uns in Kontakt treten.

7. Wir wissen von jeder Kontaktaufnahme des Kunden mit uns.

8. Zur Verbesserung unserer Leistung analysieren wir regelmäßig unsere Informationen über den Kunden.

9. Alle Abteilungen unseres Unternehmens wie auch unserer Geschäftspartner haben Zugang zu denselben Informationen über unseren Kunden.

10. Unsere Führung ist bemüht, allen Beteiligten direkten Zugang zu relevanten Kundeninformationen zu gewähren.

Die Anwendung der Scorecard

Um die *Total Action Scorecard* einzusetzen, bitten Sie eine Reihe repräsentativer Kunden, Ihnen die Namen derjenigen Mitarbeiter in Ihrem Unternehmen zu nennen, die direkt oder indirekt für sie zuständig sind. Erweitern Sie diesen Personenkreis dann durch diejenigen Mitarbeiter und Funktionen, die in dem Kundenservice-Kreislauf für jeden einzelnen Kunden ebenfalls eine Rolle spielen.

Bitten Sie alle so benannten Mitarbeiter, die beiden Fragebögen auszufüllen, indem sie als Antwort jeweils eine Zahl zwischen 1 und 5 einsetzen. Weiß man erst einmal, wo man steht, ist es auch möglich, das Ziel und den Weg dorthin zu planen.

Wir sind der Auffassung, dass die einzelnen Schritte der *Total Action*-Philosophie, wie sie in Abbildung 1.3 zusammengefasst sind und in den weiteren Kapiteln dieses Buches genauer behandelt werden, Ihnen eine Hilfestellung auf dem Weg zum Ziel bieten.

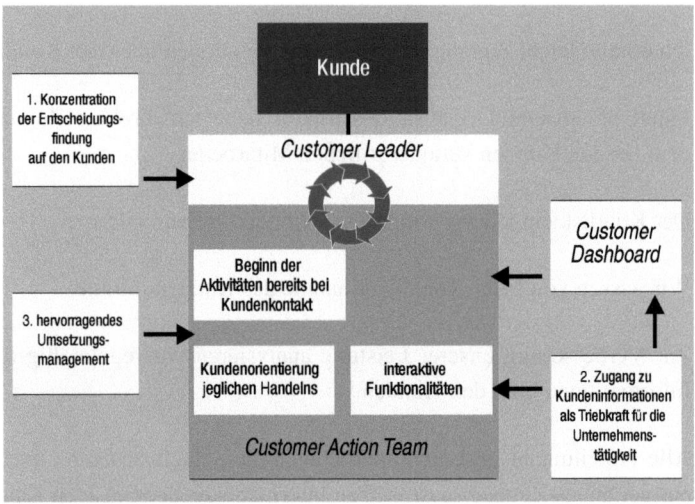

Abb. 1.3 Das *Total Action*-Modell

- Der Kunde steht im Zentrum der Entscheidungsfindung.- Benennen Sie einen Customer Leader und ein Customer Action Team.
- Der Zugang zu Informationen über den Kunden wird gewährleistet. – Verbessern Sie Ihre interaktiven Fertigkeiten mit funktionierenden Informationsplattformen und dem sogenannten Customer Dashboard.
- Die Erfüllung der Kundenwünsche wird zum integralen Bestandteil der Bedarfskette im Wertenetz des Unternehmens (Geschäftsnetz).

Wenn Unternehmen die Prinzipien von *Total Action* umsetzen, gewinnen sie häufig ein völlig verändertes Bild von ihren Kunden. Die Mitarbeiter erkennen, dass Sie mit den neuen Technologien für den Kunden einen Mehrwert generieren können (oder erkennen überhaupt erst, dass sie Kunden haben). Aufgrund dieser Erkenntnis können die Unternehmen sich neu positionieren, eine zentralere Rolle in der Wertkette einnehmen und die Zufriedenheit ihrer Mitarbeiter stärken. Im Falle der Polizei- und Postbehörden, auf die in Kapitel 4 näher eingegangen wird, erfolgte eine komplette Neuausrichtung in der Führungsphilosophie, da man eine genauere Vorstellung von dem Kunden sowie dem Prozess der Schaffung von Kundenmehrwert gewonnen hatte. *Total Action* hat auch im Bereich der Informationstechnologie zu einer Änderung der Prioritäten geführt und die Funktionalitäten des *Customer Dashboard* gestärkt.

Viele Unternehmen mussten feststellen, dass die digitalen Geschäftstechnologien ein nachhaltig verbessertes Management und eine verbesserte Koordination der Kundendaten erfordern. Die Einrichtung immer neuer Internetauftritte ist wenig nützlich für ein Unternehmen, das nicht in der Lage ist, ein einheitliches Bild von seinen Kunden zu gewinnen bzw. aufrechtzuerhalten.

1.5 Das *Total Action*-Modell

Dieses Buch stellt eine Reihe von Instrumenten vor, mit deren Hilfe Sie Ihr Unternehmen weiterentwickeln und eine *Total Action*-Strategie praktizieren können. Die digitalen Technologien helfen dabei, den innovativen Geist eines jungen Start-Up-Unternehmens wieder aufleben zu lassen und ein von außen kommendes internes Engagement zu gewährleisten, das den Kunden wieder ins Zentrum allen unternehmerischen Handelns rückt. Zu diesen Instrumenten zählen:

– der *Customer Leader* und das *Customer Action Team* (zur Umsetzung des ersten Schrittes: Konzentration der Entscheidungsfindung auf den Kunden);

– das *Customer Dashboard* (zur Umsetzung des zweiten Schrittes: Zugang zu Informationen über den Kunden);

– die modulare Struktur des Unternehmensnetzwerks (zur Umsetzung des dritten Schrittes: Integration des Managements der Logistikkette)

Die Kapitel 2 und 3 beschreiben die genannten Instrumente und ihre Anwendung. Wir haben für sie klare Bezeichnungen gewählt, aber wie es bei allen nützlichen Management-Tools der Fall ist, sind sie ohnehin Teil des Erfahrungsschatzes hervorragender Manager, die mit realen Problem umzugehen verstehen. Kapitel 4 enthält einige ausführliche Fallstudien als Beispiele für Unternehmen, die versucht haben, die Prinzipien von *Total Action* für sich umzusetzen.

Die Konzepte eines *Customer Leader* und eines *Customer Action Teams* sind nicht völlig neu. In der Literatur über Vertrieb und Kundenbetreuung finden sich diese Ansätze relativ häufig. Doch wird darin die Rolle des mit der Kundenbetreuung beauftragten Managers allzu oft auf die Funktion eines Star-Verkäufers reduziert. Solche Kundenmanager haben zu wenige Instrumente zur Verfügung und nutzen deshalb die zentralen Informationen über ihre Kunden. Nun fällt ihnen auch die Aufgabe zu, *Customer Teams* zu bilden, um mit von außen nach innen gerichteten Methoden die Abläufe innerhalb ihres Unternehmens entsprechend zu verändern.

Die Bedeutung eines integrierten Managements der Zulieferkette ist nicht zu unterschätzen. Dennoch mag der anfänglich notwendige Input zur Erstellung eines groben Funktionsmodells für die einzelnen Geschäftspartner unzulässig hoch erscheinen. Häufig werden zur Entwicklung und Erklärung alternativer Modelle detaillierte Prozessdiagramme benötigt. An ihnen wird auch deutlich, wie wichtig die Erfüllung der Kundenwünsche ist. Wenn darüber Einigkeit besteht, können auch alle anderen Fragen im Zusammenhang mit dem Erfüllungsprozess (einheitliche Schlüsselprozesse, Austausch zentraler Transaktionsdaten, gemeinsame Führung) im Einvernehmen behandelt werden.

Die emotional schwierigste Phase bei der Umsetzung der *Total Action*-Prinzipien tritt normalerweise dann auf, wenn einige der Vertreter des obersten Managements damit beginnen, eine Orientierung „von außen nach innen" zu etablieren. Einige Mitarbeiter haben nach Jahren erfolgreicher Konzentration auf die internen Abläufe ihres Unternehmens Schwierigkeiten dabei, sich an die einfache Regel zu gewöhnen, der zufolge sich alles nach dem Kunden zu richten hat. Wenn ein Manager diese neue Sicht- und Arbeitsweise praktiziert, muss er gleichzeitig die Anforderungen seiner obersten Chefs erfüllen und höhere Gewinne erwirtschaften.

1.6 Fragen aus der Führungsetage

Wie misst man interaktive Fertigkeiten? Und wie den Autismus eines Unternehmens?

Das ist gar keine so einfache Aufgabe. Zwei der am häufigsten gestellten Fragen finden sich auf der Scorecard:

> *Inwieweit bestimmen die Aktivitäten des Kunden unsere internen Abläufe? Inwieweit haben wir in unserem Unternehmen interaktive Funktionalitäten zur Förderung der totalen Kommunikation und des direkten Zugangs zu Informationen?*

Die Methoden zur Bewertung der jeweiligen Situation sind noch immer etwas willkürlich, und es bedarf Ihrer Erfahrung und Ihres Urteils, um die Ergebnisse zu interpretieren. Die *Total Action Scorecard* kann bei der Bestimmung Ihrer Unternehmensleistung helfen, sie führt jedoch nicht zu exakten Werten. Es geht vielmehr darum, eine signifikante Leistungssteigerung gegenüber den aktuellen Ergebnissen zu erzielen. *Fatal Inaction* ist leichter zu messen als *Total Action* – und zweifelsohne für den Kunden auch leichter zu erkennen. Dennoch kann eine relative Verbesserung gegenüber der aktuellen Leistung, die entsprechend der für den Kunden relevanten Kriterien zu bestimmen ist, dabei helfen, ungenutzte Potentiale freizusetzen.

Wenn man sein Unternehmen auf die beschriebene Weise dem Kunden überlässt, kann man dann eigentlich noch Gewinn erwirtschaften?

Man „überlässt" sein Unternehmen nicht dem Kunden oder seinem Diktat. Es ist schließlich auch möglich, die Anfrage eines Kunden abzulehnen. In diesem Zusammenhang ist es wichtig zu erkennen, dass viele Unternehmen die Fragen ihrer Kunden nicht einmal *hören*, geschweige denn sie negativ beantworten. Sie pfuschen eher an den wichtigen Fragen herum, nehmen sich unverhältnismäßig viel Zeit, um eine Entscheidung zu treffen, informieren den Kunden nicht, wenn er wegen irgendeiner Angelegenheit vielleicht ohnehin verärgert ist und lassen den Kontakt für den Kunden – und letztlich auch für sich selbst – zu einer komplizierten und frustrierenden Erfahrung werden.

Nicht mit allen Kunden erwirtschaftet das Unternehmen einen gleich hohen Gewinn oder „Wert." Deshalb unterscheiden manche Unternehmen in der Erbringung ihrer Leistungen danach, welchen Kunden sie gerade bedienen. So etwas ist völlig unzulässig, wenn man nicht genau weiß, ein wie großer Anteil des Geschäftspotentials dieses Kunden auf das eigene Unternehmen entfällt (bzw. die umgekehrte Relation kennt), oder die eigenen Unternehmensziele mit diesem spezifischen Kunden kennt. Ohne zuverlässige Daten kann man hier keine Entscheidung treffen.

Definitionsgemäß gibt es keine unrentablen Kunden. Allerdings erfüllen manche Unternehmen dem Kunden seine Wünsche auf unrentable Art und Weise. Der Kunde selbst kann stets rentabel sein, aber wenn sich Ihr Unternehmen entscheidet, ihn auf die falsche Weise zu bedienen, oder es keinen zusätzlichen Gewinn aus jedem Kundenkontakt zu ziehen versteht, dann ist das Ihr Fehler, und nicht der des Kunden!

Wir erwarten zu viel von unseren Mitarbeitern. Sie sind nicht in der Lage, unsere Erwartungen zu erfüllen.

Wir sind der Auffassung, dass Personalmanagement und Ausbildung Hand in Hand gehen müssen. Es muss ein stringenteres Bewertungssystem für unsere Mitarbeiter und die Führungskräfte geben, und zwar auf der Grundlage von computergestützten Simulationen realer Handlungssituationen.

Wir sind auch der Überzeugung, dass insbesondere in der mittleren Führungsebene großer Unternehmen die meisten Manager das Potential ihrer Mitarbeiter unterschätzen. Unserer Erfahrung zufolge lähmen sie das Denken und Handeln ihrer Untergebenen und legen sie durch eine unzureichende Versorgung mit Informationen sowie eine allzu kleinliche Arbeitsaufteilung an die Leine. Ein Mitarbeiter mag von seiner Führungskraft als nicht für den Kundenkontakt geeignet beurteilt werden, managt in seiner Freizeit aber dennoch sehr erfolgreich den lokalen Tennisclub.

Total Action bietet die Möglichkeit, jeden einzelnen Mitarbeiter mit seinen spezifischen Qualifikationen in realen, kundenorientierten Handlungen aktiver einzubinden. Es ist nur natürlich, wenn die Mitarbeiter gewinnen wollen, und wenn sie Erfolg im Umgang mit dem Kunden anstreben. Führt man eine konsequent von außen nach innen gerichtete Orientierung ein, haben alle Beteiligten, Führungskräfte wie auch Mitarbeiter, größere Chancen, diesen Erfolg auch tatsächlich zu erzielen.

Ein größeres Problem stellt in diesem Zusammenhang ein mangelhafter Rekrutierungs- und Einführungsprozess für neue Manager dar. Allzu oft werden neue, unerfahrene Manager auf dem freien Markt außerhalb des eigenen Sektors rekrutiert, damit sie frischen Wind in das Unternehmen bringen. Das mag durchaus notwendig sein, aber der Prozess der Einführung, also die Überführung der Kompetenzen dieser neuen Führungskräfte in einen Mehrwert für das Unternehmen, muss extrem umsichtig gehandhabt werden.

Heißt das nicht nur einmal mehr, dass wir unseren Mitarbeitern mehr Freiraum zugestehen sollten?

Teilweise ja. Freiraum und Entscheidungskompetenz bedeuten in ihrer Essenz, dass man dem Einzelnen die notwendige Freiheit gibt und ihm die für eine zufriedenstellende Erledigung seiner Aufgabe entscheidenden Instrumente überlässt. *Total Action* zielt darauf ab, alle Kundenprozesse innerhalb eines Unternehmens miteinander zu vernetzen, auf alle Aktivitäten zu verzichten, die für den Kunden nicht von Bedeutung sind, und in entscheidenden Funktionen ein *Customer Team* sowie einen *Customer Leader* einzusetzen. Es ist einleuchtend, dass ein *Customer Leader* und sein *Customer Action Team* über die notwendigen Handlungskompetenzen verfügen muss. Jedoch ist es nicht ausreichend, einfach nur eine Leistungssteigerung herbeizuführen. *Total Action* erfordert, dass Verbesserungen nicht nur aus der Aufgabe unnötiger, sondern auch der Aufnahme neuer, vielversprechenderer Aktivitäten erwachsen. Freier Zugang zu Informationen ist dabei von zentraler Bedeutung. Wenn Informationen nicht problemlos kommuniziert werden können, kann das Prinzip von *Total Action* nicht funktionieren.

Wie unterscheidet sich Total Action von „Kernkompetenz" und „strategischer Absicht"?

Die Definition der Kernkompetenz ist keine triviale Angelegenheit, sondern eine sehr wichtige Aufgabe für moderne Unternehmen. Doch was macht eine Kernkompetenz in der Praxis aus? Die Prinzipien von *Total Action* sehen den Kunden als zentrales Bezugsobjekt. Der Theorie der Kernkompetenz zufolge ist dieser Ansatz jedoch zu eng gewählt. Der heutige Kunde eines Unternehmens liefert vielleicht keinen brauchbaren Anhaltspunkt für künftige Wettbewerbsstrategien. Wir selbst sind nicht dieser Meinung! Ein *Customer Leader* und sein *Customer Action Team* sind durchaus in der Lage, die – aktuellen und künftigen –

Bedürfnisse des Kunden von seinen drängenderen und direkteren Bedürfnissen oder Wünschen zu unterscheiden.

Wir sind der Auffassung, dass der *Total Action*-Ansatz und die Theorie der Kernkompetenz sich im Hinblick auf das Portfolio und das Management der Zulieferkette ergänzen. Wir sind darüber hinaus überzeugt, dass die zur Umsetzung von *Total Action* erworbenen Kompetenzen sowohl für die einzelnen Mitarbeiter als auch für ihre Unternehmen von entscheidender Bedeutung im Hinblick auf die künftige Kompetenzentwicklung sein werden.

Wir bewegen uns doch bereits in diese Richtung. Was ist also neu?

Viele Unternehmen praktizieren Teile der *Total Action*-Philosophie. Aber nur wenige konzentrieren sich dabei auf alle Elemente:

- kundenzentrierte Entscheidungsfindung
- Kundeninformationen
- Management der Zulieferkette
- Vorgehen von außen nach innen

Alle diese Aspekte gemeinsam – also gleichzeitig und vernetzt- anzugehen stellt für die meisten Unternehmen ein Novum dar. Juran[6] und Crosby[7] verzeichneten ähnliche Reaktionen, als sie TQM *(Total Quality Management)* als einen Weg beschrieben, wie Unternehmen die zu erzielende Qualität zu einem integralen Bestandteil des Gesamtprozesses mit Spezifikation, Konstruktion, Beschaffung, Materialmanagement, Produktion, Marketing, Vertrieb und Service machen können. Anstatt Qualität ausschließlich der Abteilung für Qualitätssicherung zu überlassen, wird Qualität zu einem eigenen Prozess, mit einem klar definierten Prozessverantwortlichen und allgemeiner Akzeptanz im gesamten Unternehmen. *Total Action* kann ähnliche Auswirkungen haben, denn die Verantwortung für den Kunden liegt nun nicht mehr allein bei den Vertriebsmitarbeitern, sondern alle Interaktion mit dem Kunden erstreckt sich als vernetzter und klar erkennbarer Prozess auf das gesamte Unternehmen.

Welche Funktion sollten die Abteilungen für Marketing und Vertrieb übernehmen?

Unserer Erfahrung zufolge sind die Abteilungen für Marketing und Vertrieb normalerweise die Ersten, die das *Total Action*-Konzept übernehmen. Ähnlich wie in dem Beispiel von der Qualitätssicherung entsteht in einer solchen Situation die Möglichkeit, die von der betreffenden Abteilung geleistete Arbeit durch größere

---

[6] Juran JM (1964) Managerial breakthrough. McGraw-Hill, New York
[7] Crosby PB (1984) Quality is free. McGraw-Hill, New York

Anerkennung stärker zu honorieren und gleichzeitig aufzuzeigen, wie wichtig auch die übrigen Bereiche für den Gesamterfolg sind.

Anstatt sich darauf zu konzentrieren, irgendwelche grob veranschlagten Umsatzziele zu erreichen, sollten die Mitarbeiter des Vertriebs als Team professioneller High-Tech-Experten das Management der Kundenbeziehungen übernehmen. Ein Vertriebsmitarbeiter ist nicht einfach ein „Vertriebskanal für den Markt," der weiß, wie man einen Vertragsabschluß tätigt und die überflüssigen Bestandsgüter eines Unternehmens an den Mann oder an die Frau bringt. Die Definition des Verkaufsprozesses muss breiter gefasst werden, etwa als alles das, was zur Interaktion mit dem Kunden gehört und gewährleistet, dass der Servicekreislauf funktioniert. Im Vertrieb wird definiert, wie die Interaktionsprozesse mit dem Kunden funktionieren und welche *Dashboards* für die Bereitstellung von Informationen benötigt werden. Der IT-Abteilung fällt dann die Aufgabe zu, diese einzurichten. Häufig stellen wir fest, dass der Vertrieb keine proaktive Rolle übernimmt und seine Anforderungen für eine zufriedenstellende Bedienung des Kunden den IT-Experten nicht klar macht.

Die Marketingabteilung gewinnt ebenfalls an Bedeutung. Durch strukturierte und geplante Interaktion mit dem *Customer Leader* und seinem *Customer Action Team* kann sie wichtige Informationen über die verschiedenen Kundengruppen gewinnen. Die Marketingabteilung muss Flexibilität zeigen bei der Analyse historischer Daten über den Kunden sowie über die Gesamtleistung des Unternehmens, die Pläne des *Customer Leaders* und die Planungen des Produktmanagements sowie der Fertigung. Aus solchen Analysen können riesige Datenmengen gewonnen werden, die sowohl zur Förderung des Verkaufs, als auch zur Verbesserung der Planung von Unternehmensprozessen von Nutzen sind. In diesem Zusammenhang ist hervorzuheben, dass dadurch operative Betriebsdaten zu einem unschätzbaren Vorteil werden. Einige Unternehmen bedienen sich bereits dieser Vorteile, indem sie ihre Standardanalysen mindesten einmal täglich durchführen.

Unsere IT-Systeme werden das niemals technisch unterstützen können.

Dann verbessern Sie Ihre Systeme, damit sie es können! Trotz der vielversprechenden digitalen Geschäftstechnologien können sich viele Unternehmen noch nicht von den Museen ihrer völlig überholten Computerausstattung befreien. Sie haben veraltete Prozesse, und das Computersystem kann die Anforderungen nicht erfüllen. Doch es besteht Grund zum Optimismus. Wir haben mit dem von außen nach innen vorgehenden Ansatz auch im Computerbereich gute Erfahrungen gemacht. Der *Customer Leader* und sein *Customer Action Team* definieren diejenigen Informations- und Kommunikationsanforderungen, die sie mit einfacher Standardsoftware abdecken können. Im Normalfall ziehen das Marketing- und Vertriebsmanagement und häufig auch die Chefs der Werbekommunikation die schnelle Erstellung eines Prototyps der langwierigen Überarbeitung einer kompletten IT-Ausstattung vor. Es ist sehr wichtig, dass die Marketing- und Vertriebsabteilungen die Gesamtausgaben für den IT-Bereich im Auge behalten und möglichst auch die Haushaltskontrolle durchführen.

Was muss also als Erstes geschehen?

Messen und bewerten Sie Ihre interaktiven Fertigkeiten, vergleichen Sie die Ergebnisse mit denen Ihrer Wettbewerber oder denen anderer Branchen. Stellen Sie fest, was dort anders gemacht wird. Vor allem aber analysieren Sie die Interaktionsprozesse mit Ihren Kunden, und bewerten Sie die Ergebnisse der *Total Action*-Fragebögen. Wir bieten kein vorgefertigtes Rezept, mit dem Sie Ihre Position einschätzen und dann die anschließenden Schritte einleiten können. Wir sind jedoch der Meinung, dass Sie mit unserer Anleitung Ihre jeweiligen Ergebnisse problemlos feststellen können. Erforderlich sind auch Ihre Erfahrung und das Wissen um die eigene Organisation, insbesondere die Kenntnisse Ihrer Vertriebskräfte und die Reaktionen Ihrer Kunden. Letztere werden Ihnen sagen, wie gut oder schlecht ihre technische Infrastruktur mit der Ihrer Wettbewerber mithalten kann – allerdings nur, wenn sie der Auffassung sind, dass Sie sich wirklich für ein Feedback interessieren.

Die wahre Herausforderung von *Total Action* liegt in der Erkenntnis, dass etwas getan werden muss und auch getan werden kann. Eine solche Veränderung nützt allen Beteiligten: Ihren Kunden, Ihren Mitarbeitern, Ihren Aktionären, Ihren Managern, und nicht zuletzt auch Ihnen selbst.

2 Die digitalen Geschäftstechnologien und *Total Action*

Die besten Möglichkeiten, sich nachhaltig gegenüber der Konkurrenz durchzusetzen werden diejenigen Unternehmen haben, welche sich die Vorteile der digitalen Geschäftstechnologien voll zunutze machen. Jedoch werden diese Unternehmen den traditionellen Organisationsstrukturen, wie wir sie heute kennen, nur wenig ähneln. In Zukunft werden Schnelligkeit und kundenzentriertes Handeln groß geschrieben.

Elektronische Verbindungen haben die Welt grundlegend verändert und werden auch auf den weltweiten Handel beträchtliche Auswirkungen haben. Als Akteure innerhalb eines Netzes, das für ständige und sofortige Kommunikation sorgt, können sie schneller auf die Wünsche ihrer Kunden reagieren. Funktionale Organisationsstrukturen werden zerfallen und durch andere, stärker auf den Kundenprozess konzentrierte Unternehmen ersetzt werden.

Die digitalen Geschäftstechnologien entwickeln sich schneller weiter, als ein durchschnittliches Unternehmen sie integrieren kann. Dementsprechend liegt die Zukunft der digitalen Geschäftswelt in den Händen schnell agierender und innovativer junger Unternehmen. Große, eher traditionell geprägte Betriebe müssen von ihnen lernen und ihren erfolgreichen Aktivitäten nacheifern. Sonst werden ihre Kunden schon bald per Mausklick zum Wettbewerber abwandern.

2.1 Die neuen digitalen Geschäftstechnologien

Die Kombination und Anwendung der digitalen Geschäftstechnologien unterliegt einem massiven Wandel. Unabhängig davon, ob es sich um gesprochene Reden, Texte, Bilder, Audio oder Video handelt, vollzieht sich in der Erstellung, Änderung, Speicherung, Darstellung und Kommunikation von Informationen eine wahre Revolution. Informationen, die noch vor kurzem auf Papier gespeichert wurden, also als Fotos, Tonträger oder Videofilme abgelegt waren, können nun in eine Reihe von „Nullen" und „Einsen" oder „digitalen Bits" umgesetzt werden, die dann auf den allgegenwärtigen Mikrochips abgespeichert werden.

Diese scheinbar einfache Möglichkeit hat ganz neue Märkte und Branchen entstehen lassen. Alle Geschäftstätigkeiten werden künftig auf völlig andere Art und Weise ablaufen.

> DIGITALE GESCHÄFTSTECHNOLOGIEN SIND
>
> INTEGRIERTE INFORMATIONS- UND KOMMUNIKATIONSSYSTEME
>
> - COMPUTER, TELEFONE UND FERNSEHGRÄTE -,
>
> WELCHE DIE ELEKTRONISCHE ABWICKLUNG VON GESCHÄFTEN ERMÖGLICHEN,
>
> UND INDIVIDUEN, UNTERNEHMEN UND ANDERE ORGANISATIONSSTRUKTUREN
>
> MITEINANDER VERBINDEN.

Die Allgegenwart der digitalen Geschäftstechnologien

Digitale Funktionalitäten wirken sich auch auf den Handel mit alltäglichen Waren und Dienstleistungen aus. Durch sie hat das gute alte *Telefon* eine Reihe beeindruckender neuer Funktionen hinzugewonnen.

- Das Telefon kann heute Anrufe an ein anderes Gerät weiterleiten.
- Es kann die Telefonnummer des Anrufers anzeigen.
- Es reist in der Jackentasche oder im Aktenkoffer mit.
- Ein Mobiltelefon kann jetzt auch Faxe und Textnachrichten empfangen.
- Jedes Mal, wenn man das Mobiltelefon einschaltet, ortet das System das Gerät.
- Neuere Mobiltelefone haben jetzt auch eine kleine Tastatur und sind als Computer nutzbar.
- Gleichzeitig mutiert der Computer zu einem sehr agilen Telefon.

Das *Internet* lässt das gesamte Potential dieser neuen digitalen Geschäftstechnologien in ihrer Vernetzung deutlich werden. Egal, ob Sie nun daheim oder im Büro sind: Sie können Ihren Computer nutzen, um fernzusehen, Radio zu hören, einen Videofilm oder Musik herunterzuladen, eine Zeitung zu lesen, eine Reise zu planen, einzukaufen oder nach Informationen über ihre jeweiligen Interessensgebiete zu suchen. Sie können neue Software, Bücher, Blumen oder Pralinen bestellen. Das Internet nimmt die digitale Bestellung auf und kann sogar ein Buch in ein digitales Format umsetzen, so dass Sie es direkt über Ihren Computer ausdrucken können. Doch kann Ihnen auch das Internet gegenständliche Produkte wie Pralinen oder Blumen nicht ohne Mittler in gutem Zustand überbringen.

   Ihre *Kreditkarte* wird immer mehr zur *Smart Card*. Über das Telefonnetz selbst oder von einem über das Telefonnetz mit Ihrer Bank verbundenen Geldautomaten aus können Sie digitales Bargeld auf Ihre Karte laden lassen. Die *Smart Card* enthält vielleicht außerdem noch persönliche Angaben sowie Informationen über Ihren Gesundheitszustand oder über Ihre regelmäßigen Einkäufe im Supermarkt.

   Ihr *digitales Fernsehgerät* speichert vielleicht Angaben über Ihre Präferenzen als Fernsehzuschauer und bietet damit eine umfangreiche Informationsgrundlage für gezielte Werbung, die aber auch dazu genutzt werden kann, um Ihnen mitzuteilen, wann Ihre Lieblingssendung läuft.

Die digitalen Geschäftstechnologien sind durch und durch soziale Technologien. Elektronische Mail (kurz „E-Mail") ist für viele Unternehmen zu einem zentralen Kommunikationsinstrument geworden. Ohne die richtige Handhabung nimmt es ungeheure Ausmaße an und führt zu enormem Stress bei ohnehin schon überlasteten Mitarbeitern, die sich nun Tag für Tag durch Hunderte einzelner Nachrichten und nicht kompatibler Anhänge hindurchquälen müssen. Gleichzeitig wird das Versenden von E-Mails immer mehr zu einem Mittel sozialer Kommunikation, kommuniziert doch bereits heute eine schnell wachsende Zahl von Anwendern per Internet von PC zu PC. Teenager benutzen ihre Mobiltelefone, um sich gegenseitig SMS-Nachrichten zu schicken. Familienmitglieder können einander Nachrichten (samt angehängter Fotos) direkt auf den Bildschirm stellen. Und nicht zuletzt können Interessierte heute ihre Verwandten, die sie vielleicht aus den Augen verloren haben, durch Websites für Ahnenforschung wieder ausfindig machen.

Das Internet hat bewiesen, wie problemlos Menschen in der ganzen Welt miteinander Kontakt aufnehmen und kommunizieren können. Sie bilden Interessengruppen. Sie klicken sich je nach Bedarf in Informationsquellen ein und verlassen sie wieder. (Es ist vielleicht kein Zufall, dass viele der im Zusammenhang mit dem Internet verwandten Begriffe aus dem Bereich des Sozialen und nicht aus dem Geschäftsleben stammen. Geschäftsleute „surfen" nicht im Internet, sie stellen Anfragen oder betreiben Recherche.) Da nun auch PCs die Fähigkeit zur Verarbeitung, Speicherung und Kommunikation digitaler Informationen besitzen, bilden sich neue Verhaltensweisen und Erwartungen heraus. Neue Kommunikationskanäle wie zum Beispiel die Platzierung von Bestellungen oder Bezahlung von Rechnungen per Telefon bereichern die traditionelle Beziehung zwischen Kunden und Anbietern (oder gefährden sie). Die neue Schnelligkeit und Flexibilität an der Verkaufsfront muss nun in Einklang gebracht werden mit angemessenen Fertigkeiten und Kompetenzen innerhalb der Unternehmen.

Die Merkmale der digitalen Geschäftstechnologien

Die Welt der digitalen Geschäftstechnologien erscheint komplex. Wie in der Welt der Computer und Telekommunikation der 80er Jahre gibt es ein umfangreiches technisches Vokabular und eine verwirrende Vielfalt von Produkten und Anwendungen. Dennoch ist das grundlegend Neue an dieser Technologie ihre „Digitalisierung," also die Umwandlung von Text, Ton, Bild oder jeglicher anderen Information in eine Reihe von Nullen und Einsen. Der enormen Bedeutung dieser sowohl im sozialen Zusammenleben wie auch in der Welt der Wirtschaft weiter zunehmenden Technologien liegt also ein derartig simples Konzept zu Grunde. Die digitalen Technologien weisen zwei Funktionalitäten auf, die den völligen Wandel der Wirtschaftswelt weiter vorantreiben: Sie lösen Informationen von ihrer real greifbaren Form und aus ihrer geographischen Gebundenheit heraus.

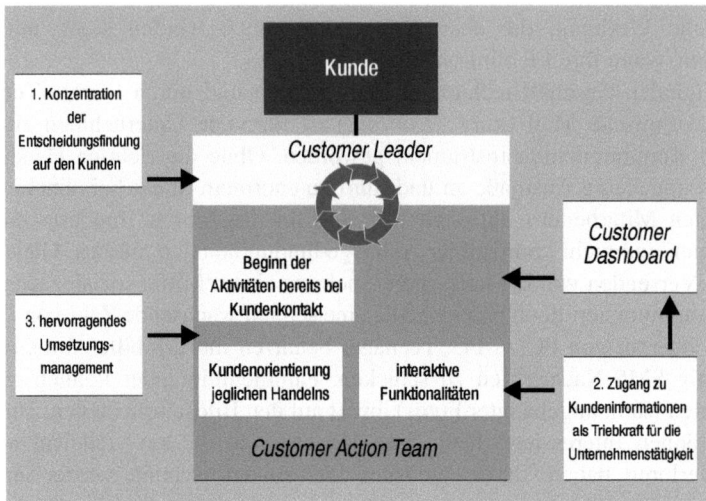

Abb. 2.1 Die Merkmale der digitalen Geschäftstechnologien

Loslösung vom realen Umfeld

Informationen, die bisher nur auf Papier, als Foto, Tonträger oder als Video in „analoger" Form verfügbar waren, können nun als Aneinanderreihung von Nullen und Einsen, als Strom von Bits, existieren, wobei die Ziffern elektronisch gespeichert und verarbeitet werden. Ein Foto kann heute direkt mit einer digitalen Kamera aufgenommen werden. Es ist auch möglich, ein analog aufgenommenes Bild mit einem „Scanner" in ein digitales Format zu übertragen. Danach kann es dann bearbeitet, geändert oder editiert werden, die Farben können verändert werden, und es ist sogar möglich, Tante Annas Kopf auf den Körper von Mickey Mouse zu projizieren. In ähnlicher Weise können auch aufgenommene Stimmen, Grafiken und Videos bearbeitet und verändert werden. Aufgrund der kontinuierlichen Verbesserungen im Preis-Leistungs-Verhältnis der erhältlichen Verarbeitungs- und Speicherungshardware hat die *Bildverarbeitung* es genauso einfach werden lassen, Bilder zu bearbeiten, wie Texte und Daten zu ändern. Deshalb können wir nun auch immer besser mit *zusammengesetzten digitalen Dokumenten* umgehen, die aus einzelnen „Objekten" – Texten, Daten, Bildern usw. – bestehen. Es ist heute möglich, am heimischen Computer den Gemeindebrief oder das Vereinsblatt zu erstellen oder zu ändern, es dann mit anderen Anwendern online zu überprüfen und schließlich auszudrucken. Während die Seite am Computer erstellt wird, sind Umstrukturierungen und Änderungen von Buchstaben, Wörtern und ganzen Absätzen ohne Weiteres möglich. Mit einem Mausklick lassen sich auch eine Zeichnung, ein Foto oder gar ein Symbol, das Zugang zu Audiotext oder Videosequenzen eröffnet, einfügen. Sobald man aber die Seite auf Papier ausdruckt, gehen all diese Möglichkeiten für den Ausdruck verloren: die Information wird analog.

Loslösung von der geographischen Gebundenheit

Wenn man Informationen nicht nur völlig verändern, sondern sie auch noch in die ganze Welt verschicken kann, hat die Digitalisierung natürlich ungeheure Auswirkungen. Die Objekte auf der Seite im digitalen Format können auf einem Computer oder einem Speichermedium überall in der Welt zum Leben erweckt werden. Man kann sie auch neu zusammenstellen und damit die Seite ganz individuell gestalten. Dieselbe Seite versendet man dann an einen anderen Computer, der wiederum an einem ganz anderen Ort steht, und auch hier kann die Information wieder geändert werden. Es können auch zwei oder mehrere Nutzer an verschiedenen Orten gleichzeitig am selben Dokument arbeiten. Dieses Dokument kann dann veröffentlicht werden: Mit dem Betätigen weniger Tasten wird es an Millionen von Empfängern in der ganzen Welt versandt. Gleichzeitig können aber auch Millionen von Anwendern auf der ganzen Welt dieses eine Dokument einsehen.

Die digitalen Geschäftstechnologien lassen geographische Distanzen als Hindernis für die Informationsvermittlung in den Hintergrund treten. Ohne Kommunikation ist der Wert von Informationen – auch in digitaler Form – erheblich eingeschränkt. Informationsinseln, die in eine kostspielige alte Technologie verpackt hinter den Mauern unterschiedlicher Abteilungen und Funktionsbereiche von der übrigen Welt abgeschottet bleiben, sind zu einem Hindernis für den freien Informationsfluss innerhalb von und zwischen verschiedenen Unternehmen geworden.

Das Internet und seine Ableger machen Informationen zu einem Zeitpunkt zu einer weltweit verfügbaren Ware, an dem wir gerade beginnen zu verstehen, welchen Wert Information als Gemeingut überhaupt besitzt. Da wir uns nun auf eine Zeit zu bewegen, in der jeder Mensch über direkten Zugang zu derselben Information verfügt, verliert der in der Vergangenheit stets vorteilhafte Informationsvorsprung an Bedeutung. Die Kluft zwischen Betuchten und Habenichtsen, zwischen Unwissenden und Informierten, schwindet. In der Vergangenheit lag die Macht in den Händen der umfassend Informierten. Heute liegt sie eher bei denjenigen, die Zugang zu den Informationen besitzen.

Das Internet: Zugang und Vernetzung

Information kann nicht in einem Vakuum existieren. Die alte Frage stellt sich neu: „Wenn im Wald ein Baum umfällt, das aber niemand hört, produziert der Baum dann ein Geräusch?" Zugang und Vernetzung sind genauso wichtig, wenn nicht gar wichtiger, als die Informationen selbst.

In der ganzen Welt aktiviert das Internet riesige Archive mit digitalen Informationen. Es demonstriert die Macht der *Vernetzung* dieser Informationen wie auch des *Zugangs* zu den Informationen. Das Internet bietet einen zentralen Vorteil: Jeder in der ganzen Welt kann Zugang erhalten und Teilnehmer im Netz der digitalen Informationen werden. Bis in die Mitte der 90er Jahre hinein bestand das Internet noch aus einem wilden Dschungel von Informationen, in dem nur erfahrene Anwender mit Hilfe einfacher Tools erfolgreich Informationen zu recherchieren und auszutauschen in der Lage waren. Das Aufkommen des World Wide Web brachte die Einführung von elektronischen Hinweismarken und Links mit sich, mit deren Hilfe Informationen in einem „Server" („Client-Server" oder gemeinsamer Rechner) mit dem Inhalt eines anderen durch die Nutzung von „Hypermedia" verknüpft wurden. Klickt man beispielsweise in einem Hypermedia-Dokument das farbig unterlegte und unterstrichene Wort „Hypermedia" an, wird man umgehend mit einem anderen Dokument an irgendeinem Ort der Welt verbunden, das detaillierte Informationen über den Begriff liefert. Für den Anwender ist es in diesem Moment völlig unerheblich, wo sich das Dokument befindet, und unter welcher Adresse man es anwählen kann.

Solch ein Link kann Verbindungen zu Audio- oder Videosequenzen oder auch Grafiken enthalten. Durch diese Verbindungen entsteht die nicht-lineare oder „webgestützte" Informationswelt des Internets.

Durch die Entwicklung von „Browsern" öffnete sich bald ein leicht zu bedienendes Fenster zur Welt des Internets mit Menüs, die eine Wahl der beabsichtigten Informationsroute oder der geplanten Aktivitäten ermöglichen. Diese sowie die sich fortlaufend neu herausbildenden Tools bieten heute die grundlegenden Funktionalitäten für die Organisation von, den Zugang zu und die Darstellung digitaler Informationen.

2.2 Warum sind die digitalen Geschäftstechnologien so wichtig?

Was ist heute anders? Weshalb müssen wir die digitalen Geschäftstechnologien heute so ernst nehmen, während in der Vergangenheit doch fast nur Lippenbekenntnisse zu ihren Gunsten abgegeben wurden?

2.2.1 Neue Möglichkeiten für Kundenkontakte

Wenn sich Kunden mit den digitalen Zugangskanälen, dabei insbesondere dem Internet, vertraut machen, entdecken sie auch neue Wege, um mit den Anbietern der von ihnen konsumierten Produkte in Kontakt zu treten. Ihre Erwartungen steigen, und ihre Nachfragen werden drängender. Sogar diejenigen, die sich weiterhin der traditionellen Kanäle einschließlich des Telefons bedienen, erwarten zunehmend, dass ihre Wünsche, wenn nicht umgehend, so doch schnell befriedigt werden. (Wenn ein Unternehmen Ihnen einmal über Nacht eine neue Druckerpatrone geschickt hat, dann werden Sie sich in Zukunft sicherlich nicht mehr mit einem Konkurrenten zufrieden geben, der für die gleiche Leistung fünf Tage benötigt.)

Nur wenige Unternehmen sind gewappnet für den Ansturm der Veränderungen, welche die digitalen Geschäftstechnologien mit sich bringen. Ein paar Schönheitskorrekturen an der Oberfläche helfen da nicht weiter. Ein Unternehmen, das es dabei belässt, ein „digitales Fenster" zur Welt zu öffnen, ohne gleichzeitig aber die unterstützenden organisatorischen Abläufe zu garantieren, wird jegliche Schwäche in seinen Organisationsstrukturen nur noch verschärfen und Gefahr laufen, seine Kunden zu verlieren.

Diese Veränderungen sind nicht nur für diejenigen Unternehmen bedeutsam, die direkten Kontakt mit ihren Kunden haben. Auch die weiter nachgelagerten Betriebe in der Zulieferkette müssen ihre Abläufe anpassen, um die Bedürfnisse ihrer unmittelbaren Kunden erfüllen zu können. Nur wenn sie sich auf den Kunden ihres Kunden konzentrieren, können sie auch die Anforderungen ihres eigenen Kunden erfüllen.

Die digitalen Geschäftstechnologien erweitern einerseits den Zugangsrahmen für den Kunden, versetzen das Unternehmen andererseits aber auch in die Lage, etwas *über* den Kunden zu erfahren. Der Anbieter kann wichtige Daten über den Kunden sammeln und entsprechend reagieren. Die digitalen Kanäle, und dabei besonders das Telefon, stärken die realen Möglichkeiten zum Kontakt mit dem Kunden. Das Internet fügt dem noch eine weitere Facette hinzu. Durch das interaktive digitale Fernsehen und andere Zugangstechnologien gewinnen diese Kontaktkanäle für den Kunden weiter an Bedeutung. Gleichzeitig bieten sie aber auch Informationen über den Kunden selbst.

Im Normalfall sprechen Unternehmen von „Outlets," also Verkaufsstellen für ihre Waren und Dienstleistungen. Hier zeigt sich wieder das vom Inneren des Unternehmens auf die Außenwelt gerichtete Denken, demzufolge die Vertriebsmitarbeiter Bestandsgüter aus dem Unternehmen heraus zum Kunden verlagern. Dank der digitalen Möglichkeiten muss dieser Prozess keine Einbahnstraße bleiben. Der Verkaufsprozess kann für ein entsprechend handelndes Unternehmen auch zum „Inlet" für Informationen über den Kunden und den Markt werden.

Amazon: Buchladen für den digitalen Kunden

Amazon bezeichnet sich als größten Buchladen der Welt. Es handelt sich bei diesem Unternehmen um ein digitales Kaufhaus im Internet. Der Kundenzugang bei Amazon ist seine Website.[1] Wenn Sie diese Website wiederholt anwählen, erinnert sich das Unternehmen auf Grund Ihrer vorangegangenen Besuche an Ihre Interessen. Es heißt Sie namentlich willkommen und schlägt Ihnen einige Bücher vor, die entsprechend Ihrer Historie für Sie von Interesse sein könnten.

Wenn Sie nach einem bestimmten Buch suchen, können Sie eingeben, was Sie über das Buch wissen: den Namen des Autors, den Titel oder das Thema. Das System prüft in einer Liste mit 3 Millionen Titeln nach, ob das Buch

---

[1] www.amazon.com

verfügbar ist. (Der größte Superstore der amerikanischen Buchhandelskette Barnes & Noble hat lediglich eine Kapazität von 175.000 Büchern.) Amazon teilt Ihnen dann mit, ob das gewünschte Buch Ihnen direkt zugeschickt werden kann, oder ob es vielleicht eine Woche oder gar länger dauert.

Wenn Sie in der Webpage von Amazon „browsen," dann gestaltet das System die Tour für Sie einfach und interessant. Sie können verschiedene Themengebiete anklicken und relevante Bücher oder Buchkritiken genauer einsehen.

Wenn Sie eine Bestellung aufgeben möchten, hilft Ihnen ein elektronisches Bestellformular bei der Entscheidung, wie und wohin Sie das Buch bestellen möchten und auch, wie schnell es versandt werden soll. Für einen dem Unternehmen bereits bekannten Kunden wird die Bezahlung sehr einfach gehandhabt. Wenn das Buch versandt wird, setzt Amazon Sie über den erfolgten Versand in Kenntnis. Sollte das Buch schwierig zu beschaffen sein, erhalten Sie ein E-Mail mit dem Verfügbarkeitstermin. Um einen komplett kundenorientierten Service garantieren zu können, arbeitet Amazon bei der auftragsbezogenen Buchlieferung eng mit der Ingram Book Group, dem wichtigsten Großhändler des Internetunternehmens, zusammen.

Das Amazon-System erleichtert es Ihnen auch, dem Autor oder dem Verlag ggf. ein E-Mail zu schicken. Sie können Buchkritiken aus Zeitschriften und von anderen Lesern einsehen und haben die Möglichkeit, Ihre eigene hinzuzufügen.

Obwohl Sie an keiner Stelle direkt mit einem anderen Menschen sprechen können, ist diese Website dennoch informativer, als ein Mensch es je sein könnte. Und natürlich erfährt Amazon viel mehr über Sie, als wenn Sie das Buch in einem normalen Geschäft gekauft hätten. Amazon erfährt nicht nur, wer seine Kunden sind, sondern weiß auch, welche Bücher sie gekauft haben, welche Gebiete für sie von Interesse sind, wie sie bei der Suche nach etwas Bestimmtem vorgehen, wie häufig sie etwas kaufen usw.

Einige statistische Zahlen sollen weiteren Aufschluss über das Unternehmen geben: Im Jahr 1997 verzeichnete Amazon einen Umsatz in Höhe von $ 148 Millionen (was eine Steigerung von 1000 % gegenüber dem Umsatz von 1996 bedeutete), wobei die Mitarbeiter etwa $ 250.000 pro Person (etwa das Doppelte des Branchendurchschnitts) erwirtschafteten. Etwa 1,5 Millionen Anwender verfügen über ein Amazon-Kundenkonto, und die Hälfte aller Kunden platziert mehr als eine Bestellung. Amazon unterhält keinerlei Ladenflächen. Sein Bestand beträgt etwa 2 % des Bestands bei Barnes & Noble. Das Unternehmen gewährt Preisnachlässe auf etwa 400.000 Bücher, und reduziert die Preise für Taschenbücher um 20 %, für gebundene Bücher um 30 %. In Großbritannien sparen Kunden sogar 40 % des Normalpreises. Amazon profitiert darüber hinaus von einem ausgezeichneten Kapitalfluss. Die Rechnungssumme für ein bestelltes und ausgeliefertes Buch wird von Amazon über die Kreditkarte des Kunden direkt eingezogen. Die Verlage werden jedoch erst 45 Tage später bezahlt.

> Hinzu kommt, dass Amazon durch Vereinbarungen mit anderen Websites Interessenten auf die eigene Website locken kann. Besucht man beispielsweise die offizielle Website von Bob Dylan, findet sich darauf ein Link zu Amazon mit Büchern über Bob Dylan, die dort bestellt werden können. Immer mehr Websites im Internet verfügen über ein solches Link zu Amazon, das jeweils in logischem Zusammenhang mit dem Themengebiet der Website steht. Auf dieser soliden Basis kann Amazon seine Bücher vermarkten und sein Geschäft auf andere Produkte und Dienstleistungen ausweiten, die für den Kunden im gleichen Umfeld von Interesse sein könnten. So kann man bei Amazon jetzt auch CDs kaufen.

Amazon ist ein *digitales Unternehmen.* Für den Kunden existiert es ausschließlich im Internet. Es ist in der Lage, seine Kosten für den Verkauf von Büchern zu reduzieren und die Auslieferung sehr effizient zu gestalten. Der Aktienwert der Amazon-Aktie ist sehr viel schneller gestiegen als der aller anderen „traditionellen" Buchhändler, und das Unternehmen konnte seinen Konkurrenten erfolgreich große Marktanteile streitig machen. Amazon hat bereits heute den Buchhandel in zwei zentralen Aspekten verändert:

- Der Handel mit Büchern wird zum globalen Geschäft. Er ist nicht mehr den Zwängen nationaler Grenzen und ihrer spezifischen Bedingungen unterworfen.
- Amazon hat eine neue und effektive Möglichkeit für den Erwerb und Verkauf von Büchern geschaffen.

Ist Amazon besser als der durchschnittliche „reale" Buchladen? Amazon ist sicherlich anders und für viele Kunden darüber hinaus ein sehr attraktiver Anbieter. Dennoch werden viele Leser auch weiterhin in einem realen Buchladen stöbern wollen. Durch die Bereitstellung wertvoller Informationen bietet Amazon dem Kunden einen völlig neuen Service. Die Kosten der Interaktion mit den Kunden werden drastisch reduziert, während der Nutzen für den Kunden wächst. Amazon muss auch weiterhin neue Kunden gewinnen, und in der Anwerbung von Neukunden wird wahrscheinlich auch die größte Herausforderung für sein innovatives System liegen. Betritt man als Kunde jedoch erst einmal die digitale Selbstbedienungswelt bei Amazon, wird man mit einem einzigen Knopfdruck zum Zentrum aller Aktivitäten. Alles dreht sich um den Kunden. Amazon hat vollen Zugang zu den wichtigsten Informationen über seine Kunden:

- Wer liest was?
- Wie oft kauft der Kunde etwas?
- Hat der Kunde besondere Interessen?
- Wie geht der Kunde bei der Suche nach etwas vor?

In ähnlicher Weise hat die Firma Dell Computer die Möglichkeiten der digitalen Geschäftstechnologien genutzt, um im PC-Markt eine solide Position zu erobern und Marktanteile von seinen traditionelleren Konkurrenten zu übernehmen.

Dell Computer: Die Modulbauweise macht's

Besucher der Website von Dell Computer[2] können dort problemlos einen PC konfigurieren und kaufen, ihn auch gleich bezahlen und dann in den darauf folgenden Tagen immer wieder den Auftragsstatus prüfen, um schließlich festzustellen, dass er ausgeliefert wird. Der Kauf eines PCs kann sich als sehr komplexer Prozess darstellen. Dell vereinfacht ihn durch den Wegfall jeglicher Händler und leitet den Kunden statt dessen durch eine Reihe vorstrukturierter Wahlmöglichkeiten, deren Ergebnisse dann zu dem gewünschten PC zusammengestellt werden können. Das Produkt sowie die notwendigen Dienstleistungen setzen sich daraus zusammen, was der Kunde seinen Wünschen entsprechend an standardisierten Elementen ausgewählt hat. Dell hat damit den Kaufprozess für PCs drastisch vereinfacht.

Das Unternehmen begründete seinen Erfolg damit, dass es das Kaufverhalten von Kunden völlig neu überdachte. Dell begann seinen Erfolgsweg in der Überzeugung, dass Computer sich nach Versandhausart verkaufen lassen. Die so bestellten PCs konnten aus massenproduzierten Standardkomponenten auftragsbezogen zusammengebaut werden. Die herkömmlichen Händler, welche das Unternehmen als überflüssige, fehleranfällige Schnittstelle zum Kunden betrachtete, wurden auf diese Weise komplett eliminiert. Dell war der Auffassung, dass das Unternehmen ohne zwischengeschaltete Händler viel näher am Kunden arbeiten und besser auf dessen Wünsche reagieren könne.

Im September 1993 erweiterte Dell seinen ursprünglichen Direktversand durch ein großes internationales Telefon-Bestellannahmezentrum in Irland, das den Direktvertrieb und Kundenserviceleistungen bearbeiten sollte. Obwohl dieser Schritt weithin als unsinnig erachtet wurde, stieg der Umsatz des Unternehmens im ersten Quartal des Jahres 1994 in Europa um 28 %. Im Januar 1997 nahm Dell dann den Vertrieb über das Internet auf. Die Umsätze stiegen in der Folge im Jahre 1998 um mehr als 70 % und lagen damit beträchtlich über dem Branchendurchschnitt von 11 %. Innerhalb von 14 Jahren schuf Michael Dell so ein Imperium im Wert von $ 12 Milliarden.

Dell reduziert Kosten und bietet wettbewerbsfähige Preise. Auf der Website müssen die Kunden heute beispielsweise selbst Informationen eingeben, die zuvor von Mitarbeitern des Unternehmens bearbeitet wurden. Der Kunde ruft auch nicht mehr beim „Help Desk" an, wenn er etwas über den Status einer Lieferung erfahren will und belegt so Telefonleitungen und Mitarbeiter mit Beschlag. Vielmehr sind die internen Systeme des Unternehmens heute direkt für den Kunden einsehbar. Dell hat seine Kundenkanäle frei gemacht und gewährleistet eine effiziente Bewirtschaftung des verbleibenden Bestands. Dell hat nun auch einen leichteren Zugang zu Informationen über den Kunden und ist deshalb in der Lage, seine Vorhersagen präziser zu gestalten und genauer einschätzen, wie die Anforderungen des Kunden aussehen. Das Unternehmen

---

[2] www.dell.com

kann heute per Internet kundenspezifische Informationen direkt in die Entwicklung von Produkten und Dienstleistungen einfließen lassen. In der Vergangenheit war das mit Hilfe der telefonischen Auftragsannahme möglich. So war Dell beispielsweise im Jahre 1991 das erste Unternehmen, das auf Kundenreaktionen hin die Installation von Anwendungssoftware als kostenlosen Standardservice anbot.

Darüber hinaus nutzt Dell das Internet auch für den Kontakt mit seinen Hauptkunden. Für seine größten Kunden richtete das Unternehmen über 1.500 maßgeschneiderte Homepages ein und bot ihnen direkten Zugang zu PC-Geschäftskonfigurationen. Die Firmen können die Homepage nutzen, um Rabatte auszuhandeln, und um Auftrags- und Zahlungsstatus zu überprüfen.[3] Durch solche Möglichkeiten verlieren die traditionellen Bestellverfahren an Akzeptanz. Warum sollte ein Käufer heute noch bereit sein, die konventionellen Bestellprozeduren zu durchlaufen, nur begrenzt Sonderwünsche äußern zu können und dann auch noch länger auf die Lieferung zu warten?

Amazon und Dell veranschaulichen, dass es bei der konstruktiven Nutzung der Möglichkeiten digitaler Geschäftstechnologien um mehr geht, als nur im Web präsent zu sein. Beiden Unternehmen war klar, dass ihre Organisationen „intern" handeln – also Organisationsarbeit leisten – mussten, um den Kunden bessere Produkte und Dienstleistungen anbieten zu können.

Wenn ein Unternehmen an der Verkaufsfront schnell zu reagieren imstande ist und dabei auf eine Webpage oder ein Call Center zurückgreift, muss es dem Kunden gegenüber gemachte Zusagen auch einhalten. Dazu bedarf es einer stringenten internen Ausrichtung auf die Kundenbedürfnisse. Geschieht dies nicht, wenden sich die Kunden sehr schnell an einen anderen Anbieter.

Fragen werden sofort bearbeitet, Wunder dauern etwas länger

Eine Reihe britischer Kreditinstitute wollte im Jahre 1997 seine interaktiven Kompetenzen im Zusammenhang mit seiner Internetpräsenz nachweisen und beauftragte deshalb ein Forschungsinstitut, eine Studie durchzuführen.[4]

Immer wenn ein Besucher einer Website der untersuchten Kreditinstitute ein E-Mail mit der Bitte um detailliertere Informationen schickte, informierte das Forschungsinstitut die betreffende Bank. Die Mehrheit der Banken, insgesamt über 90 %, reagierte überhaupt nicht auf die E-Mail-Anfragen. Die wenigen, die eine Antwort schickten, brauchten dafür sehr lange. In vielen Fällen reagierten sie sogar erst Wochen später.

Als man diese Kreditinstitute (telefonisch, nicht per E-Mail) nach den Gründen fragte, warum sie zu spät oder gar nicht reagiert hatten, lautete die Antwort meistens: „Es war einfach zu schwierig, die Fragen zu beantworten."

---

[3] Business Week Online, 10. September 1998
[4] Pressebericht über eine Studie britischer Kreditinstitute aus dem Jahre 1997

Einige führten auch extrem hohe Kosten ins Feld. Sie gaben an, dass jede Antwort sie immerhin £ 10 koste.

Weshalb forderten diese Kreditinstitute dann die Kunden überhaupt auf, E-Mails zu schicken? Und warum entfernten sie die Option nicht von ihrer Website, als ihnen die damit verbundenen Schwierigkeiten und Kosten klar wurden? Weshalb führten sie nicht eine einfache Liste mit Fragen und Antworten ein, deren Einsicht dem Institut die Beantwortung solcher Fragen ersparte?

Im Jahre 1998 hörte man, dass auch die Bankenwelt sich allmählich auf das Internet einzustellen begann. Eine Studie mit über 100 Banken in mehr als 25 Ländern ergab, dass 96 % der befragten Institute keinerlei Gewinnsteigerung von online getätigten Transaktionen erwarteten. Es bestehen keinerlei Angaben über eventuell befürchtete Verluste. Nur 34 % insgesamt und etwas mehr als die Hälfte der amerikanischen Banken waren der Auffassung, dass das Internet zur Kundentreue beitragen könnte. Nur sehr wenige Banken hatten überhaupt eine Strategie für das Internet Banking, und eine verschwindend geringe Anzahl besaß eine Vorstellung davon, wie man mit dem Internet Gewinne erwirtschaften könne.

Im Bereich der Finanzdienstleistungen ergab sich ein ähnliches Bild.

Der Einsatz digitaler Geschäftstechnologien in einem Unternehmen allein führt nicht zu einer Verbesserung seiner Leistung. Neue Technologien können die Lage sogar verschlimmern, wenn das Unternehmen auf sie nicht vorbereitet ist. Wenn ein Kunde über einen digitalen Zugang zu den internen Organisationsstrukturen eines Unternehmens verfügt, kann er auch deren mögliche Inkompetenz direkt erkennen. Da der Kunde die Möglichkeit hat, per Knopfdruck mit einem Unternehmen in Kontakt zu treten, ist eine langsame Reaktion seitens des Unternehmens oder dessen Unfähigkeit, die Wünsche des Kunden zu erfüllen, nicht hinnehmbar.

Wenn Innen- und Außenwelt harmonieren müssen[5]

Tesco, die größte britische Lebensmittelkette, besitzt einen Marktanteil von 45 % und verzeichnet einen jährlichen Umsatz von mehr als £ 16 Milliarden. Das Unternehmen steht in dem Ruf, neue Technologien innovativ zu nutzen und sich so Wettbewerbsvorteile zu erkämpfen. Darüber hinaus konnte Tesco seine Kompetenzen im Ausbau des Kundengeschäfts durch den Erfolg seines Treuebonus-Systems unter Beweis stellen. So war Tesco in der Lage, seinen Marktanteil in einem stark umkämpften Markt weiter auszubauen. Im Jahre 1998 unternahm das Unternehmen einen relativ innovativen Schritt, indem es versuchsweise Home-Shopping per Internet einführte. Die in der Nähe der zwei Pilotgebiete London und Leeds wohnenden Kunden mit Internet-Zugang konnten sich in ihre Home-

---

[5] The Sunday Times, 1. Februar 1998, „Tesco hi-tech shoppers log into old world"

Shopping-Site einwählen und Artikel bestellen, die dann am darauf folgenden Tag ausgeliefert wurden.

Diesem simplen Bestellverfahren stand ein ganz und gar nicht einfacher Erfüllungsprozess gegenüber. Nachdem der Kunde aus einem interaktiven Sortiment von insgesamt 22.000 Artikeln seine Einkaufsliste zusammengestellt hatte, brach innerhalb der Strukturen von Tesco das große Chaos aus.

Man hätte erwartet, dass die Bestätigung des Einkaufs durch den Kunden die elektronische Erfüllungskette angestoßen hätte. Das geschah auch, doch die Erfüllungskette erwies sich als alles andere als eines Großunternehmens würdig. Von der Website (in Hertfordshire) ging die Bestellung zunächst einmal an einen Bürokomplex in Schottland, wo sie ausgedruckt, von Hand in ein anderes Büro getragen und dort von einem 400 Schreibkräfte umfassenden Pool in ein zweites Computersystem eingegeben und als Bestellnachweis abgelegt wurde. Die elektronische Kopie ging dann per E-Mail oder Fax an den betreffenden lokalen Markt. Auch hier wurde die Bestellung wieder ausgedruckt, und zwar gleich zweimal: einmal für den Kunden und dann noch einmal als „Einkaufsliste" für den Mitarbeiter, der die Artikel danach im Laden zusammenstellen musste. Letzterer mischte sich also unter die normalen Kunden, sammelte die einzelnen Artikel ein, hakte sie auf seinem Ausdruck ab, ließ sie an der Kasse registrieren und packte sie in Kisten, die dann in einen Lkw verladen und zum Kunden gebracht wurden. War der Kunde auch gerade zu Hause, wurde die Ware übergeben, und die Bezahlung erfolgte per Scheck oder Kreditkarte (gegen eine Zusatzgebühr). Zweifelsohne begann danach dann eine neue Kette finanzieller Prozesse.

Für den Tele-Shopper, der die Ware an die Haustür geliefert bekam, funktionierte der gesamte Prozess reibungslos, vorausgesetzt, dass sich in der Erfüllungskette keine manuellen Fehler eingeschlichen hatten (und Gelegenheiten für solche gab es viele). Der gesamte Kreislauf wäre viel unkomplizierter, wenn Kunden mit Internet-Anschluss ihre Bestellungen direkt an den lokalen Markt schicken könnten. Allerdings kommentierte Paul Arnold, Chef von Tesco Direct, diesen Vorschlag folgendermaßen: „Das mag ja durchaus funktionieren. Aber wir haben uns eben entschieden, es anders zu machen."

2.2.2 Ein Durchbruch mit unglaublichen Auswirkungen

Die digitalen Geschäftstechnologien sind heute tagtägliche Realität. Sie sind nicht mehr wegzudenken und ziehen ungeheure Folgen nach sich, egal ob Ihr Unternehmen dies zur Kenntnis nimmt oder nicht. Das ist mehr als Grund genug, diese Technologien nicht länger zu ignorieren, sondern von ihnen einen besseren Gebrauch zu machen als die Konkurrenz.

Es ist schon beinahe zum Klischee geworden, dass Unternehmen ihre Informationssysteme als Waffe im Wettbewerb mit den Konkurrenten einsetzen. Viele haben damit auch enttäuschende Erfahrungen machen müssen. Bereits seit Ende der 70er Jahre gibt es Unternehmen, die sich auf die digitalen Geschäftstechnologien konzentrieren. Die Informationstechnologie sowie die damit zusammenhängenden Aktivitäten binden einen signifikanten Teil des Budgets dieser Unternehmen.[6] Man hinterfragt nur selten, ob eine Investition überhaupt getätigt werden sollte, sondern interessiert sich lediglich für die dadurch ermöglichte Gewinnsteigerung oder lehnt die Arbeit mit den neuen Technologien generell ab.

Viele der positiven Prophezeiungen in der Informationstechnologie (IT) haben sich nicht erfüllt. Zwar gab es wiederholt strategische Erfolge, doch in der Mehrzahl der Unternehmen kam es zu einem monolithischen Wachstum der IT-Abteilungen. Letztere entfernten sich immer mehr von den Realitäten des täglichen Geschäftslebens und schufen eine autarke Welt, die einen wachsenden Teil des Unternehmensbudgets auffraß. Ehrgeizige Ziele waren mit großen Erwartungen verknüpft. Visionäre sagten eine „vernetzte digitale Welt" voraus, in der Einzelpersonen und Unternehmen ohne Grenzen für Zeit und Raum Zugang zu Informationen besitzen und diese auch kommunizieren können. Mit dem Verfall der Preise und steigender Verarbeitungskapazität bei Desktop-Computern und PCs sahen sich diese Visionäre in ihren Voraussagen bestätigt. Ab etwa Mitte der 80er Jahre richtete sich die Aufmerksamkeit verstärkt auf das Zusammenspiel der Informationssysteme verschiedener Unternehmen. Als die Liberalisierung der Telekommunikationsmärkte in diesem Bereich zu größerem Wettbewerb führte, kamen neue Dienstleister auf, mit deren Hilfe die Unternehmen ihre internen Prozesse mit denen ihrer Handelspartner verknüpfen konnten. Es wurde möglich, Daten elektronisch auszutauschen. Für viele Unternehmen hat sich dieser Ansatz bewährt, und sie feiern auch weiterhin damit Erfolge.

Mit Beginn der 90er Jahre nahmen die Möglichkeiten zum Informationsaustausch zwischen räumlich getrennten Computern weiter zu. Probleme für die Anwender erwuchsen aus der steigenden Verfügbarkeit von Computern und Datenkommunikation bei deren gleichzeitig begrenzter Kapazität. Dadurch kam es auch zu massiven Problemen für nicht computergestützte Prozesse. So kann die Einführung eines online oder telefonisch betriebenen Bestellsystems für Kunden zu direkten Schwierigkeiten bei der Abgleichung der eingehenden Aufträge mit den existierenden Beständen und der zu gewährleistenden Lieferfähigkeit führen. Digitale Innovationen stellen ein starke Belastung für den Verwaltungsapparat dar und bereiten Probleme im Zusammenhang mit der Lieferfähigkeit. Deshalb werden zur Überwindung dieser Schwierigkeiten die Prozesse einer fortlaufenden Überarbeitung unterzogen. Wenn diese Bemühungen nicht in den Händen eines fähigen Managements liegen, kann dies zu chaotischen Zuständen – oder wildem Improvisieren – führen.

Seit langem bereits werden Teile der Zulieferkette, normalerweise einzelne Funktionen oder Abteilungsbereiche, mit Hilfe digitaler Technologien effizienter gestaltet. Wie in Abbildung 2.2 veranschaulicht, setzte man zunächst bei der Optimierung der (internen) Geschäftsprozesse an, befasste sich dann mit der Optimierung des Marktes (Marketing- und Vertriebssysteme) und machte sich schließlich an die Optimierung der Angebotsseite (Einkaufssysteme).

---

[6] Vgl. beispielsweise Brynjolfson E (1993) The productivity paradox of information technology. Communications of the ACM, 36, 12, S. 67-77

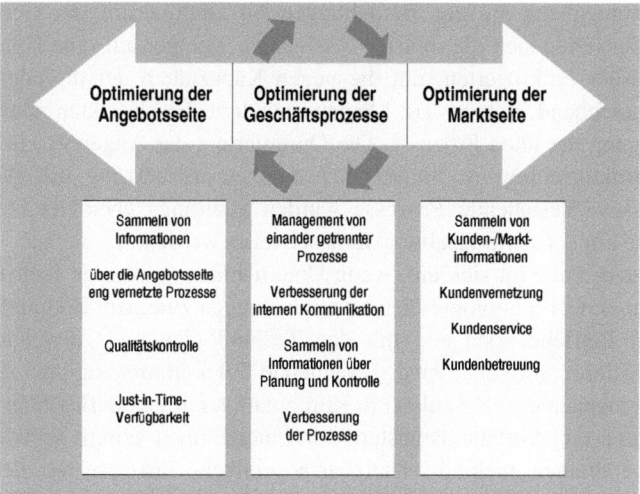

Abb. 2.2 Die Folgen der digitalen Geschäftstechnologien 1985-1995

Hinlänglich bekannte Beispiele sind American Airlines[7] (Buchungssysteme), der Pharma-Konzern McKesson (Vertriebssysteme) und Merrill Lynch[8] (Cash Management-Systeme). Eine Analyse dieser und anderer Beispiele findet sich bei Keen[9]. Für viele Unternehmen gestaltete sich die Realität extrem problematisch:

> *Der Ansatz, demzufolge durch die Vernetzung der Unternehmensstrukturen mittels Informationstechnologie ein Wettbewerbsvorteil zu gewinnen ist, hat sich in den letzten Jahren in vielen Wirtschaftskreisen zu einer Art Dogma entwickelt. Leider gestaltet sich die Realität der Erstellung und Aufrechterhaltung elektronischer Verbindungen zwischen Unternehmen als keineswegs so einfach oder rentabel, wie die Lobeshymnen der Befürworter unternehmensverbindender Systeme uns glauben machen möchten.[10]*

Benjamin et al. argumentieren, dass die Anwendung von EDI (Electronic Data Interchange), also des elektronischen Datenaustausches, nicht einen Wettbewerbsvorteil zum Ziel hat, sondern eine Notwendigkeit darstellt, um im Wettbewerb bestehen zu können. Sich nicht darauf einzulassen würde zu Verlusten führen. In diesem Fall würden die digitalen Geschäftstechnologien sich nicht als Wettbewerbsvorteil, sondern als Achillesferse des betreffenden Unternehmens herausstellen.

---

[7] Hopper MD (1990) Rattling SABRE – new ways to compete on information, Harvard Business Review, Mai-Juni 1990, S. 118-125

[8] Über beide Fälle wurde eingehend in Wirtschaftspublikationen berichtet.

[9] Keen PWG (1986) Competing in time – using telecommunications for competitive advantage. Ballinger

[10] Benjamin RI, de Long DW, Scott Morton MS (1990) Electronic data interchange: how much competitive advantage? Long Range Planning, 23, 1, S. 29-40

Im Zusammenhang mit den Bemühungen zur Optimierung der Geschäftsprozesse konzentrierten sich die meisten Aktivitäten weniger auf eine Umstrukturierung des bisher Praktizierten, um die neuen Kapazitäten der digitalen Technologien entsprechend nutzen zu können, sondern beschränkten sich auf die Beschleunigung der alten Prozesse. Die Optimierung der Angebotsseite führte zu einer Umstrukturierung im Sinne einer engeren Vernetzung mit den Lieferantenprozessen. Bestehende Prozesse wurden allerdings ebenfalls beschleunigt („Wir müssen in der Auftragsabwicklung schneller werden.").

Eine weitere Falle tut sich auf, wenn Unternehmen zu wenige Schritte zu früh unternehmen. Die Technologie bietet neue Lösungen zu einem Zeitpunkt, an dem die meisten Betriebe noch eng mit den Technologien und Anwendungen der vergangenen Jahre verwoben sind. Bestehende Telekommunikations- und Datenplattformen machen es nicht zuletzt in Kombination mit den unflexiblen Organisationsstrukturen und Verhaltensmustern der Unternehmen extrem schwierig, diese neuen Anwendungen auch für scheinbar so einfache Prozesse wie den simplen Austausch von Daten zu integrieren. Darüber hinaus führen die Auswirkungen jeder Änderung an anderer Stelle wieder zu neuen Problemen.

Bei derartigen Ansätzen mangelt es häufig an Koordination. Änderungen in einem Geschäftsbereich, beispielsweise in der Abteilung für Marketing und Vertrieb, führen zu neuen Anforderungen für die anderen Bereiche. Dadurch können Unternehmen in den Zwang geraten, kontinuierlich einzelne Systeme erneuern zu müssen, ohne jemals diesen Kreislauf beenden und eine lückenlose Integration erreichen zu können.

Telestroika: Die Befreiung der Kommunikation

Die unflexible Kommunikation von Computer zu Computer, wie sie in der Vergangenheit das Geschehen bestimmte, stellte eine massive Barriere für jegliche Optimierungsbemühung dar. Ohne stringente (im Normalfall geschützte) Standards konnten die Computer nicht miteinander kommunizieren. Das Internet bot in dieser Situation eine wichtige Eigenschaft, durch die es zum Herzstück der neuen digitalen Geschäftstechnologien wurde: *Computer jeder Art können von jedem Ort der Welt aus das Internet nutzen und deshalb auch miteinander kommunizieren.* Alles, was sie dazu benötigen, sind eine sehr einfache Kommunikationssoftware und eine Telefonleitung. Außerdem gibt es im World Wide Web spezielle Software zur Durchforstung des Informationsdschungels, und „Browser" erleichtern die Nutzung des Internets. Wie in Abbildung 2.3. dargestellt, ist heute nicht mehr relevant, wo etwas hergestellt, bestellt, gelagert, oder wohin es verschifft wird. Man könnte dieses Phänomen des totalen Wandels treffend als „Telestroika" bezeichnen.

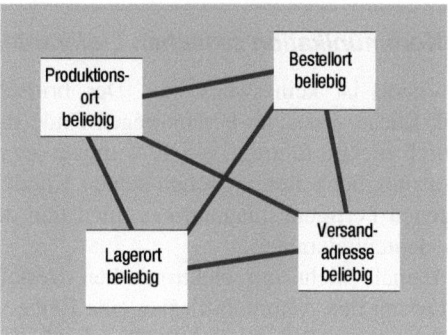

Abb. 2.3 Telestroika

Die Entwicklung hat dazu geführt, dass die digitalen Geschäftstechnologien tatsächlich die Zwänge von Raum und Zeit vergessen lassen. Ein Kunde in Hongkong kann per Internet das Produkt Ihres Unternehmens von einem Webserver in New York ordern, sich Software aus Texas herunterladen, ein Video in Hollywood kaufen, Musik in Paris, oder ein Buch in der Tschechischen Republik bestellen. Wenn das Produkt stofflich existiert, muss eine materielle Versendung erfolgen, damit der Auftrag erfüllt wird, und der Kunde erwartet die Lieferung ohne Verzögerung. Deshalb muss der Erfüllungsprozess so gut wie möglich gestrafft werden.

Die Unternehmen lernen, manchmal auf ihre eigenen Kosten, dass die Telestroika ihnen zwar unvergleichliche Möglichkeiten an die Hand gibt, dass eine erfolgreiche Nutzung jedoch Veränderungen an tief verwurzelten Verhaltensmustern erfordert. Abbildung 2.4 veranschaulicht, wie Produkt- und Informationsfluss integriert und synchronisiert werden müssen.

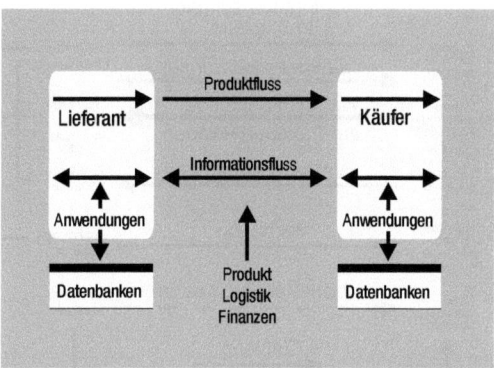

Abb. 2.4 Integration und Synchronisierung von Produkt- und Informationsflüssen

Das folgende Beispiel aus der Automobilindustrie unterstreicht die Vorteile eines Austausches von Informationen zwischen verschiedenen Systemen:

Lucas: Nahtlose Kommunikation zwischen Lieferanten und Kunden

Die beschriebene Vision ist keineswegs neu. Der britische Hersteller für Automobilelektronik Lucas versuchte bereits gegen Ende der 80er Jahre, ein solches Konzept durch die Einführung von EDI umzusetzen. Lucas verfügte über Kommunikationsmöglichkeiten zwischen seinen Kunden (Automobilherstellern), seinen eigenen Fertigungsplanungssystemen und den Fertigungssystemen seiner Komponentenlieferanten.

Lucas arbeitete damals nicht mit elektronischen Bestellformularen. Das Unternehmen tauschte mit den Automobilfirmen eine Reihe von Terminplänen (Termine, Anforderungen und Erfüllungswahrscheinlichkeit) aus. Diese Pläne wurden mit Näherrücken der Liefertermine wiederholt überarbeitet. Lucas orientierte die eigene Planung an den Anforderungen der Automobilhersteller und gewährleistete damit termingenaue Lieferungen (vgl. Abbildung 2.5).

Rechnungen an die Hersteller wurden von Lucas elektronisch versandt. Diese enthielten stets korrekte Angaben, da sich die Informationen aus den elektronischen Daten der Warenausgangskontrolle speisten. Gleichzeitig wurde der Kunde, also der Automobilhersteller, in die Lage versetzt, die Rechnungen elektronisch mit der eigenen Wareneingangskontrolle abzugleichen und die Zahlung anzuweisen. Eigentlich hätte Lucas seine Rechnungen nicht einmal abschicken müssen, denn beide Parteien hatten einen genauen Überblick darüber, was elektronisch bestellt, geliefert und akzeptiert worden war. Es blieb also nur noch, die Zahlung elektronisch anzuweisen.

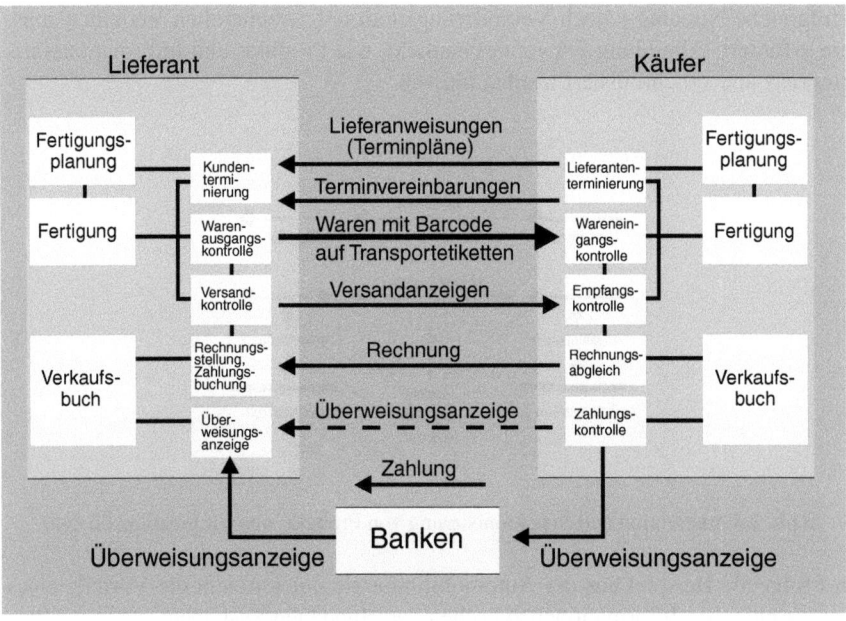

Abb. 2.5 So könnte eine elektronische Datenintegration aussehen

2.2.3 Das Management: Meister der digitalen Technologien?

In dem Beispiel der Firma Lucas waren drei Parteien miteinander vernetzt: der Automobilhersteller, der Zulieferer Lucas und seine Lieferanten. Die Kapazitäten verschiedener Organisationsstrukturen wurden in einem *Geschäftsnetz* miteinander verwoben, mit dessen Hilfe die Anforderungen eines bestimmten Kunden erfüllt werden. Wenn die Manager eines Unternehmens die Technologien beherrschen und nicht zu deren Sklaven verkommen, können sie ein Netz von kooperierenden Unternehmen schaffen, das vom Kundenkontakt bis zur Erfüllung des Auftrags alle Arbeiten selbst erledigt. [Man nennt diese Netze *cooperative business networks* (kooperative Geschäftsnetze). Damit wird die scheinbare Komplexität solcher Konzepte wie *virtuelle Organisation* oder *kooperatives Arbeiten zwischen den Unternehmen* mit einem recht einfachen Terminus belegt.]

Die digitalen Technologien ermöglichen und fördern die kooperative Zusammenarbeit. Einzelpersonen können in Echtzeit miteinander kommunizieren und gleichzeitig dieselbe Information aufnehmen. Für ein Unternehmen mit digitaler Technologie ist es wenig sinnvoll, wenn der Kunde eine Bestellung schickt, der Lieferant eine Rechnung, der Kunde dann die Rechnung prüft und sie schließlich per Scheck bezahlt. Dieser konventionelle Prozess ist zu kostspielig und bietet übermäßig viele Fehlerquellen. Der Informationsfluss zwischen den Organisationsstrukturen kann auch vollständig über elektronische Kontakte ablaufen. Ein solcher elektronischer Informationsaustausch sollte allerdings mehr umfassen als nur die Erstellung einer elektronischen Version der formalen Geschäftsdokumente. Es sollte vielmehr zu einem Zusammenwirken der Anwendungen beider Unternehmen kommen. Beispielsweise könnte das Fertigungsplanungssystem des Kunden mit dem Fertigungssystem des Lieferanten kommunizieren, und so könnten beide ein zusammenhängendes System bilden.

Ein Management, das in der Lage ist, diese Systeme einzurichten und effizient zu verbinden, kann dank der digitalen Technologien eine direkte Reaktion auf Kundenwünsche garantieren und die notwendigen Aktivitäten zu ihrer Erfüllung in die Wege leiten. Durch die neuen Technologien ist es heute auch möglich, den Status der dazu notwendigen Aktivitäten zu verfolgen. Die Fähigkeit, solche schnellen Reaktionsnetze in der Unternehmenswelt zu etablieren und zu handhaben, ist ein essentieller Bestandteil der *Total Action*-Philosophie. *Total Action* bedeutet, dass ein Unternehmen mit seinem Netz an Handelspartnern und internen Fähigkeiten durchaus in der Lage ist, *lebenslange Kundentreue* und *eine kontinuierlich verbesserte Selbstorganisation* zu gewährleisten.

Lebenslange Kundentreue

Die Transaktion zur Erfüllung des Kundenwunsches darf kein einmaliges Ereignis bleiben. Der Anbieter muss wichtige Daten über Historie und Verhalten des Kunden sammeln und auswerten, um dessen Treue auch weiterhin garantieren zu können und die Beziehung zunehmend gewinnträchtig zu gestalten. Dazu ist Folgendes notwendig:

- Jeder Kundenkontakt ist für das Sammeln neuer Informationen über den Kunden zu nutzen. Nur durch die Umsetzung des neu erworbenen Wissens kann das Unternehmen seine Leistung *mit* dem Kunden (Kundenbeziehungsmanagement) und *für* den Kunden verbessern (Erfüllung von Anforderungen).

- Der Anbieter muss die stetige Messung und Bewertung der eigenen Leistung *mit* dem und *für* den Kunden gewährleisten, um diese entsprechend verbessern zu können.

Viele Programme zur Stärkung der Kundentreue zwingen den Kunden, sich entsprechend den Spielregeln der Geschäftswelt zu verhalten. Sie sammeln Angaben über ihn, deren wirksame Umsetzung dann nicht gewährleistet ist. Das folgende Beispiel mag dieses Phänomen veranschaulichen:

Sie sind Gold-Card-Passagier einer großen Fluggesellschaft. Bei jedem Flug genießen Sie den Luxus der Executive Lounge und sammeln Flugmeilen für künftige kostenlose Flüge. Bereits seit fünf Jahren besitzen Sie bei dieser Fluggesellschaft VIP-Status. Nun entscheiden Sie sich, für eine längere Zeit Urlaub zu nehmen und fliegen deshalb ein halbes Jahr gar nicht geschäftlich. Was passiert? Die Fluggesellschaft beschließt, Sie zu bestrafen. Sie sind schließlich nicht mehr ihr Fluggast. Also schickt man Ihnen ein Schreiben, in dem man Ihnen mitteilt, dass Sie auf den Status eines „normalen" Fluggasts herabgestuft werden.

So sieht das Bestrafungsschema der Treuebonus-Programme aus. Die Daten der Fluggesellschaft weisen aus, dass Sie kein treuer Fluggast mehr sind. Die Gesellschaft wusste auch, dass Sie regelmäßig und in kurzen Abständen mit ihr fliegen. Statt Sie zu bestrafen, sollte man also eher fragen: „Weshalb ist dieser Kunde nicht mehr unser Fluggast?"

In diesem Fall steht der Kunde der Fluggesellschaft sicherlich nicht im Mittelpunkt der Entscheidungsfindung. Die Entscheidungen werden entsprechend den Regeln des Treuebonus-Programms getroffen: Um seinen Status zu behalten, muss der Kunde innerhalb eines Jahres eine gewisse Mindestanzahl von Flügen mit derselben Gesellschaft absolvieren. Entscheidungen sollten jedoch nicht nur in Anbetracht der Historie eines Kunden (Wie viel hat der Kunde ausgegeben, und welche Produkte oder Dienstleistungen hat er dafür in Anspruch genommen?), sondern auch unter Berücksichtigung seines Verhaltens (Ist der Kunde definitiv nicht mehr unser Fluggast?) getroffen werden. Dazu bedarf es der notwendigen Kundeninformationen, die mit Hilfe der digitalen Technologien aufzubereiten sind, so dass das neu gewonnene Wissen über den Kunden dann innerhalb der Organisation ausgetauscht und entsprechend gehandelt werden kann.

Kontinuierlich verbesserte Selbstorganisation

Nachdem für alle Kundenkontakte vollständiges Engagement gegenüber dem Kunden garantiert ist, gilt es, die folgenden beiden Aspekte zu berücksichtigen:

– Es muss klar sein, dass dieses Engagement auch wirklich erlebbar ist.

– Das Geschäftsnetz zur Erfüllung der Kundenwünsche muss direkt verfügbar sein.

In konventionellen Unternehmen wird man die Kundenwünsche in einer Art Produktkatalog nachschlagen. Die Auftragsabteilung, der Verkaufsmitarbeiter oder ein Kundenbetreuer wird die Bestellung an die Verwaltung und an das Werk weiterleiten und in vielen Fällen versuchen, sich den Konsequenzen einer möglichen unzureichenden Erfüllung zu entziehen. Das gedankliche Schema des Mitarbeiters endet in diesem Fall mit dem Verkauf eines Artikels oder einer Leistung an den Kunden. Er entzieht sich dem weiteren Verlauf und geht zum nächsten Kunden über. Dieses Denken muss sich ändern. Der mit einem Auftrag betraute führende Mitarbeiter – oder auch *Customer Leader* – muss die Verantwortung für die gesamte Auftragserfüllung tragen. Dementsprechend muss der betreffende Mitarbeiter wissen, ob und inwieweit eine Bestellung aus verfügbaren Kapazitäten bedient werden kann. Er oder sie muss in der Lage sein, den Auftragsstatus zu verfolgen und bei drohender oder tatsächlicher Nichterfüllung in Kenntnis gesetzt werden.

Im Normalfall ist die Erfüllungskette durch klar definierte Verfahren geregelt. Leider gibt es in traditionell agierenden Unternehmen häufig zu wenig Koordination oder Kommunikation zwischen den einzelnen Verfahrensschritten. Wenn man ein Buch bestellt, ist oft nicht festgelegt, wessen Aufgabe es sein wird, den Kunden zu informieren, wenn es nicht lieferbar ist. Erhält der Buchverkäufer diese Information? Oder lässt man den Kunden ganz einfach warten? Wenn es sich um einen umfangreichen Auftrag handelt und viele Parteien an der Erfüllung beteiligt sind, kann eine nachrichtenlose Wartezeit schnell zu Frustration führen. Wenn ein Unternehmen aber auf die digitalen Technologien zurückgreifen kann, dann stützt es sich auf ein völlig anders funktionierendes Geschäftsnetz. Sobald Klarheit über die Erfüllungsanforderungen besteht, kann der *Customer Leader* als der gegenüber dem Kunden verantwortliche Mitarbeiter die für die Erfüllung benötigten Teilnehmer aus dem Geschäftsnetz benennen, um ihre Verfügbarkeit und ihre Zusammenarbeit untereinander zu regeln. Im nächsten Schritt erfolgt dann ihre Beauftragung mit der Erfüllung des platzierten Auftrags. Der *Customer Leader* organisiert also die Reihenfolge oder Erfüllungskette mit den benannten Teilnehmern des Geschäftsnetzes und erteilt ihnen den Handlungsauftrag.

Der Kunde steht jetzt im Zentrum der Entscheidungsfindung.

Die Entscheidungen werden nicht mehr mit dem Blickwinkel *von innen nach außen* gefällt, ganz nach dem Prinzip: „Wir entscheiden, was der Kunde kauft, und wie der Kunde sich zu verhalten hat." Heute fallen die Entscheidungen vielmehr aus der Perspektive des Kunden, *von außen nach innen* gerichtet. Nun heißt es: „Wir nehmen die Anforderung des Kunden zur Kenntnis. Können wir sie erfüllen, und, wenn wir das können, wie organisieren wir uns, um dem Kundenwunsch nachzukommen?"

2.3 Die Elemente der *Total Action*-Philosophie

Das *Total Action*-Prinzip kann nur dann erfolgreich umgesetzt werden, wenn man sich die eigentliche Aussage des Begriffs zu Herzen nimmt: Erfolg ist nur möglich mit vollständigem, *totalem* Engagement im gesamten Unternehmen, und koordinierter, wirkungsvoller *Aktion* seitens aller Beteiligten, deren Beitrag notwendig ist, um einen Wunsch des Kunden zu erfüllen. In einem von *Total Action* geprägten Unternehmen betrifft das jeden Einzelnen, da alle auf das Innere dieses Unternehmens gerichteten Aktivitäten eliminiert werden, verstellen sie doch den Blick auf den Kunden. Somit lassen sich die zu meisternden Aspekte in drei Punkten zusammenfassen:

- Der Kunde steht im Zentrum der Aufmerksamkeit.
- Information über den Kunden wird koordiniert.
- Es werden hervorragende Erfüllungsgrade erzielt.

Vollständiges Engagement ist der Schlüssel zur erfolgreichen Umsetzung der *Total Action*-Philosophie. Wenn ein Unternehmen zwar einen *Customer Leader* und *Customer Action Teams* benennt, dabei aber die für die Mitarbeiter notwendigen Informationen über den Kunden nicht richtig koordiniert, können jene nur wenig zur Erreichung der Unternehmensziele beitragen. Andere Unternehmen investieren zur Bewältigung ihrer Aufgaben Millionen in integrierte IT-Systeme, scheitern aber gleichermaßen, weil ihre wenig motivierten und schlecht geführten Mitarbeiter die Bedeutung ihres Beitrags zur Auftragserfüllung im Sinne des Kunden nicht erkennen. Oder aber das Unternehmen verfügt über die richtigen Informationen und konzentriert sich vollständig auf den Kunden, kann aber die Erfüllung seiner Wünsche letztlich nicht garantieren.

In den folgenden Abschnitten werden diese Aspekte in ihren Einzelheiten behandelt und einige der zu ihrer Umsetzung benötigten Instrumente vorgestellt.

2.3.1 Augenmerk auf den Kunden

Hier geht es um die Notwendigkeit, Mechanismen zu schaffen, mit deren Hilfe die fatale Trägheit traditioneller Unternehmen umgewandelt wird in respektvolle Aufmerksamkeit für die spezifischen Bedürfnisse einer bestimmten Einzelperson oder einer Gruppe, die aus dem einen oder anderen Grund die Produkte und Leistungen dieses Unternehmens in Anspruch nehmen will. Das gute „Zuhören" eines solchen Unternehmens ist kein Thema für tolle Werbespots, sondern muss gelebt, unterstützt und gelenkt werden. Zu den wichtigsten Mitteln für die Gewährleistung dieser Aufmerksamkeit gehört ein Mitarbeiter, der die treibende Kraft hinter allen internen Aktivitäten im Dienste des Kunden darstellt, sowie ein Team zur Umsetzung dieser Aktivitäten (wobei dieses je nach den Bedürfnissen befristet oder dauerhaft beauftragt wird).

2.3.1.1 Der Customer Leader

Der *Customer Leader* sorgt dafür, dass die Lippenbekenntnisse eines Unternehmens über Kundenorientierung und Kundenbetreuung keine leeren Versprechungen bleiben. Betrachten wir einmal das folgende fiktive Beispiel:

Sie brauchen einen Kredit. Haben Sie schon einen Flug gebucht?

Sie benötigen einen kurzfristigen Kredit für ein Flugticket nach Australien und rufen deshalb ihre Bank an. Der für Sie zuständige Finanzdienstleister hört sich Ihr Anliegen an. Bei einem anderen Institut hätten Sie als Reaktion danach vielleicht gehört: „Ich schicke Ihnen gleich ein Antragsformular. Sie müssten es morgen mit der Post bekommen."

Nach dem Prinzip von *Total Action* funktioniert das Ganze jedoch völlig anders. Der Bankbeamte schaut sich die Angaben an, welche die Bank über Sie besitzt. Diese Informationen stellen die Schnittstelle der Bank zu Ihnen und der Finanzwelt dar. Während sich der Mitarbeiter Ihr Kundenprofil anschaut und vielleicht auch einen Überblick über Ihre jüngsten Transaktionen mit der Bank aufruft, können Sie sich am heimischen Computer in deren „Personal Homepage" einwählen und dort die Informationen einsehen, welche der Bankbeamte soeben abruft.

Seine erste Frage wird sein: „Haben Sie Ihre Reise bereits organisiert?" Antwort: „Nein, eigentlich noch nicht so recht." Reaktion: „Gut, wann wollen Sie denn reisen? Gibt es eine Fluggesellschaft, mit der Sie besonders gern fliegen?" Der Bankbeamte hat das Reisebüro-Symbol auf seinem Bildschirm angeklickt und betrachtet jetzt eine Weltkarte. Er klickt Australien an und gibt die von Ihnen angegebenen Reisetermine ein. Und schon kommt die Antwort: „Ja, wir haben da einige Angebote. Sie möchten gern mit British Airways fliegen, weil Sie Flugmeilen sammeln. Für den Preis eines normalen Hin- und Rückflugs mit der Business Class kann ich Ihnen zwei Business Class-Tickets mit einer Übernachtung in Singapur und freier Wahl des Hotels anbieten." Noch während der Bankbeamte spricht, erscheint die Information auf Ihrem PC-Bildschirm.

Das Angebot sagt Ihnen zu. Der Mitarbeiter klickt das Flug-Symbol auf seinem Bildschirm an und fragt: „Wenn wir die Tickets wegen des starken Pfunds von Deutschland aus buchen, gewährt Deutsche BA einen 10 %igen Rabatt. Möchten Sie auch noch ein Hotel in Sydney buchen?" Und schon haben Sie eine Übersicht der Hotels in Sydney auf Ihrem Bildschirm. „Ich kann Ihnen gern sofort ein Angebot machen, und wir organisieren das dann für Sie. Die Reiseversicherung sollten wir auch besprechen."

Sie sind überzeugt von dem Angebot. Ach ja, und schließlich kommt noch die Frage: „Und was den Kredit angeht, ...?"

In diesem Fall ist der Beamte für seine Bank der *Customer Leader*:

- Obwohl er für Sie die Schnittstelle mit Ihrer Bank darstellt, ist der Bankbeamte mehr als nur ein Finanzdienstleister. Er ist auch für die Dienstleistungen verantwortlich, die mit Ihrem Finanzbedarf in direktem Zusammenhang stehen.
- Er handelt auf Geheiß der Bank und bedient sich eines ganzen Netzes von Unternehmen, mit denen die Bank entsprechende Vereinbarungen getroffen hat.
- Der Bankbeamte ist die einzige Schnittstelle. Wenn Sie nicht gerade für Vergleichszwecke noch ein zweites Angebot einholen wollen, müssen sie sonst niemanden mehr anrufen, um Ihre Reise zu organisieren. Von dem Informations- und Transaktionszentrum seines *Customer Dashboard* aus kann der Mitarbeiter die gesamte Reise für Sie organisieren.
- Der Bankbeamte ist auch in der Lage, eine Erfüllungskette zu erstellen. Wenn er Ihnen Flüge, Hotels, und Karten für die Oper in Sydney anbietet, muss er sie auch liefern können.

Für diesen *Customer Leader* geht es bei der Erfüllung des Kundenwunsches um mehr als nur darum, dem Kunden die benötigten Flugtickets, seine bestätigten Hotelbuchungen und alle anderen Reservierungen auszuhändigen. Zur Erfüllung gehört der zufriedenstellende – oder gar ausgezeichnete – Ablauf seines gesamten Urlaubs. Dazu müssen verschiedene Bausteine oder Serviceelemente, aus denen sich der Urlaub zusammensetzt, kombiniert und bearbeitet werden. Darüber hinaus muss der *Customer Leader* in der Lage sein, mit *Ausfällen* umzugehen, wenn beispielsweise eines der Elemente nicht so funktioniert wie beabsichtigt oder eine geplante Veranstaltung ausfällt.

Wenn Sie auf Ihrer Australienreise Schwierigkeiten bekommen, müssen Sie in der Lage sein, den für Sie zuständigen Bankbeamten daheim bei Ihrer Bank telefonisch, per Fax oder E-Mail zu erreichen, um zu einer schnellen Lösung zu kommen. Wenn Sie zum Beispiel ein E-Mail aus Ihrem Hotel in Sydney an Ihre Bank schicken und die Verantwortlichen dort wissen lassen, dass Ihre in Düsseldorf lebende Mutter einen Herzanfall erlitten hat und Sie deshalb Ihren Urlaub abbrechen und zurückfliegen müssen, muss jeder Mitarbeiter in der Lage sein, umgehend Ihre Historie einzusehen und Aufschluss über Ihre Vereinbarungen mit der Bank zu gewinnen. Sodann muss der betreffende Mitarbeiter umgehend eine neue Erfüllungskette zusammenstellen und anstoßen, die Reiseversicherung prüfen, Flüge buchen und alles andere Notwendige so schnell und reibungslos wie möglich in die Wege leiten.

In der *Total Action*-Philosophie erfüllt der *Customer Leader* eine zentrale Funktion. Er oder sie übernimmt die volle Verantwortung für die Befriedigung der Kundenwünsche im kompletten Kundenservice-Kreislauf, also dem gesamten Beziehungskreislauf des Unternehmens mit dem Kunden, angefangen von der attraktiven Darstellung des eigenen Angebots über die Erfüllung bis hin zur Erneuerung des Kundenkontakts (vgl. Abbildung 2.6.). Der *Customer Leader* ist damit viel mehr als nur ein intelligenter Verkäufer, denn er oder sie muss die zufriedenstellende Einleitung und vollständige Umsetzung dieses Kreislaufs begleiten und garantieren.

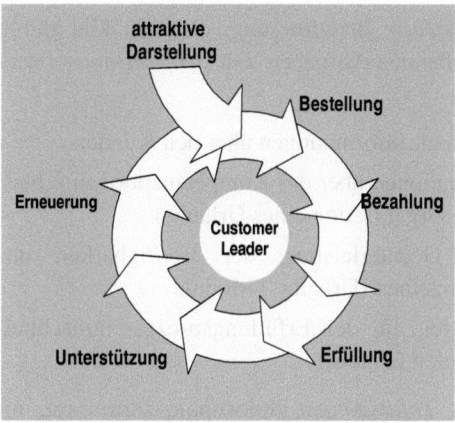

Abb. 2.6 Der Kundenservice-Kreislauf

Der *Customer Leader* kann ein ständiger Ansprechpartner für einen spezifischen Kunden sein, wie es zum Beispiel in der Firmenkundenbetreuung der Fall ist, oder nur befristet für die Erfüllung eines spezifischen Auftrags benannt werden. Der *Customer Leader* muss auch nicht unbedingt ein Mitarbeiter sein. In manchen Fällen kann seine Funktion durch ein Software-Programm erfüllt werden. Dell Computer beispielsweise betreibt als *Customer Leader* eine interaktive Webpage. Die Prinzipien der von diesem *Customer Leader* übernommenen Kundenbetreuung sind allerdings dieselben. Die befristet oder ständig diese Verantwortung dem Kunden gegenüber tragenden Akteure besitzen die klar definierte Berechtigung, die Portfoliolösung für den Kunden zu bestimmen, die Erfüllung anzustoßen und ihre Umsetzung zu überwachen.

Der *Customer Leader* steht im Zentrum dieses Kreislaufs:

– von dem Moment an, in dem der durch eine *attraktive Präsentation* angezogene (potentielle) Kunde mit dem Unternehmen Kontakt aufnimmt,

– Verantwortung für die Erfüllung des *Auftrags* (Abgleich zwischen der Kundenanforderung und der Erstellung des Leistungsportfolios zu deren Erfüllung)

– *Zahlungsanweisungen* – Gewährleistung der notwendigen finanziellen Transaktionen

– *Anstoß und Umsetzung der Erfüllung* – Gewährleistung der effektiven Umsetzung der Portfoliolösung

– *Unterstützung des Kunden* – Fehlermanagement und Bereitstellung notwendiger Informationen für den Kunden zur Umsetzung der erarbeiteten Lösung

– *Erneuerung der Kundenkontakte* – Entwicklung weiterer Geschäftsmöglichkeiten mit dem Kunden

Der *Customer Leader* kann allerdings nicht allein handeln, sondern benötigt *unterstützende Informationen* über den Kunden, das Portfolio und die Erfüllung sowie eine *unterstützende Beauftragung*, also ein klar definiertes Mandat zur Erledigung der anstehenden Aufgaben. Für den *Customer Leader* muss Folgendes gewährleistet sein:

- Zugang zu relevanten Informationen über den Kunden
- Zugang zu Informationen über das Kompetenzportfolio (beispielsweise mit den Elementen für die Organisation eines Urlaubs)
- Kompetenz zur Gewährleistung der Verfügbarkeit und Einleitung der Umsetzung der einzelnen (Urlaubs-) Module
- Überwachungssystem für den Erfüllungsprozess (einschließlich Benachrichtigung bei auftretenden Fehlern)

In der Sprache der *Total Action*-Philosophie formuliert, muss der *Customer Leader* zu Folgendem in der Lage sein:

- *Handlungsgarantie bereits bei Kundenkontakt* – Unterstützung für den Kunden zur Entwicklung einer für ihn wertvollen Lösung
- *Erarbeitung einer Portfolio-Lösung* – Zusammenstellen einer Reihe von Leistungsangeboten aus dem Kompetenzportfolio der Bank mit Mehrwert für den Kunden und Gewinn für die Bank
- *Ansprechpartner für die Entscheidungsfindung des Kunden* – Lenkung der Entscheidung des Kunden entsprechend den Kundenanforderungen unter Berücksichtigung der Möglichkeiten des Portfolios und des Erfüllungspotentials der Bank sowie Umsetzung der getroffenen Entscheidung im Rahmen dieser Möglichkeiten
- *Konzentration aller Aktivitäten auf den Kunden durch integrierte Transaktionen* – Vernetzung und Durchführung von Transaktionen betreffend alle für eine erfolgreiche Reise notwendigen Informationen und Aktivitäten
- *Demonstration interaktiver Kompetenzen* – Erfüllung der Kundenwünsche durch Interaktion mit dem Kunden sowie der internen und externen Verwaltung

All dies ist erreichbar mit Hilfe zweier wichtiger Elemente der *Total Action*-Philosophie:

- dem *Customer Action Team* – Bildung eines „Erfüllungsteams" mit den Akteuren des für den *Customer Leader* verfügbaren Geschäftsnetzes
- dem *Customer Dashboard* – Nutzung eines elektronischen Informationsfensters auf den Kunden und das Unternehmen, mit dessen Hilfe der *Customer Leader* und das *Customer Action Team* die Interaktion mit dem Kunden und die Lösungsmöglichkeiten sowie die Umsetzung der Lösung gewährleisten

2.3.1.2 Das Customer Action Team

Das *Customer Action Team* (oder *CAT*) besitzt die wichtige Eigenschaft, dass es die unterschiedlichsten Fertigkeiten vereint, um spezifische Ziele für einen spezifischen Kunden zu erreichen.

Es liegt in der Verantwortung des *CAT*, als Triebkraft des Unternehmens zu fungieren, damit alle internen Handlungen sich auf den Kunden konzentrieren. Die Vertreter des Teams leiten den Handlungsbedarf direkt vom Kunden ab und achten darauf, dass alle Mitarbeiter ihre Handlungen vom Kunden aus in die internen Unternehmensstrukturen richten, denn darum geht es bei der Orientierung *von außen nach innen*. Der große Vorteil des *CAT*s liegt darin, dass es die typische kurzsichtige Betrachtungsweise großer Organisationen durchbricht. In zu vielen Unternehmen wird das im Kontakt mit dem Kunden gewonnene Wissen überhaupt nicht genutzt. Manager mit einer derartig kurzsichtigen Perspektive betrachten ihre Kundenbetreuer bzw. ihre Verkaufsmitarbeiter nicht als Teil eines Kundenteams oder als Quelle neuer Informationen über den Kunden. Die Mitarbeiter an der Ladentheke sind meist viel zu sehr damit beschäftigt, die Regale wieder aufzufüllen, um erkennen zu können, dass ihnen überhaupt Kunden gegenüberstehen. Sie verhalten sich, als wären sie für ihre Kunden unsichtbar.

In Zusammenarbeit mit dem *Customer Leader* muss das *CAT* die Lenkung der Aktivitäten des *Total Action*-Unternehmens und seiner Geschäftspartner übernehmen, sie mit schnellen und korrekten Informationen aus dem *Customer Dashboard* unterstützen und den Zusage- sowie den Erfüllungsprozess für jeden Kunden innerhalb variierender Zulieferketten betreuen.

Ein Team wie das *CAT* passt nicht in das Denken eines normalen heutigen Unternehmens. Sein Funktionieren erfordert ein völliges Umdenken. Seine Rolle ist die eines Hochleistungsteams, das sich voll und ganz auf die Erfüllung der Kundenwünsche konzentriert. Es vereint die benötigten Fertigkeiten und Kapazitäten, mit denen die Ziele für spezifische Kunden festgelegt und auch erreicht werden können. Entsprechend dem Prinzip der „modularen" Zusammensetzung muss jedes Mitglied des Teams trotz seiner grundsätzlichen Unabhängigkeit auch zusammen mit den anderen als integriertes Ganzes fungieren. Dazu bedarf es einer Reihe von Regelungen für das Funktionieren der Zusammenarbeit, die Integration der geleisteten Arbeit sowie die Definition von Leistungsstandards. Vor allem müssen die Mitglieder des Teams die gleichen klar verstandenen, kommunizierten und vereinbarten Ziele verfolgen: „Was wollen wir mit unserer Arbeit für diesen Kunden erreichen?"

Um erfolgreich arbeiten zu können, benötigt das *CAT* Folgendes:

– eine klare Definition der Kompetenzen und die Verfügbarkeit aller Mitglieder (Definition des Kompetenzportfolios)

– eine klare Definition seiner Ziele (mit dem Ziel der Erfüllung der Kundenwünsche verfolgte Absichten) und Funktion (Aufgaben der einzelnen Mitglieder mit zeitlichem Ablauf)

– eine klare Kommunikation zwischen den Mitgliedern (gemeinsames Vokabular)

– klare Berichterstattung an den *Customer Leader* über den Erfüllungsstatus

Das *CAT* löst die zeitlich befristet eingerichtete Zulieferkette für die Erfüllung des Auftrags aus. Das allein genügt jedoch nicht. Das Team muss die volle Verantwortung für den betreffenden Kunden übernehmen, und zwar nicht nur bei Aufgabe der Bestellung und maximal bis zur Auslieferung, sondern auch im Hinblick auf Verständnis und Beeinflussung des Kundenverhaltens. Alle Kundenkontakte müssen zu neuen Einsichten über den Kunden führen. Beispielsweise weiß das für Sie verantwortliche *CAT* vielleicht, dass Sie gern allein reisen und Opernfan sind. Mit diesem Wissen kann das Team bereits ein bestimmtes Verhalten auslösen, ein Produkt bzw. eine Dienstleistung an Sie absetzen und damit Ihre fortgesetzte Treue als Kunde sichern.

Ähnlich wie der *Customer Leader* kann auch das *CAT* in verschiedenen Formen auftreten. Es kann sich um eine ad hoc zusammengestellte Gruppe unter der Leitung eines Mitarbeiters handeln, oder wie im Firmenkundenmanagement, einen stabilen Kern (das für den Firmenkunden ausschließlich verantwortliche Team) handeln. Je nach seiner Position im Kundenservice-Kreislauf beschäftigt sich dieses auf Dauer eingerichtete Team mit dem langfristigen Management der Kundenbeziehung sowie mit deren Verbesserung durch die Unterstützung neuer Mitglieder (dem „virtuellen" Firmenkundenteam).

In der Ablaufkette, die bei dem *CAT* beginnt und von ihm bestimmt wird, darf es keinerlei Unterbrechungen geben. Das Team muss sich innerhalb seiner vom Unternehmen definierten Handlungsgrenzen wie ein Unternehmer verhalten. Wie in Abbildung 2.7 deutlich wird, fungiert das *CAT* somit in der Gruppe der Informationsakteure als organisierende Einheit. Das Team kann in diesem Zusammenhang zwei Funktionen erfüllen:

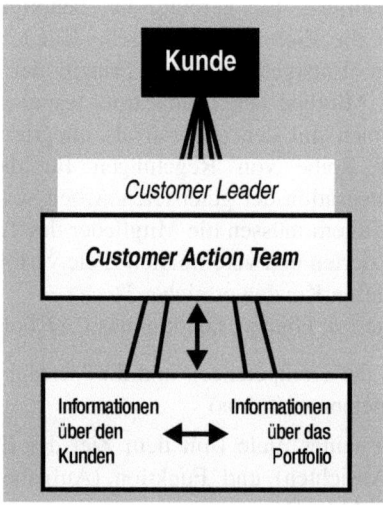

Abb. 2.7 Die Rolle des *CAT (Customer Action Team)*

– Es kann die dauerhafte Beziehung zu einem wichtigen Kunden gestalten (insbesondere durch die Identifikation und Analyse neuer Geschäftsmöglichkeiten).

– Es kann mit Hilfe eines kooperativen Ansatzes die Erfüllung der Vereinbarung mit dem Kunden gewährleisten.

In beiden Fällen bedarf es einer schnellen und unmissverständlichen Kommunikation auf der Grundlage eines gemeinsamen Vokabulars.

2.3.2 Die Koordinierung von Kundeninformationen

Ein zentraler Aspekt der *Total Action*-Philosophie ist der Zugang zu Informationen. Allerdings beschränkt sich dieser Zugang nicht auf einen passiven Zustand oder die Verfügbarkeit einer Technologieplattform. Wenn der Kunde im Zentrum der Aufmerksamkeit stehen soll, muss jegliche Information über den Kunden und die Leistung des Unternehmens gegenüber dem Kunden jederzeit und direkt verfügbar sein. Nur dann kann nach ihr gehandelt werden. Wenn Informationen mobilisiert werden können, kann auch das gesamte Unternehmen mobiler werden.

Hier müssen die Technologie und die Menschen, die sie nutzen müssen, ineinander greifen. Nur wenn die Systeme Leistung erbringen und die Mitarbeiter sie für ihre Zielerreichung im Sinne eines spezifischen Kunden zu nutzen verstehen, kann das Unternehmen von seinen Investitionen in die digitalen Geschäftstechnologien – und natürlich auch in kompetente Mitarbeiter – profitieren. Bei der Umsetzung der *Total Action*-Prinzipien erfüllen die IT-Fachleute hinter den Kulissen eine wichtige Funktion. Das ist insbesondere dann der Fall, wenn Informationen über bestimmte Kunden und ihre spezifischen Anforderungen benötigt werden. Nach ihrer Analyse sind diese ohne Verzögerung an diejenigen weiterzuleiten, die zur Erfüllung der Anforderungen beitragen können. Dazu gehören vor allem der *Customer Leader* und das *Customer Action Team*.

Die IT-Abteilung ist ein entscheidendes Instrument zur Koordination kundenspezifischer Informationen. Ein Produkt ihrer Arbeit ist das, was wir als *Customer Dashboard* bezeichnen.

2.3.2.1 Die Rolle der IT-Abteilung

Ein ernstes Problem großer Unternehmen ist das fehlende Verständnis zwischen Management und IT-Abteilung. Vorstandsmitglieder kennen sich selten gut genug mit Computern aus, um wirklich urteilsfähig zu sein, sind sich aber gleichzeitig ihrer Abhängigkeit von der Technik schmerzlich bewusst. Die IT-Gurus im Unternehmen müssen sich deshalb Vorwürfe gefallen lassen wie: „Was tragen Sie denn schon zum Gewinn bei!?" Die folgende (vielleicht nicht ganz authentische) Geschichte mag das völlige Fehlen von gegenseitigem Verständnis veranschaulichen:

Wozu das Ganze?

Während eines Benchmarking-Besuchs demonstrierte eine Fluggesellschaft einigen führenden Managern die Funktionalitäten ihres soeben neu eingeführten Buchungssystems. Das System druckte automatisch ein Flugticket für den Passagier aus, erstellte die Rechnung, prüfte den Zahlungseingang, stellte eine Liste aller Passagiere sowie einen Verladeplan für das Gepäck zusammen, legte den Einsatzplan für die Crew fest und bezahlte die Stewardess für ihre Überstunden. Außerdem konnte die Fluggesellschaft direkt aus dem System erfahren, welches Reisebüro den Flug für einen bestimmten Passagier gebucht hatte, welche Maschine dieser Fluggast nahm, und wer die zuständige Stewardess war.

Ein für den IT-Bereich verantwortlicher Manager schaute sich alles eingehend an und fragte dann: „Und wozu das Ganze?"

Wie sollte ein Unternehmen seine Informationssysteme ändern, damit es sie in der digitalen Geschäftswelt der Zukunft auch erfolgreich nutzen kann?

Wie aus Abbildung 2.8 ersichtlich, kommt es in zwei Bereichen zu Kollisionen zwischen der internen und der externen Welt:

– Das Unternehmen ist nicht in der Lage, seine Aktivitäten und Funktionalitäten mit den Bedürfnissen des Kunden in Einklang zu bringen.
– Das Unternehmen ist nicht in der Lage, die für eine nahtlose Schnittstelle zu den Zugangstechnologien des Kunden notwendige IT-Infrastruktur einzurichten.

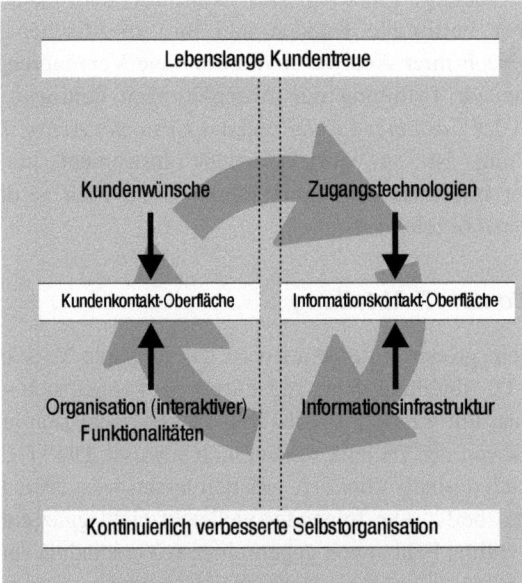

Abb. 2.8 Die möglichen Kollisionen

Solche Unvereinbarkeiten sind keineswegs neu, aber mit der Ausbreitung der digitalen Technologien werden sie zunehmend erkennbar. In reaktionsträgen Unternehmen kann ein intelligentes und reaktionsschnelles Verkaufsteam am Autismus seiner Verwaltung scheitern. In solchen Unternehmen bleiben Kundenanfragen unbeantwortet, und der Kunde selbst wird als Störfaktor für den normalen Geschäftsverlauf betrachtet.

Die IT-Abteilung muss zu einem *digitalen Competence Center* werden. Sie muss ihren Kunden im gesamten (internen) Kundenservice-Kreislauf einen klar definierten *Service* bieten. Sie muss ihr Handeln als kooperierendes IT-Geschäftsnetz verstehen und ausrichten.

Die IT-Abteilung muss gemeinsam mit dem Management dafür sorgen, dass die digitalen Technologien kooperativ und nicht chaotisch eingesetzt werden. Interessanterweise ist dies jetzt gerade wegen der chaotischen Zustände im Internet und nicht bereits in der scheinbar klar strukturierten Welt historischer Computersysteme möglich geworden.

Der Umbau der IT-Abteilungen hat sich als sehr schwierige Herausforderung erwiesen. Im Normalfall begann man stets gleichzeitig mit der detaillierten Analyse aller Probleme. Das führte häufig dazu, dass die internen Abteilungen selbst zu „Kunden" der IT-Abteilung wurden. Das Konzept des „internen Kunden" mag zwar vom Reiz des Einfachen profitieren, hat jedoch ernsthafte Mängel. Interne Dienstleistungsvereinbarungen sind schnell ausgehandelt, aber normalerweise fehlen dann die Instrumente zur Leistungsbemessung, und Fehlleistungen werden allzu leicht unter den Teppich gekehrt. Die Möglichkeit für den internen Kunden, die benötigte Leistung an anderer Stelle einzukaufen, ist in der Praxis eng begrenzt. Tut er es aber dennoch, hat er später eine wenig angenehme Behandlung durch den verschmähten internen Anbieter zu befürchten. Der Schutz eines „internen Marktes" mit seinen künstlichen Preisen und der damit verbundenen überflüssigen Bürokratie sähe ganz anders aus, wenn die IT-Abteilung als unabhängiges Unternehmen aufträte. Ein solcher Ansatz käme der Außenvergabe von Aufträgen recht nahe, kann jedoch die Möglichkeiten des Unternehmens beeinträchtigen, eine strategische Vorausschau für die künftige Nutzung der IT-Funktionalitäten direkt im Hause zu haben.

Tut mir leid, aber wir haben Probleme mit unserem Computersystem

Am Check-In einer Fluggesellschaft hat sich eine lange Schlange wartender Passagiere gebildet, die alle noch rechtzeitig ihren Flug erreichen wollen. Doch das Computersystem ist zusammengebrochen. Da hilft es dem zuständigen Bediensteten wenig, wenn er einen IT-Fachmann zu den Kunden schickt und sie nach ihren Wünschen befragen lässt. Trotzdem lernen beide Mitarbeiter am Ort des Geschehens mehr als aus noch so vielen Gesprächen mit ihrem Unternehmensberater oder einer kräftigen Standpauke ihres Vorgesetzten, denn sie bekommen – wahrscheinlich ziemlich unverblümt – von den Kunden gesagt, was diese wirklich wollen.

Ein anderer IT-Experte betreute die Arbeit der Kundenbetreuer eines Stromversorgers. Diese hatten mit einer Meute erzürnter Kunden zu kämpfen, denen soeben die dritte Zahlungserinnerung mit der Drohung zugestellt worden war, dass ihnen der Strom abgeschaltet werde, wenn sie nicht umgehend ihre Rechnung bezahlten. (Leider waren die Mahnungen aber versandt worden, bevor der riesige neue Computer des Unternehmens überhaupt die erste Ausfertigung der Rechnungen verschickt hatte.) Der Computerfachmann gewann durch seine Präsenz vor Ort direkte Einsichten, die für das Unternehmen einen langfristigen Nutzen haben. Kurzfristig Abhilfe schaffen konnte allerdings auch er nicht.

In einem Einzelhandelsgeschäft ist der Verkäufer bemüht, die stürmische Nachfrage der Kunden nach dem heiß begehrten neuesten Sonderangebot zu bewältigen, aber seine Lagervorräte reichen nicht aus, und es fehlen ihm die Mittel, die weitere Verfügbarkeit zu überprüfen. Was ihm fehlt, würden manche als „Computeranwendungssoftware" bezeichnen. Der leidgeprüfte Verkäufer hingegen bezeichnet seine Misere als Kopfschmerz...

Solche Erfahrungen aus dem täglichen Leben sind Beispiele für einen schlechten Service. Wenn Computerexperten sie zur Kenntnis nehmen, führt das in der IT-Abteilung zu einem neuen Verständnis für den „internen Kunden." Dabei lernen IT-Experten nicht nur ihre Führungskräfte besser kennen, sondern sie gewinnen auch ein neues Bild von den Verkaufsmitarbeitern, die dem realen Kunden täglich gegenüberstehen.

Ersparen Sie Ihren IT-Experten nicht den Stress und die Frustration der Mitarbeiter in Ihrem Unternehmen, die mit den IT-Tools im täglichen Leben umgehen müssen. Nur so können Ihre Computerfachleute wirklich verstehen, dass Sie eine Plattform und Funktionalitäten entwickeln müssen, die im täglichen Einsatz reibungslos funktionieren. Außerdem müssen sie erkennen, dass sie als IT-Experten die Verantwortung dafür tragen, dass die „Magie" ihrer technologischen Möglichkeiten sich auch im geschäftlichen Handeln niederschlägt. Sie dürfen nicht darauf warten, dass ihnen das Unternehmen sagt, was sie tun sollen.

Die allgemeinen Aspekte der Einbindung der IT-Abteilung als Schlüsselelement der *Total Action*-Philosophie (oder als ein Hauptgrund für *Fatal Inaction*) werden in Kapitel 3 behandelt. Eine der zentralen Aufgaben der IT-Abteilung im Hinblick auf die Koordinierung der Informationen über den Kunden besteht darin, einen Beitrag zur Entwicklung eines angemessenen *Customer Dashboard* für die Unterstützung aller an der Auftragsplatzierung und -erfüllung beteiligten Akteure zu leisten.

2.3.2.2 Die Einrichtung des Customer Dashboard

Das *Customer Dashboard* unterstützt den *Customer Leader*. Seine Hauptfunktionen bestehen aus:

- Bereitstellung der im Bedarfsfall benötigten Informationen über den Kunden und das Portfolio

- Unterstützung des *Customer Leader* bei der Einleitung und Begleitung des Erfüllungsprozesses

Ein *Customer Dashboard* kann somit verschiedene Formen annehmen, vom tragbaren Computer des Vertriebsmitarbeiters oder Firmenkundenbetreuers bis hin zur direkten Unterstützung für Telefon-Banking durch das Computer- und Telefonsystem. Werden, wie beispielsweise bei Amazon, Bücher oder andere Waren über das en, so sind das *Customer Dashboard* und der *Customer Leader* miteinander verschmolzen und in der interaktiven Webpage für den Buchinteressenten integriert.

Das *Customer Dashboard* dient als verbindendes Informationsfenster zwischen dem Kunden und dem Unternehmen. Es enthält die notwendigen Informationen über den Kunden, das Angebotssortiment des Unternehmens (sein Portfolio) und einen Überblick über dessen Leistungen für den Kunden.

Das *Customer Dashboard* ermöglicht es dem *Customer Leader*, die nötigen Informationen über den Kunden und das Portfolio abzurufen, um damit eine kundenspezifische Lösung zu definieren und ihre Umsetzung in die Wege zu leiten. Darüber hinaus kann es dem Management als Instrument zur Analyse der Unternehmensleistung für den Kunden sowie des Kundenbeitrags zum Gesamtgewinn dienen. Deshalb kann das *Customer Dashboard* die folgenden Funktionen haben:

- Als „Kunden-Navigator" liefert es historische und operative Daten über den Kunden.
- Als „Leistungs-Navigator" enthält es Angaben über die Gesamtleistung des Unternehmens, aber auch über seine Einzelleistung für einen spezifischen Kunden.
- Als „Aktivitäts-Navigator" liefert es Detailinformationen über den Status der für jeden einzelnen Kunden erbrachten Leistungen.
- Als „Portfolio-Navigator" bietet es Daten über Historie und Nachfrage nach bestimmten Produkten bzw. Leistungen innerhalb des Unternehmensportfolios.

Das *Customer Dashboard* ist kein exklusives Informationssystem für das Management. Es ist vielmehr ein kurzfristig und direkt zu nutzendes Hilfsmittel, ein betriebliches System, mit dem die Mitglieder des *Customer Action Teams* ihre Aufgaben dem Kunden gegenüber erfüllen. Das *Customer Dashboard* ist auch keine Bearbeitungsmaske, wie moderne automatische Call Center sie benutzen. Ein automatischer Anrufverteiler registriert dort Kundenanrufe und getroffene Vereinbarungen. Dieser Verteiler ist nicht eng mit den Betriebssystemen des Unternehmens verwoben und übt auch keine Kontrollfunktion für die Gesamtleistung aus. Wie bei vielen Programmen für das Management von Vertriebsaktivitäten und die Firmenkundenbetreuung beschränkt sich die Funktion eines automatischen Anrufverteilers häufig ausschließlich auf den Kontakt mit dem Kunden.

Die Armaturentafel eines Flugzeugs

Die Armaturentafel eines modernen Flugzeugs ist ein beeindruckendes Instrument – ein sogenanntes „Dashboard." In Echtzeit erhält der Pilot alle für die wichtigsten Funktionen des Flugzeugs relevanten Informationen. Motordaten, Treibstoffverbrauch, Geschwindigkeit, Flugrichtung, Position usw., alles wird in einem einfachen, sinnvoll aufbereiteten und klar verständlichen Format dargestellt. Falls ein Fehler auftritt oder der Pilot sich genauer vom Funktionieren eines bestimmten Fluggeräts überzeugen will, kann er auch – ähnlich einem Anwender, der im Internet Informationen miteinander verbindet – detailliertere Daten abrufen.

Bevor solche modernen Armaturentafeln entwickelt wurden, musste der Pilot aus dem Fenster schauen um zu sehen, ob sich die Klappen beim Landeanflug auch wirklich öffneten. Im Zuge der Weiterentwicklung der Luftfahrttechnologie hielten immer neue Messuhren, Instrumententafeln, Schalter und Knöpfe mit vielen neuen Einzelfunktionen im Cockpit Einzug. Mit ihrer Hilfe konnte der Pilot, ohne sich von seinem Platz entfernen zu müssen, den gesamten Betrieb überwachen. Die Messuhren, Instrumententafeln, Schalter und Knöpfe erfüllten allesamt voneinander getrennte, noch nicht integrierte Funktionen im Flugbetrieb. Der Pilot konnte also nicht mit einem Blick die gesamte Situation erfassen. Beispielsweise benötigte der Motordruck eine eigene Messuhr, da er nicht mit dem Druck an den Lufteinlassdüsen identisch ist. Im Cockpit der heutigen Flugzeuge hat der Pilot die folgenden Möglichkeiten:

– Er kann auf einen Blick feststellen, ob alle geplanten Aktivitäten korrekt ablaufen.

– Die intern erbrachte Leistung entspricht den Anforderungen der externen Umgebung (ähnlich der Beziehung zwischen Kunde und Markt).

– Der Pilot kann feststellen, ob die Navigationsdaten stimmen, das heißt ob die Flugroute (vergleichbar mit einem Geschäftsplan für den Kunden) eingehalten wird.

– Werden Abweichungen von der Norm bzw. den Erwartungen festgestellt, muss umgehend gehandelt werden.

– Der Pilot kann gewährleisten, dass die internen Aktivitäten der neuen Situation entsprechen.

Der technologische Fortschritt hat es möglich gemacht, ähnlich wie bei einer modernen Boeing 777 oder einem Kampfjet – der natürlich noch viel beeindruckender ist, weil seine Reaktionen viel schneller ablaufen müssen – die Informations- und Kontrollsysteme zu „integrieren." Der Pilot und die Luftraumüberwachung können heute den Flugplan in das System einbauen. Während des gesamten Fluges werden die Funktionen des Flugzeugs sowie die Flugroute genauestens überwacht: Es findet eine *kontinuierliche Messung der Zielerreichung* statt.

Dank der digitalen Technologien ist es nun auch möglich, das Maß der Ziel-erreichung in einer Geschäftssituation kontinuierlich zu messen. Das *Customer Dashboard* enthält alle notwendigen Informationen aus der gesamten Unterneh-mensstruktur und präsentiert sie in integrierter Form, jeweils bezogen auf die Aktivitäten für den einzelnen Kunden. Folgendes ist dazu erforderlich:

– kontinuierliche Erfassung von Daten über die Leistung des gesamten Unternehmens für einen spezifischen Kunden

– Prüfung und Überwachung der Daten im Hinblick auf vereinbarte – oder geplante – Leistungsziele im Sinne des Kunden

– Entscheidungsfindung und Koordination korrigierender oder vorbeugender Maßnahmen

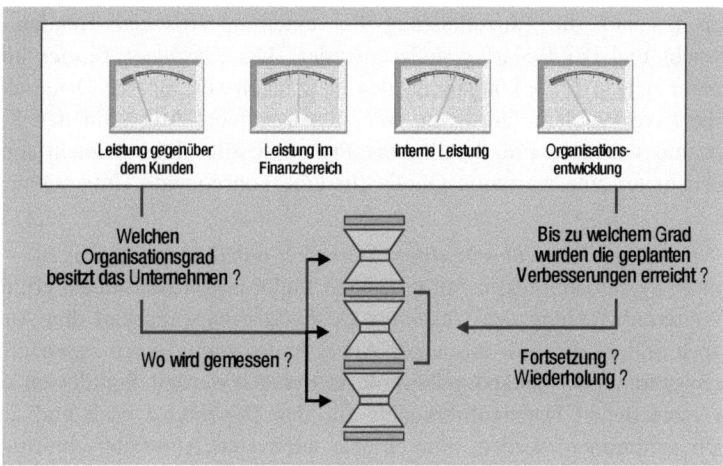

Abb. 2.9 Das *Customer Dashboard*

Wie aus Abbildung 2.9 ersichtlich, besteht das *Customer Dashboard* aus vier Komponenten. Diese sehen im Einzelfall bei verschiedenen Unternehmen durchaus unterschiedlich aus:

– *persönliches Arbeitsumfeld*: Dieses umfasst individuelle Arbeitsmittel wie zum Beispiel elektronische Planer, Maßnahmenplanung, Textverarbeitung, Tabel-lenkalkulation, Grafiken, E-Mail und Beziehungsmanagement.

– *Leistungsplan gegenüber dem Kunden:* Hier handelt es sich um Strukturmuster für den Unternehmensplan zur Erfüllung der Wünsche des Kunden. Der Kundenplan enthält Planungsdetails hinsichtlich der Möglichkeiten und Aktionen sowie Managementberichte. Die Leistungsplanung bestimmt, welche „Messuhren" auf dem Bildschirm erscheinen.

– *Servicekontrolle:* Das Arbeitsumfeld steht in engem Zusammenhang mit den Erfüllungsprozessen und unterstützenden Aktivitäten des Unternehmens und hat Zugang zu relevanten Daten über einzelne betriebliche Prozesse. Dies ermöglicht quantitative Analysen wie zum Beispiel „Nachforschungsarbeit" (schnelle und kursorische Recherchen in verschiedenen Datenbanken), die Analyse von „Eventualfällen," die Vorausschau auf künftige Tendenzen und die Messung von Schlüsselindikatoren (*key performance indicators*).

- *Kommunikationsmittel:* Dazu gehören die Netzwerke zwischen den Verwaltungsstrukturen sowie die internen Unternehmensnetze für Telefon-kommunikation, E-Mail, Videokonferenzen und technisch anspruchsvolle Groupware-Systeme.

Der Ansatz des *Customer Dashboard* bietet eine Reihe von Vorteilen:

- *Die wichtigsten Daten über kundenorientierte Leistungen sind klar als messbare Indikatoren definiert.* – Die Arbeit des Unternehmens, heruntergeb-rochen bis auf die Einzelleistung für einen spezifischen Kunden, kann überwacht und bei Bedarf geändert werden. Der *Customer Leader* und das *Customer Action Team* können aus den in Echtzeit verfügbaren Daten ablesen, wo operative Probleme auftreten, wer ausgezeichnete Arbeit für den Kunden leistet und weshalb. Ein detailliertes Protokoll aller Interaktionen mit dem Kunden bietet eine wertvolle Quelle für eine konsequente Unternehmenspla-nung.

- *Die Umsetzung kann in einzelnen Schritten aufeinander aufbauen.* – Eine modulare Systemarchitektur mit einzelnen funktionalen Bausteinen ermöglicht die Weiterentwicklung des *Customer Dashboard* entsprechend den Anforde-rungsprioritäten, die sich aus einer Analyse *von außen nach innen* ergeben. Kein System muss vollständig überholt oder ersetzt werden. Stattdessen können die verschiedenen Datenzufuhrkanäle für das *Dashboard* nach und nach in Betrieb genommen werden, ähnlich wie auch eine Anwenderschnittstelle in mehreren Schritten entsteht. Im Laufe der weiteren Entwicklung und Vervollständigung können Links zu Datenbanken eingefügt oder wieder entfernt werden. Die technologischen Komponenten sind im Übrigen meist verfügbar und sehr sicher.

Durch den Einsatz einer Intranet-Funktion kann ein Unternehmen seinen Zugang zu kundenrelevanten Informationen zur zentralen Triebkraft für alle betrieblichen Tätigkeiten machen. Dazu gehören:

- *Geschäfts- und Vertriebsplanung* – Vorausschauen und historische Daten sowie wichtige kundenspezifische Trends können (unterschieden nach der Größe der betreffenden Kunden oder Sektoren) ohne Zeitverlust für alle größeren Kunden konsolidiert werden.

- *Produktplanung* – Angaben über Kundenanforderungen, Produktleistungsdaten und Informationen über die Aktivitäten der Wettbewerber können problemlos konsolidiert und analysiert werden.

Dank der digitalen Technologien ist heute auch eine kontinuierliche Messung des Zielerreichungsgrads möglich. Alle Arten von Messwerten werden in einer verständlichen und integrierten Darstellung bezogen auf einen spezifischen Kunden gezeigt. Das Messsystem für die Erfassung der Leistung *für* den und *mit* dem Kunden (sowie Kundengruppen) wird festgelegt, und alle Akteure im Servicekreiskauf können von deren Messungen profitieren.

Der *Customer Leader*, das Management, und die Mitglieder des *Customer Action Teams* können die operativen Faktoren auf diese Weise genau verfolgen:

- Status der geplanten Aktivitäten
- interne Leistung aller am Kundeservice-Kreislauf beteiligten Akteure
- Navigationsdaten zur Vermeidung von Abweichungen von der „Flugroute" (entspricht dem Geschäftsplan für den Kunden)
- Abweichungen vom Standard und Korrekturmaßnahmen sowie Akteure
- Warnung bei korrekturbedürftigen Fehlern
- Eingreifen des *Customer Action Teams* im Falle einer Änderung der Bedingungen

In strategischer Hinsicht kann das *Customer Dashboard* folgendermaßen genutzt werden:

- zur ununterbrochenen Datenerfassung für die Bewertung der Gesamtleistung des Unternehmens gegenüber dem einzelnen Kunden
- zur Prüfung und Überwachung dieser Daten im Hinblick auf die Erreichung vereinbarter – oder geplanter – Leistungsziele für den Kunden
- zur Unterstützung der Entscheidungsfindung und Koordination des Teams bei korrigierenden oder vorbeugenden Maßnahmen

Das *Customer Dashboard* ist nicht identisch mit dem konventionellen Managementinformationssystem mit (oft rückblickenden) strategischen Daten über die Leistung verschiedener funktionaler Unternehmensbereiche. Obwohl es sich auch für Strategen anbieten mag, ist das *Customer Dashboard* in erster Linie ein operatives System zur Unterstützung des *Customer Action Teams* in seiner Arbeit für den Kunden.

Das *Customer Dashboard* setzt digitale Technologien ein, um eine nahezu totale Kommunikation zu erreichen, sie zu überwachen und dauerhaft zu gewährleisten. Ihr Ziel ist dabei die Verfügbarkeit möglichst vollständiger Informationen über:

- den Kunden
- das Kompetenzportfolio des Unternehmens
- den Erfüllungsstatus
- die Bemessung der Zielerreichung des Unternehmens zur Umsetzung der Kundenwünsche

Die Organisation von Informationen: Info-Vermittlung

Wenn Informationen sich nutzbringend organisieren und neu kombinieren lassen, profitieren zweierlei Gruppen davon: *die Anwender und die Organisatoren der Informationen.*

Wir bezeichnen diese Fähigkeit, Informationen zu sammeln und zu organisieren als *Infomediation* oder *Info-Vermittlung.* Für die genannten Gruppen hat diese Tätigkeit einen deutlichen Mehrwert, doch diejenigen Gruppen, in deren Händen sich die Informationen heute befinden, werden sich wahrscheinlich in ihrer Funktion beeinträchtigt sehen.

Im Geschäftsleben kennt man die sogenannte *Intermediation*, bei der ein zwischen Anbieter und Kunden angesiedeltes Unternehmen vermittelnd Mehrwert erwirtschaftet. Neulinge im KFZ-Versicherungsgeschäft gewähren beispielsweise dem Kunden-Call-Center Zugang zu ihren eigenen Informationen und verfügen auch selbst über Zugang zu Informationen über eine Vielzahl von Versicherungsgesellschaften. So können sie dem Kunden das „beste Geschäft" präsentieren und damit die traditionelle Verbindung zwischen Versicherungsunternehmen, Agenten und Kunden auflösen.

Auch das Konzept der *Disintermediation* ist hinlänglich bekannt. Dabei umgeht ein Unternehmen die zwischen sich und seine Kunden geschalteten Stellen und übernimmt wie im Beispiel von Dell Computer den Kundenkontakt selbst. Durch die digitalen Technologien sind viele neue Anbieter in diesem Geschäftsfeld aktiv geworden. Das Internet führt dabei zweifelsohne zu einer enormen Steigerung der Marktchancen der neuen Unternehmen.

Flugticket gewünscht

Sie wollen von Paris nach New York fliegen. Die herkömmlichen Möglichkeiten sehen folgendermaßen aus:

- Sie rufen Ihr Reisebüro an. Der oder die Angestellte dort prüft die Datenbanken einer Reihe von Fluggesellschaften nach angebotenen Flügen und empfiehlt Ihnen dann das beste Angebot. Die Auswahl wird wahrscheinlich nicht ganz objektiv ablaufen, denn das Reisebüro hat mit einigen Fluggesellschaften Provisionsvereinbarungen abgeschlossen, mit anderen nicht.
- Sie sehen die Kleinanzeigen nach Angeboten für Flugtickets durch. Nachdem Sie alle Anbieter angerufen haben, treffen Sie Ihre Entscheidung.
- Sie finden heraus, welche Fluggesellschaften die Strecke Paris-New York fliegen und rufen dort an, um nach offenen Flügen zu fragen.

Sie müssen dazu jedoch nicht unbedingt zum Telefonhörer greifen, denn viele der oben genannten Anbieter verfügen über einen Internet-Auftritt, so dass sie auch per E-Mail erreichbar sind.

Normalerweise werden die Fluginformationen von der jeweiligen Fluggesellschaft organisiert und beschränken sich auf die Angabe der Flugzeiten. Selten findet man bei dem gleichen Anbieter sowohl offene Flüge als auch gute Preisangebote. Jetzt gibt es allerdings auch Internet-Firmen, die sogenannten *Informationsmittler*, welche damit werben, dass sie Ihnen den idealen Flug präsentieren. Einige dieser Innovatoren verfügen über weltweite Flugplaninformationen, mit Hilfe derer Sie dann über das Internet oder eine CD-ROM die Flugzeiten für alle Fluggesellschaften einsehen können. Sie geben ein: „Ich möchte alle Flüge von Paris nach New York sehen, die am Donnerstag, den 17. des Monats, nachmittags vom Flughafen Charles de Gaulle abgehen."

Das Unternehmen American Airlines EasySabre geht noch einen Schritt weiter. Als Internet-Abonnent können Sie dort einen der offenen Flüge auswählen, den Preis bestimmen und dann reservieren.

All das ist Teil der alten „Welt der Produktkataloge". Wir können prinzipiell annehmen, dass jede Fluggesellschaft über drei grundlegende Datenbanken verfügt (vgl. Abbildung 2.10):

– Flugpläne: Abflug- und Ankunftszeiten für jeden Flug
– Flugpreise: Informationen über die verfügbaren Preisklassen für jeden der genannten Flüge
– Verfügbarkeit: Informationen über die offenen Flüge nebst Preisen

Wenn ein Reiseorganisator – oder *Informationsmittler* – Zugang zu diesen Informationsquellen gewinnen kann und die Informationen zu organisieren in der Lage ist, hat dieser Organisator eine sehr machtvolle Position, denn er oder sie kann den idealen Flug im Hinblick auf Preis und Flugtermin bestimmen.

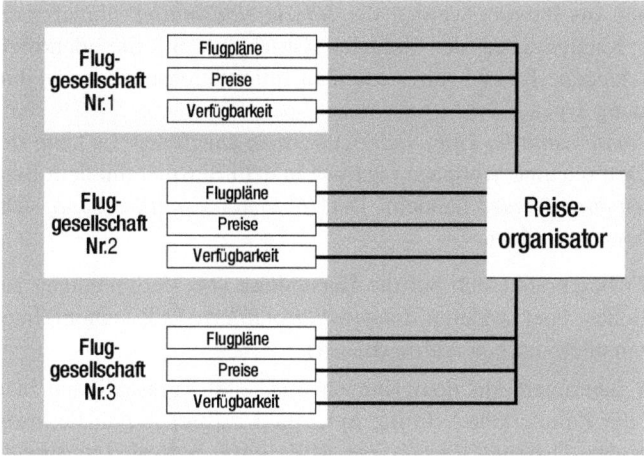

Abb. 2.10 Informationsmittler für Reisende

Für die Fluggesellschaften stehen Millionen auf dem Spiel. Ein Flugticket und die damit verbundenen Informationen sind zur simplen Handelsware geworden. Zwar buchen manche Passagiere auf jeden Fall immer zum Normalpreis einen Linienflug in der Business Class, doch wird die Mehrzahl der Kunden sich durchaus nach den günstigsten Konditionen umschauen, wenn diese erst einmal offen zugänglich sind. Solche weniger konservativen Passagiere werden dann vielleicht ihre Flüge erst zu einem Zeitpunkt buchen, an dem sie von dem Preisnachlasssystem einer Fluggesellschaft profitieren können. Der Fluggesellschaft wird natürlich viel daran liegen zu vermeiden, dass entsprechende interne Konditionen an die Öffentlichkeit gelangen, und sie wird insbesondere versuchen, ihre Informationen über Verfügbarkeit und Preisnachlässe zu schützen. Erfahrene *Informationsmittler* werden wahrscheinlich dennoch durch den „Öffentlichkeits-" oder „Abonnenten-" Service an genügend Informationen herankommen, um den Markt realitätsnah einschätzen zu können.

Die Möglichkeiten des sogenannten *Smart Software Agenten* stellen (für Fluggesellschaften und konventionelle Reisebüros) einen weiteren Grund zur Besorgnis dar. Dagegen bietet sich für Passagiere und *Informationsmittler* schon eher eine neue Chance. Statt sich Zugang zu der gewünschten Information zu verschaffen, schickt der Suchende einfach seinen *Software-Agenten* mit der Aufforderung ins World Wide Web: „Suche mir das beste Angebot für einen Flug von Paris nach New York." Der Agent saust durch das Netz und kommt mit einer Antwort zurück. Solche Ansätze werden heute bereits bei der normalen internetgestützten Informationssuche bzw. der Suche nach den günstigsten Preisen für bestimmte Produkte getestet.

Informationsmittler – Katalysatoren für digitale Geschäfte

Durch ihre Organisation und die Lenkung von Zugang und Verbindungen von Informationen im Internet werden die *Informationsmittler* immer mehr zu den wichtigsten Katalysatoren der digitalen Geschäftswelt. Sie identifizieren und nutzen verschiedene Bündel mit wertvollen Informationsquellen für ihre Kunden (vgl. Abbildung 2.11).

Ein *Informationsmittler* kann vielerlei Formen annehmen. Es kann sich wie bei Tesco und Dell um eine Webpage oder wie in dem Beispiel mit dem Bankenkredit um den *Customer Leader* handeln. Der *Informationsmittler* kann sich auf verschiedene Arten verhalten:

– *passiv:* Er beschränkt sich auf die Herstellung von Verbindungen zu weiteren Informationen oder anderen *Informationsmittlern* (z.B. einem Internetportal oder einem telefonischen Anfragedienst).

– *aktiv:* Er interagiert mit dem Kunden und leitet Transaktionen in die Wege (initiiert die Zulieferkette). In der Sprache der *Total Action*-Philosophie heißt das, dass der *Customer Leader* die Rolle eines *aktiven Informationsmittlers* übernimmt.

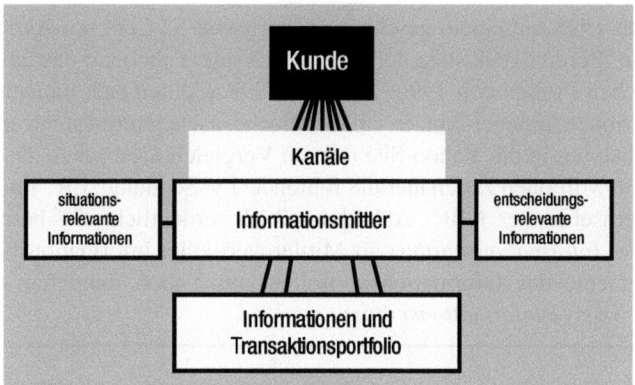

Abb. 2.11 Die gebündelten Informationswerte der Informationsmittler

Das Internet entwickelt sich schnell zu einem Netz aktiver und passiver *Informationsmittler*. Die Internetauftritte von Tesco und Amazon fungieren als aktive *Informationsmittler* für ihr Informations- und Produktportfolio. Im Internet hat sich eine wachsende Anzahl von *Informationsmittlern* herausgebildet: die sogenannten *Portale*, die Zugang zu den benötigten Informationen ermöglichen. Diese Portale fungieren im Internet als passive *Informationsmittler* und erwirtschaften durch die Organisation der wertgetragenen Informationskette für den einzelnen Anwender einen Mehrwert. Das Portal verfügt lediglich über das Wissen, *wo* relevante Informationen (also andere *Informationsmittler*) zu finden sind. Im Jahre 1998 liefen etwa 15 % der Internet-Aktivitäten über Portale, die 67 % des gesamten in den USA investierten Werbebudgets binden konnten ($ 870 Millionen).[11] Aus den ersten Suchmaschinen entwickelten sich neue Portale, die gebündelte Informationswerte für ihre Kunden bereitstellten. Sie üben beträchtlichen Einfluss aus, wie das Beispiel Yahoo veranschaulicht:

Das Beispiel Yahoo[12]

Gegründet wurde Yahoo im Jahre 1995 von Jerry Yang und David Filo, zwei passionierten „Websurfern", die an der Stanford-Universität Ingenieurwissenschaften studierten. Im Jahre 1993 stellten sie eine Liste ihrer Lieblings-Websites ins Internet[13]. Diese Liste wurde 1995 in „Yahoo" umbenannt und entwickelte sich zu einer ernst zu nehmenden Suchmaschine für das World Wide Web. Am 25. August 1996 ging Yahoo mit einem Aktienpreis von $ 97,50 und einer Marktkapitalisierung von $ 9,1 Milliarden an die Börse. Damit war das Unternehmen genau 305mal so viel wert, wie es die Gewinn-

---

[11] Forrester Research, erwähnt in Business Week, Juli 1998
[12] Business Week, Europa-Ausgabe, 7. September 1998, S. 41-48
[13] „Jerry's Guide to the World Wide Web"

vorausschau 1998 mit einem geschätzten Profit von 32 Cent pro Aktie voraus-
gesagt hatte. Bereits 1998 stieg der Aktienpreis von Yahoo auf das 23fache des
ursprünglichen Preises von 1996. Im Jahre 1998 wählten sich monatlich mehr
als 40 Millionen Internet-Nutzer auf der Suche nach interessanten Informationsmöglichkeiten in die Yahoo-Site ein. Im Vergleich dazu sahen zur gleichen
Zeit etwa 30 Millionen Zuschauer die führende TV-Sendung „ER" im amerikanischen Fernsehsender NBC. Abbildung 2.12 verdeutlicht die beschriebene
Funktion des *Informationsmittlers* als Mittler wertvoller Informationsbündel.

Die Elemente des Informationsportfolios von Yahoo fungieren selbst als
aktive und passive *Informationsmittler.*

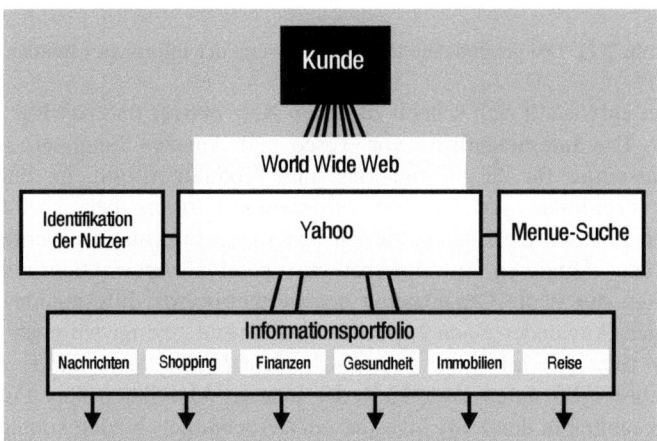

Abb. 2.12 Die gebündelten Informationswerte bei Yahoo

Die von den einzelnen Nutzern präferierten Portale sind als *Informationsmittler* in
der Lage, die Informations- und Transaktionsportfolios, zu denen sie Zugang
gewähren, auch zu kontrollieren. Deshalb müssen sie selbst so neutral wie
möglich sein. Viele Anwender werden natürlich versuchen, die Portale zu umgehen, indem sie die Akteure in ihren eigenen Portfolios direkt anwählen oder
mehrere Portale nutzen. Wenn ein Portal sich als außergewöhnlich hilfreich
erweist, kann es seine Nutzer leicht an sich binden. Das ist insbesondere dann der
Fall, wenn das Portal wie Yahoo eine Fülle an Informationen bietet und leicht zu
nutzen ist. Intelligente *Software Search Agents* werden vielleicht irgendwann die
Portale ersetzen, obwohl es wahrscheinlicher ist, dass deren spezifische Funktion
in den Portalen selbst aufgeht.

Für die Werbewirtschaft sind solche Portale sehr attraktiv, denn an ihnen
müssen die meisten Internet-Nutzer „vorbei". Da sie den Anwender identifizieren,
stellen sie zudem eine Quelle für äußerst wertvolle Informationen dar. Kein
anderes Massenmedium kann den Unternehmen die Möglichkeit bieten, mit dem
einzelnen Kunden in Kontakt zu treten und auf seine Reaktionen einzugehen. Die
Portale können bei ihren Besuchern Informationen über deren Person sowie be-

sondere Interessen abfragen und ihren elektronischen Pfad im Internet verfolgen, wenn sie aktive Entscheidungen treffen und sich in bestimmte Seiten einwählen. Deshalb können sie als *Informationsmittler* für die in ihrem wertgetragenen Informationsbündel vertretenen Anbieter und Unternehmen der Werbeindustrie äußerst wertvolle Daten erheben. Damit ist der Anfang des individuellem Kundenmarketing (*one-to-one marketing*)[14] gemacht.

Essentielles Nebenprodukt: Informationen über den Kunden

Nehmen wir an, Sie wählen sich regelmäßig gegen 20 Uhr abends über ein Portal ins Internet ein und sind dann zwischen 30 und 45 Minuten online. Zuerst lesen Sie immer die Aktienkurse und dann die Wirtschaftsnachrichten. Oft besuchen Sie auch die Websites für Bücher und CDs. Dreimal im Jahr befassen Sie sich intensiv mit den Reiseangeboten – manchmal für jeweils mehr als eine Stunde. Einmal wöchentlich lesen Sie die Nachrichten über Pittsburgh. Häufig suchen Sie auch nach interessanten Theater- oder Opernaufführungen. In letzter Zeit befassen Sie sich häufiger mit den Tipps zur Gesundheit und den Seiten zum Thema Sport. Gelegentlich schauen Sie auf den Seiten für intelligente Computerspiele und Themen für Jugendliche vorbei. Erst letzte Woche waren Sie auf der Suche nach Informationen über Privatuniversitäten.

Aus diesen Angaben könnte das von Ihnen genutzte Portal wahrscheinlich ein ziemlich treffsicheres Bild von Ihnen als Websurfer zeichnen:

- Sie sind ein intelligenter Internet-Nutzer und selektieren genau, für welche Zwecke Sie das Web nutzen.
- Sie interessieren sich für die Aktienpreise. Wahrscheinlich sind Sie Investor mit verfügbarem Einkommen. Damit könnte das Portal Sie bereits an bestimmte Websites mit Angeboten für relevante Finanzdienstleistungen weiterleiten.
- Sie kaufen Bücher und CDs per Internet, unterhalten aber gleichzeitig auch direkte Kundenbeziehungen zu einer Reihe von Cyberläden.
- Sie wohnen in Pittsburgh.
- Zu Ihren Hobbys gehören Drama und Oper.
- Sie haben einen Teenager im Haus, also einen Sohn oder eine Tochter kurz vor dem Schulabschluss
- Sie machen sich Gedanken über Ihre Gesundheit – sind also wahrscheinlich zwischen 45 und 50 Jahren alt – und wollen sich (wieder) sportlich betätigen.

… und dies alles weiß das Portal über Sie, ohne jemals nach Ihrem Alter, Ihrem Geschlecht oder Ihren finanziellen Verhältnissen gefragt zu haben.

---

[14] Peppers D, Rogers M (1997) Enterprise one to one: tools for competing in the interactive age. Doubleday, New York

Auf diese Weise können Portale als *Informationsmittler* fungieren. Wenn Sie also Anbieter sind, dann können die Portale für *Ihr* Unternehmen und dessen Kunden als Mittler fungieren. Natürlich werden nicht alle Ihre Kunden entsprechend reagieren, aber Sie möchten sicherlich auch keine anspruchsvollen Kunden mit relativ hohem verfügbaren Einkommen verlieren.

2.3.3 Hervorragende Leistung ist das Ziel

Wenn Geschäftspartner in einem Beziehungsnetzwerk verankert sind, das ihnen die tägliche Arbeit erleichtert, sind sie Teil eines *Geschäftsnetzes*, das formlos oder offiziell sein kann, ganz wie die Teilnehmer es wünschen. Wenn einer der Geschäftspartner einen Auftrag annimmt, können seine Kollegen kurzfristig eine Erfüllungskette bilden. Alle Partner wissen genau, was sie zu tun haben und handeln entsprechend, so dass das Geschäftsnetz als Einheit fungiert.

Solche Geschäftsnetze sind nichts Neues. Es gibt sie innerhalb von Unternehmensstrukturen, obwohl es sich dabei oft um starre Beziehungen handelt, die sich in der Vergangenheit aus bestimmten Verfahrensweisen heraus entwickelt haben. Man findet sie aber auch bei Bauunternehmen, wie zum Beispiel dem, das von Ihnen vielleicht soeben einen Auftrag zur Renovierung Ihres Badezimmers erhalten hat.

Der Bauunternehmer – die Basisversion eines Geschäftsnetzes

Der kleine, aber effizient arbeitende Bauunternehmer hat selbst nur wenige, vielleicht auch gar keine Mitarbeiter. Er kooperiert mit einer Reihe von Subunternehmern. Diese Vertragsnehmer sind Fachleute wie zum Beispiel Maurer, Stuckateure, Elektriker, Installateure und Dekorateure. Man kennt sich untereinander, weiß um die Stärken und Schwächen der anderen Kollegen und ist sich deshalb darüber im Klaren, was die Einzelnen besonders gut oder gar nicht beherrschen.

Wenn Sie einen Bauunternehmer beauftragen, unterrichtet dieser seine Subunternehmer über die anstehende Arbeit. Er definiert die einzelnen Aufgaben und fertigt einen groben Entwurf für das Bauprojekt an. Die Kommunikation zwischen den Geschäftspartnern erfolgt, gelegentlich unterstützt durch Schriftvermerke, hauptsächlich über das Telefon. Jeder kennt die Zielsetzungen und was er selbst zu ihrer Erreichung beitragen muss, sowie die Reihenfolge der anstehenden Aktivitäten. So weiß beispielsweise der Maurer, wo die Rohre entlang laufen müssen, damit der Installateur sie an das Abflusssystem anschließen kann. Der Dekorateur ist sich bewusst, dass erst dann gestrichen und tapeziert werden kann, wenn der Stuckateur seine Arbeit beendet hat. Die grundlegenden Prozesse sind klar definiert und untereinander vereinbart. Bei Schwierigkeiten greift der Koordinator des Geschäftsnetzes, also der Bauunternehmer, ein und veranlasst die notwendigen Korrekturmaßnahmen. Auf diese Weise funktioniert das Geschäftsnetz.

Zusammen können die einzelnen Geschäftspartner etwas anbieten, zu dem keiner von ihnen im Alleingang im Stande wäre. Sie als Auftraggeber könnten natürlich versuchen, Kosten einzusparen, indem Sie jeden Subunternehmer einzeln unter Vertrag nehmen, aber dann würden Sie selbst die Verantwortung für die Planung und Koordination ihrer Aktivitäten tragen, ohne jedoch ausreichende Kenntnisse über die Arbeitsweise zu besitzen. Eigentlich wollen Sie aber nur Ihr Badezimmer renoviert haben, und zwar zu einem bestimmten Termin und zu einem vereinbarten Preis, ohne Fehler und möglichst ohne allzu viel Gipsstaub im Haus.

Bei einem solchen Geschäftsnetz bestehen nur relativ geringe Transaktionskosten, weil „man sich kennt". Die Geschäftspartner schätzen einander als vertrauenswürdige Kollegen und gute Handwerker. Sie kennen sich außerdem mit den Arbeitsprozessen der anderen aus und wissen, was zur Koordination ihrer Tätigkeiten erforderlich ist.

Wenn der Bauunternehmer den nächsten Auftrag annimmt, geht er wieder nach dem gleichen Verfahren vor, wobei jedoch nicht alle Beteiligten identisch sein werden. Der Folgeauftrag stellt vielleicht andere Anforderungen, oder einige Subunternehmer haben bereits eine andere Aufgabe übernommen und sind nicht verfügbar. Der Bauunternehmer setzt vielleicht auch nicht immer denselben Installateur oder denselben Zimmermann ein. Aber er wird dafür sorgen, dass alle Geschäftspartner immer genug Arbeit haben, denn wenn dies nicht der Fall ist, wandern sie möglicherweise ab und stehen dann nicht zur Verfügung, wenn er sie wieder braucht.

Bei dem vorliegenden Beispiel handelt es sich um ein Geschäftsnetz, in dem einzelne Personen mit unterschiedlichen Fertigkeiten zusammenarbeiten. Dank ihrer Vernetzung sind sie in der Lage, die unterschiedlichen Aktivitäten aller Partner zu lenken und zu überwachen, so dass alle zusammen das gemeinsame Ziel erreichen.

Die digitalen Technologien erleichtern die Koordination innerhalb eines solchen Geschäftsnetzes. Das Internet und seine Ableger erleichtern die Bildung und Aufrechterhaltung dieser Netze. Das Prinzip ist sehr einfach, aber seine Umsetzung kann sich als schwierig erweisen. Einige von Ihnen kennen sicherlich solche traurigen Fälle, in denen ein Bauunternehmer Bankrott geht, weil er seine Versprechungen nicht einhält, und seine Subunternehmer stets anderweitig beschäftigt sind oder nicht wissen, was sie zu tun haben. Klarheit und Kommunikation sind die zentralen Triebkräfte digitaler Geschäftsnetze.

Die hervorragende Erfüllung von Kundenwünschen resultiert aus dem integrierten Management der Bedarfskette. Die Bedarfskette ist eine von außen nach innen determinierte Reihe koordinierter Aktivitäten, ähnlich einem Staffellauf, zu dem der Kunde oder dessen Anforderung das Startzeichen gegeben hat. Das Geschäftsnetz (auch „Wertenetz") besteht aus einer klar definierten Menge an Erfüllungskompetenzen, die dem Unternehmen zur Verfügung stehen. Durch den Kundenauftrag werden *Customer Leader* und das *Customer Dashboard* in Gang gesetzt und begleiten bzw. unterstützen diese Kompetenzen bei der Umsetzung des Kundenwunsches.

2.3.3.1 Das Management der Bedarfskette

Die Zulieferkette, angefangen beim Rohstoff, über die Produktion, bis hin zum Kunden, wurde in dem von Michael Porter entwickelten Konzept der *value chain*[15] oder „Wertkette" beschrieben. Es wird dargestellt, mit welcher Organisation interne Aktivitäten zur Erzielung eines angestrebten Gewinns führen. Porter teilt das Unternehmen in die Bestandteile seiner internen Wertkette auf (vgl. Abbildung 2.13). Er demonstriert, wie die Informationstechnologie nicht nur die Verbindungen innerhalb dieser internen Wertkette, sondern auch zu Lieferanten und Kunden verändern kann. Indem er die Informationssysteme als zentrales Bindeglied zwischen den verschiedenen (internen) Wertketten der Lieferanten und denen des Unternehmens sowie dem Kunden skizziert, greift Porter den unternehmenszentrierten Ansatz der geschäftlichen Optimierungsstrategien seiner Zeit wieder auf.

Mit diesem Organisationsmodell allein sind die aktuellen Herausforderungen nicht zu bewältigen. Mit Hilfe der digitalen Technologien ist es heute möglich festzustellen, wie der Informationsfluss sich gestaltet. Er läuft in zweierlei Richtungen mit zentralen Daten durch die gesamte Zulieferkette und trägt bereits zum Zeitpunkt des Kundenkontakts zur Aktivierung wichtiger Glieder dieser Kette bei. Dank der interaktiven Funktionalitäten sind der Zugang zu diesen Informationen sowie die Möglichkeit zu prompten Reaktionen gewährleistet. Der vom Produkt ausgehende Datenstrom kehrt sich damit gewissermaßen um, denn gleichzeitig läuft ein Informationsstrom von der Außenwelt nach innen zum Produkt.

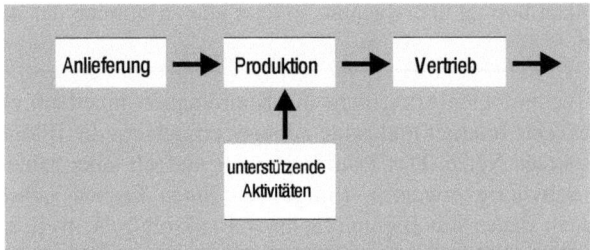

Abb. 2.13 Die lineare Kette der Erwirtschaftung von Mehrwerten

Der Kunde als Ausgangspunkt

Wählt man die Wertschöpfung beim Kunden als Ausgangspunkt, so setzt man damit die Erfüllungskette in Gang. Nach Peter Vervest stellt sich dieser Prozess folgendermaßen dar:

---

[15] Porter ME (1980) Competitive strategy. Free Press, New York

Der Ansatzpunkt liegt beim Endkunden. Die Wertschöpfung zu dem Zeitpunkt des Kundenkontakts stellt das Startsignal für den Staffellauf innerhalb der Kette dar. Die einzelnen Glieder dieser Kette müssen in kürzester Zeit miteinander verknüpft werden, damit der Kunde seinen Wunsch in der geforderten Servicequalität und zu der vereinbarten Zeit erfüllt bekommt.[16]

Um dies zu erreichen, benötigt ein Unternehmen nicht nur ein hervorragendes Management, sondern muss auch die tatsächliche Umsetzung der verfügbaren Informationen gewährleisten. Die Aktivitätsketten werden in kürzester Zeit miteinander verknüpft und effizient organisiert, damit der Kunde den geforderten Service erhält. Alles, was keinen Wertbeitrag leistet, trägt auch nicht zum geschäftlichen Erfolg bei. Der Kunde wird zum Zentrum (und Ausgangspunkt) dieses gesamten geschäftlichen Universums und ersetzt damit den „prä-Galileischen" Organisationsansatz. Damit tritt der Kunde letztlich an die Stelle der Abteilung oder des Geschäftsbereichs als Herzstück des Firmenuniversums.

Der Kunde als Zentrum des Firmenuniversums

Bereits heute agieren Unternehmen in einem Netz kooperativer Geschäftsbeziehungen und -verbindungen mit Lieferanten und Kunden. Dem Modell der modularen Netzstruktur[17] zufolge setzen sich die verfügbaren Produktionselemente der zu schaffenden *Bedarfskette* ausschließlich aus den Mitgliedern des Netzwerks zusammen. Die Bedarfskette selbst stellt, ähnlich einem ein Netz durchziehenden Faden, einen Teil des Wertenetzes dar. Sie besteht aus den Verbindungen und Transaktionen, die für die Produktion und Bereitstellung eines von einem bestimmten Kunden gewünschten Produkts oder Service notwendig sind. In den meisten Unternehmen sind solche Verbindungen relativ starr und führen zu einer traditionellen und eher unflexiblen Zulieferkette. Durch die digitalen Technologien ist es nun möglich, solche Kontakte flexibel und ohne Zeitverlust herzustellen, so wie der gut organisierte Bauunternehmer bereits nach einem einzigen Anruf garantieren kann, dass Ihre neue Badewanne am kommenden Donnerstag installiert wird. In der *Total Action*-Philosophie organisiert ein Unternehmen sein Wertenetz nach den eigenen Parametern.

Der wichtigste Erfolgsfaktor ist die Geschwindigkeit, mit der ein Unternehmen für die Schaffung von Wert für den Kunden Verbindungen schaffen oder modifizieren kann.[18]

---

[16] Vervest PHM (1994) Communication, not information: an ad-hoc organisation of the value chain. Antrittsrede an der Erasmus-Universität Rotterdam, Niederlande

[17] Hoogeweegen MR (1997) Modular network design: assessing the impact of EDI, Dissertation, Erasmus-Universität Rotterdam

[18] Vervest PHM (1994)

2.3.3.2 Die Einrichtung einer modularen Netzstruktur

Eine schnelle und wirkungsvolle Erfüllung von Kundenwünschen erfordert neue Managementverfahren für die Lieferkette. Bei jeder Interaktion zwischen Käufer und Verkäufer als Mitglied des Verbunds sind zwei grundlegende Bedingungen zu beachten: *eindeutige Klarheit während der Verpflichtungsphase* und *ordnungsgemäße und fristgerechte Ausführung der Erfüllungsphase.*

Eindeutige Klarheit während der Verpflichtungsphase

Während der Verpflichtungsphase trifft ein Unternehmen eine Vereinbarung über die zu erbringende Leistung für den Kunden und verpflichtet sich zu ihrer Erfüllung. Jeder Aspekt der Vereinbarung ist umgehend auf seine Erfüllbarkeit durch das Unternehmen zu überprüfen. Das erbrachte Engagement hängt vom *Vertrauen* der beiden Parteien darauf ab, dass beide die gemachten Versprechungen auch einhalten. Auch wenn Sie „nur" wie der Bauunternehmer die zu leistenden Arbeiten leiten, müssen Sie in der Lage sein, die Erfüllung zu garantieren. Ihre Verwaltung muss äußerst zuverlässig funktionieren, denn heute ist es nicht mehr möglich, einen Auftrag nach seiner Entgegennahme an die Bearbeitungsabteilung weiterzuleiten und dann einfach zu vergessen. Bei unerwünschten Zwischenfällen werden Sie persönlich und auch als Vertreter Ihres Unternehmens zur Rechenschaft gezogen.

Noch wichtiger und schwieriger ist es, Vertrauen herzustellen, wenn in der Kette auch Verbindungen zu anderen Unternehmen bestehen. Wenn Ihr Flug auf Grund einer verzögerten Starterlaubnis durch die Flugsicherung Verspätung hat, machen Sie normalerweise auch nicht die Flugsicherung dafür verantwortlich. Sie beschweren sich vielmehr bei der Fluggesellschaft oder direkt bei der Crew. Aus der Sicht des Kunden betrachtet bleibt der Erfüllungsprozess unsichtbar. Als Kunde ist man ausschließlich an einem wunschgemäßen Ergebnis interessiert. Die Bezahlung der zu erbringenden Leistung hängt davon ab, ob beide Parteien glauben, dass die getroffene Leistungsvereinbarung auch eingehalten wird. Hat man für ein Flugticket bezahlt, erwartet man, dass das Flugzeug auch irgendwann abhebt, und zwar möglichst zur geplanten Abflugzeit. Unternehmen, die gegebene Versprechen nicht einhalten, sind heute gefährdeter als je zuvor.

In der Vergangenheit konnten Anbieter den Kunden zufriedenstellen, wenn sie das Produkt bzw. den Service genau bestimmten und standardisierten. In der heutigen „maßgeschneiderten" Welt wird von einem Unternehmen Auftragsfertigung (und nicht mehr Lagerfertigung) erwartet. Um diese Herausforderung zu bewältigen, müssen als Erstes alle für die jeweilige Kundenvereinbarung relevanten Daten erfasst werden.

Eine Möglichkeit für die Erfassung auftragsrelevanter Informationen ist die computergestützte Eingabe durch den Kunden selbst, eventuell unterstützt durch eine freundliche Selbstbedienungsfunktion bei dessen elektronischem Einkauf. Jedoch umfasst die Kundenauftragsfertigung mehr als nur die Bereitstellung eines

Kundenzugangs zu einem Online-Bestellsystem auf der Grundlage anspruchsvoller Produktkataloge. Ein Unternehmen muss in der Lage sein, auch die
verschiedensten, nicht in seinem Standardproduktkatalog erfassten Wünsche des
Kunden zu dessen Zufriedenheit zu bearbeiten.

Ordnungsgemäße und fristgerechte Ausführung der Erfüllungsphase

– Um den Auftrag eines Kunden erfüllen zu können, müssen Sie von allen
  Teilnehmern Ihres Geschäftsnetzes – das heißt von Ihrem Unternehmen selbst
  wie von Ihren Geschäftspartnern – eine verbindliche Zusage über deren
  Mitarbeit erhalten. Wir haben bereits festgestellt, dass beträchtliche Probleme
  auftreten können, wenn einzelne Personen nicht in der Lage sind, effektiv zu
  interagieren, also miteinander zu kommunizieren, einander zu informieren,
  Ziele zu vereinbaren und Terminpläne aufzustellen. Damit die Interaktion
  funktioniert, muss es in der Zulieferkette immer Mitglieder geben, welche die
  Koordinationsarbeit übernehmen. Darin besteht das *integrale Management
  einer Zulieferkette*.

Dieses integrale Management funktioniert nach einem einfachen Prinzip, bei dem
die folgenden Aufgaben zu erledigen sind:

– Definition aller notwendigen Aktivitäten
– Identifizierung und Verpflichtung der Akteure, die diese Aufgaben
  entsprechend den definierten Bedingungen hinsichtlich Zeit, Finanzen usw.
  erledigen können
– Management der Umsetzungsphasen

Hier kann eine *modulare* (Geschäfts-) Netzstruktur sehr hilfreich sein. Die
wichtigste Aufgabe besteht in der Identifikation der *Serviceelemente*, also jener
geplanten Portfoliokomponenten, die zur Erzielung einer Kundenlösung kurzfristig miteinander verbunden werden können. Ebenso wichtig ist ein *schnell
agierendes und integriertes Management der Zulieferkette*.

Ein modularer (Geschäfts-) Verbund bestimmt die Regeln für die Auswahl und
Interaktion der Teilnehmer in dem Geschäftsnetz mit Blick auf die Komponenten
des für den Kunden bereitzustellenden Unternehmensportfolios. Der Ansatz
basiert auf dem Prinzip der *Modularität*. Das Prinzip der Modularität erleichtert
nicht nur die Massenproduktion, sondern auch die massenhafte Bereitstellung von
auftragsgefertigten Produkten und Dienstleistungen, wie sie heute vom Kunden
verlangt werden. Durch die Herstellung eines Produktes aus standardisierten und
kompatiblen Modulen können Anbieter nicht nur die Flexibilität einer Produktfamilie erhöhen, sondern auch die Produktion der einzelnen Module besser
organisieren. Das Prinzip der Modularität muss heute die Entwicklung und
Bereitstellung von Dienstleistungen ebenso unterstützen wie die Konstruktion und
Fertigung von Produkten.

Nehmen wir als Beispiel einen einfachen Mikrowellenofen. Während die Luxusausführung mit einer Digitaluhr und einem Timer ausgestattet ist, besitzt die Grundversion nur einen einfachen Drehknopf, mit dem die einzelnen Schaltstufen manuell eingestellt werden. Die Basisversion besitzt allerdings auch eine Vorrichtung für den nachträglichen Einbau einer Digitaluhr. Ganz ähnlich funktioniert das Prinzip der Modularität heute in der Computer- oder Automobilproduktion. Auch im Bedienungshandbuch für die Mikrowelle findet es Anwendung. Bei Computern und Autos wiederum kann der Kunde zwischen verschiedenen Ausführungen oder Modulen wählen und sich seine individuelle Lösung zusammenstellen. Das ist aber noch nicht alles. Bei einer modularen Produktionsweise können Hersteller und Montageabteilung ihre Prozesse in einzelne Module aufspalten, deren Fertigung dann an verschiedenen Orten erfolgt und von unterschiedlichen Firmen betreut wird. Erst in der Endmontage werden die einzelnen Module zusammengeführt. Die nach diesem Prinzip vorgehenden Unternehmen können damit ihre Zulieferketten effizienter gestalten und verfügen so über eine Grundlage für die massenhafte Bereitstellung von auftragsgefertigten Produkten.

Eine modulare Fertigung erfordert von allen Beteiligten höchste Disziplin bei der Einhaltung der Bedingungen der Zulieferkette, in der Kommunikation und in der Abstimmung untereinander:

Das Prinzip der Modularität dient als Strategie für die effiziente Organisation der Bereitstellung komplexer Produkte und Prozesse. Ein modulares System besteht aus Einheiten (oder Modulen), die unabhängig voneinander konstruiert werden, aber dennoch gemeinsam funktionieren.[19]

Das Funktionieren einer modularen Struktur erfordert strenge Regeln für die Konstruktion der Module und deren Interaktion (die sogenannten *Konstruktionsregeln*). Sie definieren die *Architektur* des Geschäftsnetzes in folgender Hinsicht:

– Auswahl der Module für die Erstellung eines Produkts und Bestimmung der Funktionsweise

– Schnittstellen: Zusammenspiel, Verbindung und Kommunikation der Module

– Produktionsnormen: Definition fester Regeln für die konstruktionsgemäße Fertigung der Module und Erstellung von Leistungsvergleichen

Zur Erstellung eines Geschäftsnetzes unter bestmöglicher Ausnutzung des Modularitätsprinzips ist eine logische Abfolge verschiedener Schritte notwendig (vgl. Abbildung 2.14):

---

[19] Baldwin CY, Clark KB (1997) managing in an age of modularity. Harvard Business Review, September-Oktober 1997, S. 84-93

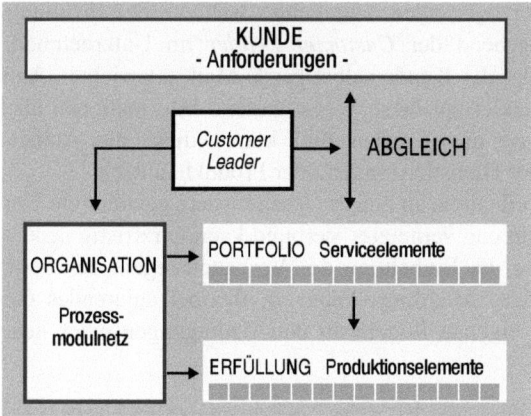

Abb. 2.14 Die Prinzipien der modularen (Geschäfts-) Netzstruktur[20]

- Definition des Produkt- bzw. Serviceportfolios als Menge modularer Funktionalitäten – den *Serviceelementen* -, die zur Erfüllung der Kundenanforderungen kombiniert werden können
- Festlegung der Bereitstellungsart dieser Serviceelemente: als Aktivitäten, das heißt *Produktionselemente*, oder Teilnehmer, welche die *Serviceelemente* (innerhalb oder außerhalb des Unternehmens) liefern
- Festlegung der Organisationsweise des Geschäftsnetzes – oder *Prozessmodulnetzes* – durch Definition von Interaktionsregeln für alle Teilnehmer des Geschäftsnetzes, einschließlich der Bereitstellungsparameter (Kosten, Vorlaufzeit, Zeit für die Fertigstellung) für die Bestimmung der finanziellen und zeitlichen Rahmenbedingungen der Erfüllung
- Gewährleistung der Leitung durch den *Customer Leader* -oder *befristet beauftragten Koordinator der Zulieferkette* – bei der Einleitung und Begleitung der Aktivitäten des Prozessmodulnetzes

Wenn Service- und Produktionselemente klar definiert sind, können Flexibilität, Geschwindigkeit, Qualität und Kosten für die Erfüllung drastisch gesteigert werden. Sind die Regeln erst einmal klar definiert, können sie in Software gegossen werden.

Kommen wir noch einmal auf das Unternehmen Dell Computer zurück. Der Kunde wählt auf der Webpage oder am Help Desk die Komponenten oder Funktionalitäten des gewünschten PCs aus. Seine Auswahl wird umgehend an die Produktion weitergeleitet. Gleichzeitig werden die Lieferverantwortlichen aktiviert und entsprechend den Kundenanforderungen auf die Erfüllung des Auftrags vor-

---

[20] Vgl. die sehr interessante Anwendung der modularen (Geschäfts-) Netzgestaltung in der Luftfrachtbranche in: Hoogeweegen MR, Vervest PHM (1998) Modularity: being agile and versatile at the same time. Agility & Global Competition, 2, 4, S. 23-34

bereitet. Falls Verzögerungen oder Fehler während des Erfüllungsprozesses auftreten, wird umgehend der *Customer Leader* im Unternehmen, also der Dell
Service Desk, oder der Kunde selbst per E-Mail unterrichtet. Außerdem erhalten
die Produktentwickler auf diese Weise laufend Informationen über die Vorlieben
oder Abneigungen des Kunden und könne diese als Anhaltspunkt für die
Entwicklung neuer Dienstleistungen oder Produkte nutzen.

Durch seine Teilnahme an einem Geschäftsnetz gewinnt ein Unternehmen auch
an Flexibilität. Ein eng vernetzter Verbund kann kurzfristig neue Akteure aufnehmen, sofern diese die Einhaltung der Verhaltensregeln des bestehenden Netzes
garantieren können. Allerdings kann ein flexibel agierendes Geschäftsnetz bei
Bedarf auch die eigenen Regeln an den Bedingungen eines neuen Teilnehmers
ausrichten.

2.4 Das *Total Action*-Modell

Jegliches Handeln für den Kunden zur Erfüllung seiner Wünsche erfordert eine
exzellente Umsetzung, die durch ein integrales Management der Zulieferkette
gewährleistet werden kann. Eine modulare (Geschäfts-) Netzstruktur kann einen
Beitrag zur Erzielung fehlerfreier Ergebnisse leisten. Dazu bedarf es einer
eindeutigen Verpflichtung zur Erfüllung des Kundenwunsches und eines flexiblen
Leistungsmanagements. Der *Customer Leader* kann mit angemessenen unterstützenden Informationstools aus den verfügbaren Komponenten (Service-
modulen) die für die Anforderung eines bestimmten Kunden benötigte Konfigura-
tion zusammenstellen, die Leistung innerhalb des vereinbarten Zeit- und Kosten-
rahmens gewährleisten und die Zulieferkette zur Umsetzung der angestrebten
Lösung aktivieren. Das erfordert den Transfer der notwendigen Informationen und
Anweisungen oder eine direkte Interaktion mit den für die Erfüllung
verantwortlichen Teilnehmern des Netzes (den Produktionselementen) bei
gleichzeitiger Überwachung des Fortschritts und einer Warnung bei Ausfaller-
scheinungen. Ein Unternehmen, das diese Flexibilität und Entscheidungsmacht
nicht denjenigen Mitarbeitern überträgt, die in direktem Kontakt mit dem Kunden
stehen, läuft Gefahr, seine fatale Untätigkeit zu offenbaren.

Die einzelnen Elemente des *Total Action*-Modells können nun zusammengefasst werden. Im Folgenden werden wir demonstrieren, wie sie in realen Unternehmen funktionieren. In Abbildung 2.15 sind die drei zentralen Schritte
zusammengefasst:

- Konzentration der Entscheidungsfindung auf den Kunden: Bestimmung von
  Customer Leader und Customer Action Team

- Zugang zu Kundeninformationen: Verbesserung interaktiver Funktionalitäten
  durch wirkungsvolle Informationsplattformen und Customer Dashboards

- Erfüllungsmanagement durch integrales Management der Bedarfskette im
  Wertenetz des Unternehmens (Geschäftsnetz)

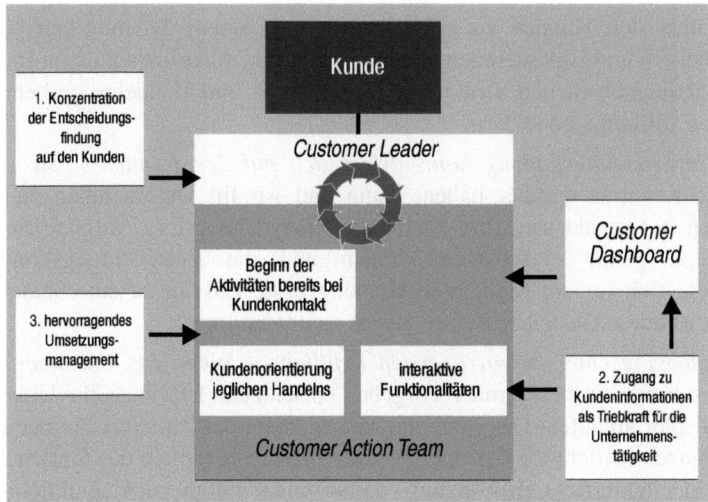

Abb. 2.15 Das *Total Action*-Modell

Um langfristige Erfolge zu garantieren und die Unterstützung des gesamten Unternehmens bei der Erfüllung zu gewährleisten, bedarf es einer konsequenten Orientierung *von außen nach innen.*

Die durch den *Total Action*-Ansatz verfolgten Zielsetzungen sind:

– Beginn der Aktivitäten mit dem ersten Kundenkontakt

– Kundenorientierung aller Aktivitäten

– Verbesserung interaktiver Kompetenzen

Die Schlüsselelemente des Total Action-Ansatzes

Die *Total Action*-Philosophie basiert auf folgenden Schlüsselelementen:

– *Bei jedem Kontakt mit dem Kunden steht alles auf dem Spiel* – Die digitalen Technologien eröffnen für Ihr Unternehmen eine Vielzahl von Möglichkeiten zum Kontakt mit dem Kunden. Allerdings hat durch sie nun auch der Kunde die Möglichkeit, die Leistung Ihres Unternehmens zu bewerten. Wenn Sie den *Total Action*-Ansatz verfolgen, müssen Sie sich voll und ganz auf den Kunden konzentrieren. Das gilt nicht nur für Verkaufskontakte. Das gesamte Unternehmen muss auf die Erfüllung der Kundenwünsche hinarbeiten und alle nicht kundenspezifisch ausgerichteten Aktivitäten eliminieren.

Es ist keine leichte Aufgabe, den Autismus eines Unternehmens zu durchbrechen. Es gilt festzustellen, inwiefern interne Prioritäten an realen kundenzentrierten Aktivitäten orientiert sind. Die inhärente Logik einer nach innen gerichteten Organisationsstruktur stellt ein großes Hindernis für jeden Änderungsversuch dar. Die digitalen Technologien bieten neue Möglichkeiten, mehr über den Kunden zu erfahren, und mit einem dynamischen Netz an Mitarbeitern und Unternehmen Werte zu schaffen. Allerdings müssen sich dazu die reaktionsschwachen Strukturen des Denkens und Handelns großer Unternehmen vollkommen ändern.

– *Alle Entscheidungsfindung konzentriert sich auf den Kunden* – Sie müssen genaue Kenntnis darüber haben, wann und wo Ihr Unternehmen zu seinen Kunden in Kontakt tritt. Ihre Kundenbetreuer müssen ihre Aufgabe zu jedem Zeitpunkt genau einschätzen können und die Entscheidungskompetenz besitzen, sich für die nach ihrer Meinung beste Lösung zu entscheiden. Ihre Arbeit ist durch *Customer Action Teams* zu unterstützen.

– *Ermöglichung einer hervorragenden Erfüllung* – Wenn das *Customer Action Team* sich für ein bestimmtes Vorgehen entschieden hat, muss die Umsetzung ohne Fehler ablaufen. Das integrale Management der Zulieferkette beeinhaltet die strenge Ausrichtung der wichtigsten Prozesse innerhalb des Unternehmens auf eine fehlerfreie Umsetzung sowie eine reibungslos funktionierende Interaktion mit den Geschäftspartnern. Mit Hilfe eines modularen Aufbaus der Zulieferkette können die Anforderungen einzelner Kunden zielgerecht umgesetzt werden.

Ein nach den Prinzipien der *Total Action* ausgerichtetes Unternehmen muss grundsätzlich in der Lage sein, schon beim ersten Kontakt mit dem Kunden zielgerichtete Aktivitäten in Gang zu setzen und muss darüber hinaus über Zugang zu zentralen Informationen verfügen.

3 Weg mit der fatalen Untätigkeit!

Fatal Inaction, also fatale Untätigkeit, ist das genaue Gegenteil von Total Action. Sie zeigt sich, wenn die Beziehung eines Unternehmens zu seinen Kunden fehlschlägt. Ganz besonders deutlich wird diese fatale Entwicklung dann, wenn ein Unternehmen hochaktiv agiert, seine Leistung jedoch nichts zum Wohl des Kunden beiträgt. Viele (wenn nicht gar alle) Unternehmen distanzieren sich von ihren Kunden. Im Laufe der Zeit spaltet sich ihre Organisationsstruktur in einzelne Sonderfunktionsbereiche und -abteilungen auf, die ihre jeweiligen Aktivitäten betreiben, verwalten und weiter ausbauen. Diese Abteilungen bilden um sich herum eine Mauer hochkomplexer und starrer Prozesse und Systeme. Relativ schnell beginnen sie auch, sich selbst als eigenständige Betriebe wahrzunehmen. Dieser Denkfehler wird im Übrigen durch die aktuelle Konzentration auf den „Geschäftsbereich" nur noch verstärkt.

Solche Unternehmen laufen in ihren Tätigkeiten oft völlig aus dem Ruder. Ihre normalerweise durchaus intelligenten und kompetenten Mitarbeiter können sich des zunehmenden Autismus ihres Unternehmens nicht erwehren. Eine solche Entwicklung entspringt dem Selbstverständnis der noch am Fließband arbeitenden und auf einzelne Prozessschritte konzentrierten Arbeitnehmer vergangener Jahrzehnte und stellt in der heutigen Situation eine ernst zu nehmende Beeinträchtigung der Unternehmensfunktionalität dar. Die Unternehmen mutieren zu nach innen gewandten internen Märkten, die nur ihre eigenen Bedürfnisse bedienen und folgen Regeln und Verhaltensnormen, die für die digitale Geschäftswelt um ein Vielfaches zu rigide sind.

Die digitalen Technologien ermöglichen heute eine lückenlose Kommunikation und interaktive Funktionalitäten, mit denen solche autistischen Strukturen nicht mehr mitzuhalten im Stande sind. Sie unterstreichen und verstärken außerdem die vorherrschende fatale Untätigkeit, unabhängig davon, ob diese nun unterschwellig in der gesamten Organisation vorkommt oder eher hinter einer veralteten Verhaltensstruktur verborgen ist. Fatal Inaction ist ein Zustand, der unbedingt erkannt und bekämpft werden muss, wenn das betroffene Unternehmen überleben will. Anzusetzen ist dabei immer beim Kunden und dessen Kontakt zum Unternehmen.

3.1 Was ist Fatal Inaction?

Wenn ein Unternehmen von fataler Untätigkeit „befallen" wird, ist es nicht mehr in der Lage, den Kundenservice-Kreislauf wirksam zu bewältigen. Es erwirtschaftet mit seinen Leistungen keinerlei Erfolge. Ein Unternehmen kann riesige

Summen in die Verbesserung des direkten Kundenkontakts investieren und dem Kunden bessere Zugangsmöglichkeiten und eine erfolgreichere Interaktion bieten. Es wird wahrscheinlich dennoch scheitern, wenn seine Mitarbeiter nicht in der Lage sind, die Erwartungen des Kunden auch zu erfüllen. In der Vergangenheit war es möglich, eine solche, von *Fatal Inaction* geprägte Situation vor dem Kunden zu verbergen. Überall gab es ähnliche Probleme, und der Kunde erwartete bereits, dass Versprechen gebrochen, Lieferungen verspätet eintreffen und Bestellungen falsch ausgeliefert würden. Mit den digitalen Technologien hat der Kunde heute jedoch einen sehr viel schnelleren und weiter reichenden Zugang zu dem betreffenden Unternehmen. Damit wird dessen Unfähigkeit, eine Vereinbarung mit dem Kunden einzuhalten, sofort für alle sichtbar. Um diese Situation noch zu verschärfen beginnt die Konkurrenz nun, die technologischen Möglichkeiten für sich zu nutzen und abgegebene Versprechen auch tatsächlich einzulösen. Die Kunden bemerken das natürlich und weisen einander darauf hin.

Wenn FedEx ständig Verzögerungen oder verloren gegangene Pakete melden müsste, würde das Unternehmen recht schnell Bankrott gehen. Wäre die digitale Buchhandlung Amazon nicht in der Lage, ihre Bücher gemäß den gemachten Zusagen auszuliefern, spräche sich das schnell herum (wahrscheinlich sogar über das Internet).

Bis vor kurzem schienen die Kunden sich mit solchen Fehlschlägen abzufinden und diese Art Service für normal zu halten. Heute können diejenigen Unternehmen, die sich die digitalen Technologien zunutze machen, jedoch ihren Interessenten zeigen, wo sie Grund zur Unzufriedenheit hätten und sie davon überzeugen, sich von einem erfolglosen Konkurrenzunternehmen abzuwenden.

Das heißt nicht anderes, als dass Sie die fatale Untätigkeit eines anderen Unternehmens zu Ihrem eigenen Wettbewerbsvorteil machen können, es sei denn, Sie lassen Ihre eigene fatale Untätigkeit zum Wettbewerbsvorteil Ihrer Konkurrenten werden.

Unternehmensfrösche im heißen Wasser

Warum springt ein Frosch, wenn man ihn kochen will, nicht einfach aus dem Kochtopf, bevor im die Hitze den Garaus macht? Ganz einfach: Zunächst ist das Wasser ja nur angenehm warm und macht das Tierchen schläfrig. Die Temperatur steigt eher langsam, aber an einem bestimmten Punkt ist es dann auch zu spät für ein Entkommen. Der arme Frosch wird gekocht. Genauso läuft es mit großen Unternehmen!

Verschiedenen Berichten zufolge verlieren amerikanische Unternehmen alle 5 Jahre die Hälfte ihres Kundenstammes.[1] Dieser allmähliche Schwund wird von Mitarbeitern im Vertrieb durchaus wahrgenommen, aber in allen anderen Abteilungen scheint niemand das Abbröckeln der Kundenzahlen zu bemerken.

[1] Reichheld FF (1996) Learning from customer defections. Harvard Business Review, März-April 1996

Dort wird man erst aufmerksam, wenn sich plötzlich ein Firmenkunde entscheidet, zur Konkurrenz überzuwechseln. Dieses Phänomen ist umso bedenklicher, als die betroffenen Unternehmen keine Ahnung zu haben scheinen, warum sie ihre Kunden verlieren und auch gar nicht versuchen, den Grund herauszufinden. Obwohl es in Anbetracht des verblüffend hohen Anteils von 50 % Verlusten in jeweils 5 Jahren offensichtlich ist, dass hier nicht von Erfolgen gesprochen werden kann, betrachten diese Unternehmen solche Verluste als nicht wirklich besorgniserregend. Wenn weniger große Kunden zur Konkurrenz wechseln, fallen die Verluste bei der Rundung der Zahlen in der Finanzberichterstattung eher unter den Tisch. Das Abbröckeln vollzieht sich unbemerkt, ähnlich wie der Frosch im Kochtopf erst merkt, dass es ihm an den Kragen geht, wenn es schon zu spät ist.

Viele Unternehmen interessieren sich zumindest oberflächlich für ihre Kunden, doch beschränkt sich diese Aufmerksamkeit meist auf die Kundenbetreuer. Unternehmen mit schwer überschaubaren Kunden verfügen für deren Betreuung über ein spezielles System für das Management solcher Firmenkunden. Doch auch hier beschränkt sich das System sehr oft auf eine Reihe extrem effizient arbeitender Vertriebsmitarbeiter (das sogenannte Kundenteam), das große Schwierigkeiten bei seinen Bemühungen hat, eine reibungslose Zusammenarbeit mit der eigenen Verwaltung zu gewährleisten. Während der Kunde für das Kundenteam greifbare Realität besitzt, ist er für die Verwaltung eigentlich völlig unsichtbar.

Wenn Unternehmen es mit einzelnen Direktkunden zu tun haben, ist eine echte Kundenkonzentration gegeben. Diese Unternehmen sind sich der Tatsache bewusst, dass der Kunde in seinen Anforderungen kompromissloser geworden ist, und dass seine ohnehin hohen Erwartungen weiter steigen. Dabei geht es selten um den Preis. In vielen Dienstleistungsbereichen besteht zur Zeit eher Verwirrung über das Preisangebot. Die Kunden sehen sich laut eigenen Aussagen heute nicht mehr im Stande, die Preispolitik der Anbieter nachzuvollziehen oder gar zwischen den einzelnen Unternehmen zu differenzieren.

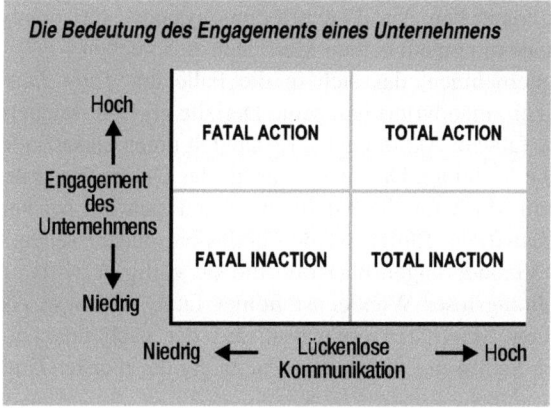

Abb. 3.1 Die Verpflichtung gegenüber dem Kunden

Der heutige Käufer macht seine Entscheidung immer häufiger von den Dienstleistungen abhängig, die ein Produkt umgeben, wie beispielsweise der problemlosen Anschaffung, verfügbarer Unterstützung und allgemein zuvorkommender Bedienung. Es werden immer mehr Call Center eingerichtet, deren Aufgabe darin besteht, als zentrale Kontaktstelle für Interessenten zu fungieren und Bestellungen entgegenzunehmen, Informationen zu geben oder Hilfestellung zu leisten.

Viele Unternehmen nutzen die digitalen Technologien, und hier auch das Internet, als Schaufenster für den Kunden. Eine solche Politik ist gefährlich, wenn die Mitarbeiter an der Front nicht die entsprechende Unterstützung aus dem Unternehmen selbst genießen. Eine gut funktionierende Zusammenarbeit zwischen Kundenbetreuern und Verwaltung ist in der heutigen Zeit unabdingbar. Ohne sie sind auch die besten Verkaufsmitarbeiter machtlos, denn das Unternehmen kann dann langfristig seine Versprechungen nicht einhalten.

Darin besteht das Erbe unserer Unternehmensgeschichte. Struktur und Verhalten der meisten großen Unternehmen sind geprägt von Prinzipien, die in der Vergangenheit maßgeblich waren. Eine komplexe Bürokratie ist in der heutigen Zeit nicht mehr angemessen.

In der digitalen Welt ist es entscheidend, zur Einbindung der Organisationsstrukturen eines Unternehmens neue Wege zu beschreiten. Wenn keinerlei Aktivität gezeigt wird, kommt es letztlich zu totaler Inaktivität, *Total Inaction*. Dem Kunden wird immer deutlicher das Fehlen jeglicher Aktivität in dem betreffenden Unternehmen bewusst. Nicht nur die Erfüllung der Anforderungen dem Kunden gegenüber lässt zu wünschen übrig, sondern es gibt auch keinerlei Aktivitäten, die überhaupt einen Wert für den Kunden besitzen. Ein völlig inaktives Unternehmen leistet harten Widerstand und baut eine Art Mauer zwischen dem Kunden und den Vertriebsmitarbeitern auf. Bei allen Unternehmen, die einen „Help Desk" einführen, scheint das ein durchaus bekanntes Phänomen zu sein. Die Aufgabe des Help Desk besteht darin, gerade denjenigen Mitarbeitern die Anfragen von Kunden vom Hals zu halten, die sie beantworten könnten. (Für viele frustrierte Kunden zeigt sich diese Mauer in technischer Hinsicht an der freundlich säuselnden Stimme des automatischen Anrufweiterleitungssystems, das dem Anrufer keine Chance gibt, jemals mit einem echten Menschen zu sprechen.)

Wenn ein Unternehmen, das sich in die Falle der *Total Inaction*, also der völligen Untätigkeit, manövriert hat, seine Defizite erkennt, reagiert es manchmal mit *Fatal Action*, fatalem Aktionismus. Es handelt unter Einsatz aller Kräfte, läuft aber in die falsche Richtung. Das mag zwar für das Unternehmen selbst noch kein fataler Fehler sein, doch für die Mitarbeiter kann sich ein solcher Aktionismus durchaus fatal auswirken. Einige werden entlassen, andere sehen sich von einer Welle sinnloser Veränderungen überrollt, die sie völlig verwirrt und demotiviert zurücklässt. Richtungsloser Wandel ist immer fatal. All diese Aktivitäten oder auch unterlassenen Aktivitäten erwachsen aus der nach innen und nicht nach außen gerichteten Sichtweise vieler, wenn nicht gar der meisten Unternehmen.

3.2 Die Wurzeln fataler Untätigkeit

Jedes Unternehmen funktioniert nach einer *zwingenden inneren Logik*. Diese Logik bestimmt das Verhalten eines Unternehmens und auch das seiner Mitarbeiter: das Wertemuster sowie Überzeugungen und Verhaltensweisen, die das Wesen dieses Unternehmens ausmachen. Heute ist es modisch, diesen Wertekanon, also die Begründung, warum „wir das hier bei uns eben so und nicht anders machen", als „Unternehmenskultur" zu bezeichnen. Durch sie sind Verhaltensführung und -berechenbarkeit gegeben. Die Unternehmenskultur garantiert Stabilität und Zuverlässigkeit.

Bereits seit den Anfängen der industriellen Wirtschaft ist die Wissenschaft auf der Suche nach einer Einheitstheorie für Management und Unternehmensorganisation. Die frühen Theoretiker, unter ihnen insbesondere Fayol[2] und Taylor[3], übten maßgeblichen Einfluss auf Gestaltung und Verhalten von Organisationen aus, der bis heute nachwirkt.

Taylor konzentrierte sich auf den einfachen Arbeiter als Produktionseinheit, während Fayol an der Spitze der Autoritätshierarchie ansetzte. Fayol, der sein aktives Berufsleben der Führung eines großen Unternehmens (Comentary Collieries) widmete, begründete den Funktionalitätsansatz. Bereits 1916 unterschied er zentrale Unternehmensvorgänge in buchhalterische, kommerzielle, finanzielle, sicherheitstechnische, technische und administrative Funktionen. Die Verwaltungsfunktion setzte sich zusammen aus den Tätigkeiten Organisieren, Zuordnen, Aufträge erteilen, Kontrollieren, Voraussagen und Planen.

In der Phase zwischen 1920 und 1950 erarbeiteten Wissenschaftler aus einer Vielzahl von Organisationsformen und Ländern stimmige Denkansätze über Menschen und Arbeit. Man fasste diese als *klassische Managementtheorie* mit Hilfe der von Lussato[4] formulierten Grundsätze zusammen:

- *Stufenkonzept*: Es besteht eine hierarchische Machtstruktur mit von oben nach unten gerichteter Entscheidungsgewalt.

- *klare Befehlsstruktur*: Mitarbeiter dürfen jeweils nur von einer Person Anweisungen erhalten.

- *einheitliche Ausrichtung:* Für verschiedene Aktivitäten mit demselben Ziel darf es nur eine Führungsperson und einen maßgeblichen Plan geben.

- *Ausnahmen:* So viele Arbeiten wie möglich sind zu delegieren. Entscheidungen sind auf der niedrigsten noch zulässigen Ebene zu fällen. Routinearbeiten sollten auf unterer Ebene, außergewöhnliche Aufgaben vom jeweils nächsthöheren Vorgesetzten erledigt werden.

- *Kontrollrahmen:* die optimale Anzahl Untergebener

---

[2] Fayol FW (1916) Administration industrielle et générale. Dunod, Paris
[3] Taylor FW (1911) The principles of scientific management. Harper & Row, New York
[4] Lussato B (1976) A critical introduction to organisation theory

- *Spezialisierung in der Organisation:* Alle Aktivitäten sind entsprechend ihren Zielen, Prozessen, Kunden, Materialien oder geographischen Lage zu unterscheiden.

- *wissenschaftliche Methodik:* Es werden experimentelle Methoden angewandt: Beobachtung, Hypothese, Experimentalphase, Formulieren quantitativer und allgemeingültiger Gesetzlichkeiten, Überprüfung und Korrektur.

Der von Taylor formulierte Ansatz von der „wissenschaftlichen Betriebsführung" wurde in der Midvale Steel Company entwickelt, bei der Taylor 1878 seine Arbeit aufnahm. Sein Ziel bestand darin, durch eine Verringerung der von den Arbeitern angewandten unterschiedlichen Methoden zur Erledigung identischer Aufgaben die Produktivität zu steigern. In der Absicht, beträchtliche Effizienzgewinne zu erzielen, konzentrierte er sich auf:

- *Effizienz* durch Steigerung der subjektiven Arbeitsleistung
- *Standardisierung* der Arbeit durch Aufteilung in kleine, eindeutig definierte Arbeitseinheiten
- *Disziplin* durch eine hierarchische Machtstruktur zur Umsetzung der Managemententscheidungen

In dieser Betrachtungsweise verkörpert der einzelne Arbeiter die relevante Produktionseinheit, welche durch wirtschaftliche Belohnungssysteme zu motivieren ist. Das Ergebnis sieht folgendermaßen aus:

- Aufgaben und Verantwortlichkeiten sind klar zwischen der Betriebsführung und der Arbeiterschaft aufgeteilt.
- Die Arbeiter werden nach wissenschaftlichen Methoden ausgewählt und ausgebildet.
- Die Arbeit orientiert sich an Regeln, Gesetzen und Grundsätzen, die an die Stelle der bisher praktizierten Ad-Hoc-Methoden treten.
- Die Zusammenarbeit zwischen Arbeitern dient der Leistungsgarantie, ebenso die Förderung durch wirtschaftliche Anreize.

Die Betriebsführung managte die Arbeit, und die Arbeiter erledigten sie in Übereinstimmung mit den Geboten der Wissenschaft und des Managements. Die Theorie der beschriebenen Prozesse wurde von den wissenschaftlichen Nachfahren Taylors (Gilbreth, Gantt u.a.[5]) weiter ausgebaut. Sie ist noch heute, insbesondere in Massenproduktionsbetrieben, tagtägliche Realität.

Der traditionelle Erklärungsansatz konzentriert sich auf Regeln, Rollen und Verfahren. Er führt zum Aufbau einer Bürokratie, die sich durch den festen Glauben an bestehende Regelungen und die rechtliche Ordnung auszeichnet[6].

---

[5] Huczynski A, Buchanan D (1997) Organisational behaviour. Prentice Hall Europe
[6] Mouzelis NP (1968) Organisation and bureaucracy: an analysis of modern theories. Gruyter

Theorie und Praxis in Betriebsführung und Organisationslehre haben Fortschritte gemacht und zu einer Vielzahl von Empfehlungen und Ratschlägen geführt. Heutige Erklärungsversuche konzentrieren sich nicht mehr auf die Formulierung einer Universaltheorie, sondern fordern vielmehr die Existenz vielfältiger Unternehmensstrukturen.

Die zunehmende Unsicherheit des wirtschaftlichen Umfeldes zwingt zu einem radikalen Umdenken im Hinblick auf die unternehmerische Organisationspraxis. Das Klima der Stabilität (unterbrochen von kurzen Phasen der Instabilität) hat sich in eines größerer Instabilität (hoffentlich unterbrochen von kurzen Perioden der Stabilität) verwandelt. Burns und Stalker sprechen von der *organischen Organisation*[7], deren Flexibilität und selbstregulierende Kraft es ihr ermöglicht, mit der allgemeinen Unsicherheit konstruktiv umzugehen. Der Argumentation Kanters[8] zufolge sind nach Funktionen aufgeteilte, also *segmentierte* Unternehmen nicht in der Lage, wirkungsvoll auf ihr Umfeld zu reagieren. Die Aufteilung des vorhandenen Wissens in verschiedene Teilbereiche bedeutet, dass das Unternehmen ein Problem nicht mehr kollektiv benennen und es gemeinsam bekämpfen kann. Organisationen, die ihre Einheiten integrieren, können im Unterschied dazu zentrale Ereignisse viel leichter erkennen. Durch die Vernetzung des Wissens der verschiedenen Teilbereiche kann die betreffende Organisationsstruktur sekundäre Phänomene als Symptome wichtiger und weitreichender Ereignisse identifizieren und entsprechende Anpassungsmaßnahmen einleiten.

Die genannten Prinzipien stellen Ergänzungen des *Total Action*-Ansatzes dar. *Total Action* ermöglicht ein organisches und integratives Verhalten, das von Flexibilität, Anpassungsfähigkeit sowie der Fähigkeit zur Selbstorganisation gekennzeichnet ist. Zwar gibt es in Theorie und Praxis eine Fülle von Empfehlungen für die Gestaltung effizienter und anpassungsfähiger Unternehmensstrukturen, jedoch scheinen alle Ideen, Grundsätze, Leitlinien und Theorien dennoch nicht in der Lage zu sein, die Komplexität der Aufgabe zu reduzieren. Mechanistisch funktionierende Unternehmen, die sich durch Stabilität, Berechenbarkeit, weitgehende Automatisierung und Bürokratie auszeichnen, sind heute nicht mehr überlebensfähig. Die Managementliteratur wendet sich immer mehr den Erfordernissen der Flexibilität, Reaktions- und Anpassungsfähigkeit zu und überschwemmt die verantwortlichen Entscheidungsträger mit Hinweisen darauf, wie der Wandel erfolgreich herbeizuführen und umzusetzen sei. Dass es Veränderungen geben *muss*, ist relativ offensichtlich. Allerdings schaffen nur wenige Unternehmen es, den Prozess des Wandels *erfolgreich* zu bewältigen.

Die komplexen Organisationsstrukturen der heutigen Unternehmen scheinen sich manchmal aus sich selbst heraus zu korrigieren und zu ihrer gewohnten Stabilität zurückzukehren. Die zwingende innere Logik dieser Unternehmen widersteht jedoch dem Druck nach echtem Wandel. Bei den meisten Unternehmen lässt sich

---

[7] Burns T, Stalker GM (1961) The management of innovation, Tavistock, London
[8] Kanter RM (1985) Change masters: innovation for productivity in the American corporation. Simon & Schuster, New York

dieses Phänomen direkt auf Fayol und Taylor zurückführen, obwohl dies vielleicht nicht mit dem Selbstbild der betreffenden Unternehmen übereinstimmt. Diese jeden Wandel ablehnende Logik wurzelt in der Unfähigkeit, komplexen Situationen ohne die Unterstützung durch die neuen digitalen Funktionalitäten zu begegnen (vgl. Kapitel 2). Um zu verstehen, wie sich diese interne Logik als Diktatur der internen Marktes sowie als zunehmender Autismus des Unternehmens manifestiert, gilt es, die Wurzeln allen geschäftlichen Handelns näher zu betrachten.

Zurück zu den Wurzeln geschäftlichen Handelns

Ein kleines Unternehmen funktioniert nach einer ganz einfachen und eindeutigen Logik: Es muss einen Kunden finden, diesen Kunden zufrieden stellen, den Kunden an sich binden und einen Gewinn erwirtschaften. Es besteht eine eindeutige Beziehung zwischen Kundenzufriedenheit, Rentabilität und Wachstum. Wenn der Kunde zufrieden ist, wandert er nicht ab. Ist er jedoch unzufrieden, wendet er sich an die Konkurrenz, und das Unternehmen macht Verluste.

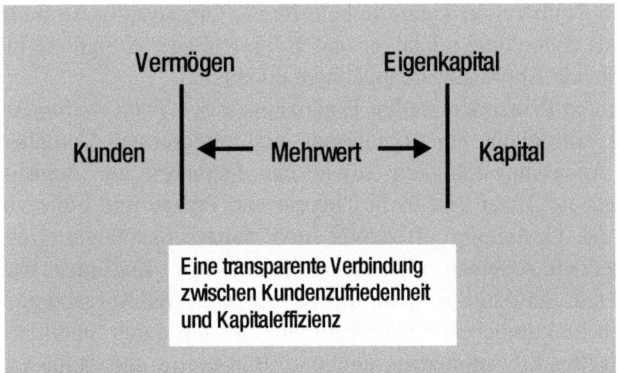

Abb. 3.2 Die einfache Logik eines kleinen Unternehmens

Professor Theodore Levitt beschrieb die folgende Grundkonstante allen geschäftlichen Handelns:

Es ist Ziel und Zweck einer Geschäftstätigkeit, einen Interessenten als Kunden zu gewinnen und langfristig zu binden. Einen neuen Kunden zu gewinnen, bedeutet, dass man all die Dinge tut, die einzelne Personen und andere Unternehmen veranlassen, sich an das eigene Unternehmen statt an die Konkurrenz zu wenden (oder von jeder geschäftlichen Tätigkeit Abstand zu nehmen).[9]

---

[9] Levitt T (1969) Marketing for business growth. McGraw-Hill, New York

Um diese grundlegende Zielsetzung erreichen zu können, müssen sich alle Aktivitäten innerhalb des Unternehmens auf die Gewinnung und Zufriedenstellung des Kunden richten, damit eine langfristige Kundenbindung gewährleistet ist.

Das beschriebene kleine Unternehmen handelt wie eine größere Organisation, und zwar auf der Grundlage einer Vereinbarung zwischen den beteiligten Individuen zur gelenkten Umsetzung gemeinsamer Ziele.[10] Als Einzelkämpfer wären die Beteiligten nicht in der Lage, die von ihnen als wertvoll erachteten Ziele zu erreichen. Gemeinsam, als kollektive Organisationsstruktur, sind sie jedoch dazu in der Lage. Unabhängig davon, ob es sich um ein kleines oder großes Unternehmen handelt, muss es seine knappen Ressourcen organisieren und die Leistung des Einzelnen, der Abteilung und des gesamten Unternehmens an klar definierten Vorgaben messen. Die Leistung ist folgendermaßen zu überwachen:

- Festlegung klarer Vorgaben
- Bewertung der Leistung durch Vergleich mit den Vorgaben
- Beurteilung der Leistung (zufriedenstellend ja/nein)
- Korrektur möglicher Normabweichungen

Es muss kontrolliert werden, wer zu einer solchen Organisationsstruktur gehören darf. Die Unfähigkeit, eine normengerechte Leistung zu erbringen, führt zum Ausschluss. Die einzelnen Akteure in der Struktur müssen sich der Autorität der für die Leistungskontrolle verantwortlichen Mitarbeiter unterwerfen. Die Notwendigkeit einer Leistungskontrolle führt zu einer Aufteilung von Funktionen und Verantwortungsbereichen sowie Aktivitäten unter den Mitarbeitern des betreffenden Unternehmens, die sich anschließend entsprechend ihrer gemeinsamen Aufgaben zusammenfinden. Die Betonung liegt in diesem Zusammenhang auf *Leistung* und *Kontrolle*.

In dieser Phase bildet sich in vielen Betrieben ein interner Markt heraus.

3.3 So manifestiert sich fatale Untätigkeit

Die Herausbildung eines internen Marktes ist nahezu unvermeidlich, denn die Beschäftigten erhalten ihre Anerkennung, Belohnung, Beförderung und die Möglichkeit zur allgemeinen Weiterentwicklung – also alles das, was sie bei ihrer Arbeit motiviert – aus internen Quellen. Es gehört zu den frustrierendsten Erfahrungen von Unternehmensmitarbeitern, wenn diese genau sehen und wissen, was der Kunde möchte (schließlich sind wir in der Mehrzahl doch auch selbst irgendwo Kunden), aber sich gleichzeitig der Tatsache bewusst sind, dass die Erfüllung des Kundenwunsches sie intern als „Abtrünnige" entlarven würde, was ihren totalen Vertrauensverlust auf interner Ebene zur Folge hätte.

---

[10] Huczynski A, Buchanan D (1997) Organisational Behaviour, Prentice Hall Europe

Mit zunehmendem Wachstum eines Unternehmens werden eine Reihe von Auswirkungen dieses internen Marktes sichtbar, die den Niedergang des Unternehmens nur noch beschleunigen: Es handelt sich um die Symptome fataler Untätigkeit. Dazu gehören:

- der Bequemlichkeitsfaktor
- eine nach innen gerichtete Führung
- Aktivitäten, die nichts mit dem Kunden zu tun haben
- interner Wettbewerb
- Autismus im gesamten Unternehmen
- „Verkalken" der „IT-Arterien"

3.3.1 Die Bequemlichkeiten des internen Marktes

Mit zunehmendem Wachstum entwickeln sich in den meisten Unternehmen Aktivitätsformen, die für die Betriebsführung durchaus von Bedeutung sein mögen, aber keinerlei Beitrag dazu leisten, den Kundenkreis zu vergrößern oder den bestehenden Kundenstamm zu erhalten. Je größer das Unternehmen, umso mehr Aktivitäten gibt es, die in keinerlei Verbindung zu dem alles entscheidenden Geschäft der Kundenneugewinnung oder Kundenbindung stehen. In einigen Unternehmen übersteigt der Wert solcher internen Transaktionen den der kundenorientierten Handlungen um ein Vielfaches. Sie schaffen einen internen Markt, dessen Kennzeichen interne Finanztransaktionen zwischen internen Anbietern und internen Kunden sind. Es werden mehr Rechnungen intern versandt, als das Unternehmen an externe Kunden verschickt, und die einzigen wirklichen Kunden sind internen Ursprungs.

Das Unternehmen wird von einer gewissen Trägheit befallen. Sie wurzelt in der Logik der Vergangenheit: „So machen wir das. Das sind eben unser Stil und unsere Kultur. Das hat in der Vergangenheit funktioniert, und es funktioniert auch heute. Deshalb werden wir auch in Zukunft damit Erfolg haben. Und deshalb müssen wir sicherstellen, dass unsere Kunden sich an unser Verhalten anpassen."

Der interne Markt stiftet Verwirrung und zerstört die einst klare Beziehung zwischen Kundenzufriedenheit und Kapitaleffizienz. Er stellt für die finanziellen und intellektuellen Ressourcen des Unternehmens eine übermäßige Belastung dar und ersetzt die vom Kunden bestimmte Zeitrechnung durch eine interne Zeitrechnung. Die Konstante wirtschaftlichen Handelns verliert ihre Gültigkeit. Das Unternehmen hat seine ursprüngliche Zweckbestimmung, Kunden zu gewinnen und an sich zu binden, aus den Augen verloren. Für die Mehrheit der Mitarbeiter gilt nicht mehr die von Levitt formulierte Konstante, sondern eine neue, nach innen gerichtete Logik, die sich an dem Leitsatz orientiert: „Halte deine Budgetvorgaben ein!" Dieses Budget, eine künstlich ersonnene Zahl für die interne Führung, entfernt sich sehr schnell von der grundlegenden Realität jedes Bilanzbogens.

Aufgrund des internen Wettbewerbs gestalten immer mehr Abteilungen ihre Aktivitäten nach den eigenen Kriterien und Zielsetzungen. Herausragende Funktionärsleistungen werden zum neuen Inhalt des Belohnungssystems. Jeder führende Manager (oder auch interne Gebieter) besitzt jetzt das offizielle Mandat für eine ganz bestimmte Funktion: Verwaltung, Vertrieb, Finanzen, Rechtsangelegenheiten, Fertigung, Marketing, Verkauf usw. Niemand trägt mehr die Verantwortung für den Kundenprozess, der deshalb abnimmt und irgendwann ganz verschwindet.

Die konventionellen Organisationen funktionieren nach dem Prinzip: Manager denken, Arbeiter setzen um. Viele Manager glauben, ihre Aufgabe bestünde darin, dafür zu sorgen, dass ihre Mitarbeiter tun, was ihnen gesagt wird. Sie „verwalten, warten, organisieren, planen und terminieren" unter Zuhilfenahme der für den internen Gebrauch bestimmten finanziellen Zahlen und meinen, das Unternehmen sei für die absehbare Zukunft „unter Kontrolle", und „die Zukunft des Unternehmens sei gesichert".

Diese Manager sind in der Regel fähige, intelligente und gut ausgebildete Führungskräfte, die sich ganz dem widmen, was sie für das Unternehmen als ideal erkannt zu haben meinen. Als Einzelpersonen mögen sie sehr kompetent sein, kollektiv jedoch sind sie es nicht! Das Unternehmen funktioniert nicht so, wie es sollte. Überall wird in einem solchen Unternehmen vom Wandel geredet, aber eigentlich hat man sich mit dem Status Quo sehr bequem eingerichtet oder beharrt einfach nur stur auf dem Althergebrachten. Man hängt an den vertrauten Prozessen und Verfahren und leistet enormen Widerstand gegen jegliche Veränderung. Veränderungen rufen immer Ängste hervor. Externe Anreize wie der Kunde, der Markt oder der Wettbewerb werden selten jenseits der Verkaufsfront wahrgenommen. Doch das interne Gedächtnis des Unternehmens funktioniert einwandfrei und verewigt umfassende – häufig die falschen – Zahlenwerke, die dann als Realität präsent bleiben. Kann es in einem solchen Unternehmen noch Spontaneität und Innovation geben?

Es ist einfach, intern Gründe oder Sündenböcke zu finden: mangelhafte Führung, schlechte Kommunikation und eine fehlerhafte Organisationsstruktur. Solche Defizite mögen zwar zum Problem beitragen, doch unsere Erfahrungen haben gezeigt, dass sie nicht das eigentliche Problem darstellen. Sie können ja schließlich behoben werden und sind letztlich das Ergebnis einer übermäßig starren inneren Logik, die so stark und übermächtig geworden ist, dass sich immer eine gute Erklärung dafür findet, warum das Unternehmen in einer bestimmten Weise handelt, und weshalb es sich nicht ändern darf. Dabei geht es auch nicht um die Unternehmenskultur. Kultur hat etwas mit dem Verhalten einzelner Personen zu tun, und zwar in Reaktion auf die zwingende innere Logik, die das Unternehmen schon vor langer Zeit entwickelt hat. Diese Logik bestimmt die Argumentation und das Verhalten der Entscheidungsträger und kann damit die Wirksamkeit der Unternehmensleistung beeinträchtigen. Konzentriert man sich auf diese Logik, so kann man sie sichtbar machen und bekämpfen. Ändert man sie, verbessert man auch die Leistung.

3.3.2 Der Chef führt, der Kunde spürt

Viele Manager sind der Auffassung, sie müssten die strenge innere Logik auf-rechterhalten und weiter stärken, um so ihr berufliches Fortkommen zu sichern. So sehen sich fähige Manager oft gezwungen, interne Ziele zu verfolgen, die das Unternehmen immer mehr vom Kunden entfernen. Eine solche Führungskraft kann gar keine Entscheidungen treffen, welche die eigene Karriere beeinträchtigen könnten.

Dieses Phänomen scheint unabhängig davon aufzutreten, wie nutzbringend die geleistete Arbeit ist. Ähnlich wie die These Parkinsons[11] – „Die Arbeit dehnt sich aus und füllt den Zeitraum, der für ihre Erledigung zur Verfügung steht." – besagt das „Peter Principle"[12], dass Manager die Karriereleiter bis zum Grad ihrer eigenen Inkompetenz erklimmen und dann wie die Haut auf der schon sauer gewordenen Milch dort „sitzen bleiben" und jegliche weitere Bewegung verhin-dern. (Ein Management-Guru erzählte seinen Zuhörern einmal, dass Peter ihm anvertraut habe, der Beweis seines Prinzips liege in der Zahl der Führungskräfte im mittleren Management, die seinem Prinzip Glauben schenkten.)

Auch heute finden sich derartig zynische Einschätzungen von Führungskräften. Adams argumentiert in seinem „Dilbert Principle":

> *Die ineffizientesten Mitarbeiter werden systematisch auf die Posten befördert, in denen sie am wenigsten Schaden anrichten können: ins Management. Das hat sich allerdings als nicht so erfolgreiche Strategie entpuppt, wie man vielleicht meinen möchte.*[13]

Solche Kommentare mögen zwar humorvoll sein, aber auch ernst gemeint stoßen sie bei vielen Lesern auf offene Ohren. Als Einzelpersonen sehen sie, dass dem Kunden gegenüber große Fehler gemacht werden. Sie sehen vielleicht auch, was getan werden könnte und müsste. Aber sie verfügen nicht über die Macht, um die unsichtbare Tyrannei der nach innen gerichteten Strukturen ihres Unternehmen zu durchbrechen.

3.3.3 Die falschen Parameter

Nach innen gerichtete Parameter stehen in keinerlei Beziehung zu den wirklichen Geschäftsparametern. Die Mitarbeiter müssen ihre Zeit damit verbringen, *über* den Kunden zu sprechen, statt *mit* ihm. Fehlende Kundenzufriedenheit und das Abbröckeln des Kundenstammes werden nicht wahrgenommen, während die Leistungsdefizite und die Zahl der nicht wahrgenommenen Gelegenheiten steigen. Die Leistung der einzelnen Abteilungen wird daran gemessen, ob das Budget eingehalten wurde bzw. die internen Kunden zufrieden sind. Die Führungskräfte

---

[11] Parkinson CN (1957) Parkinson's law or the pursuit of progress. Penguin, New York
[12] Peter LJ, Hull R (1969) The peter principle. Morrow, Great Britain
[13] Adams S (1996) The Dilbert principle. HarperCollins, New York

müssen finanzielle Zielvorgaben erfüllen, die von ihnen selbst definiert wurden und die (mit den üblichen Anpassungen) in den Geschäftsplan des Unternehmens eingeflossen sind. Können sie diese Ziele nicht erreichen, werden Ereignisse außerhalb ihres Einflussbereichs als Erklärung angeführt. Dazu gehören die mangelhafte Zielerreichung anderer Geschäftsbereiche oder das unerwartete Verhalten der Konkurrenz, des Vertriebs oder des Kunden. Innerhalb der komplexen Logik des internen Marktes sind diese Erklärungen unanfechtbar.

Verglichen mit dem realen Kunden führt der interne Markt des Unternehmens zu einem übersteigerten Bedeutungszuwachs des internen Kunden. Das Verhalten des internen Anbieters ist eng mit dem des internen Kunden geknüpft. Diese Abhängigkeit von dem internen Kunden fördert eine Kultur der totalen Missachtung des nicht wahrgenommenen externen Kunden. Da dieser Logik zufolge auch der interne Kunde wiederum von seinem internen Anbieter abhängt – „Ohne uns überlebt der auch nicht ..." -, kann der interne Anbieter seine Leistung sowie ihren Erfüllungsgrad allmählich unter das Niveau sinken lassen, das für den internen Kunden noch akzeptabel wäre. Diese gegenseitige interne Abhängigkeit stellt einen Kompromiss dar, der den internen Geschäftskriterien beider Akteure entspricht und so ihr gemeinsames Überleben sichert: „Wir werden alle beide das tun, was wir tun müssen, damit unser Chef zufrieden ist." Informelle Regelungen und persönliche Beziehungen stehen damit jedem Versuch im Wege, strenge, formale Kriterien für eine Leistungsbewertung einzuführen. Solange jeder innerhalb der Grenzen von Stellenbeschreibungen und hierarchisch geordneten Positionen agiert, arbeitet es sich bequem, und die Beförderungswelle rollt weiter. Menschen lassen sich nicht gern bewerten. Werden Kriterien zur Leistungsbewertung eingeführt, versuchen sie, das System an ihre eigenen Überlebenskriterien anzupassen und ihre persönlichen Belohnungen zu mehren.

3.3.4 Der Kunde als Störfaktor für den Geschäftsprozess

Zu viele Unternehmen zwingen den Kunden, sich entsprechend den betrieblichen Regeln zu verhalten. Manche Produktmanager haben nur ein Ziel vor Augen, und zwar die Sicherung der internen Verarbeitung und Unterbringung ihres Produktes. Dies entspricht ihrer Zielsetzung, möglichst die Rentabilität oder vielleicht auch nur die Erreichung eines bestimmten Umsatzes für die von ihnen betreute Produktfamilie zu gewährleisten. Solche Führungskräfte sehen keinerlei Notwendigkeit, die Wünsche des Kunden wirklich zur Kenntnis zu nehmen und an einer Lösung zu arbeiten. Den Kunden gibt es ja ohnehin nur, damit der Produktmanager seine Zielvorgaben einhalten kann. Sollte sein Wunsch aber besser mit einem anderen Produkt aus dem Unternehmensangebot – also einem internen Konkurrenzprodukt – zu befriedigen sein, wird dem Kunden wahrscheinlich aktiv von dessen Erwerb abgeraten, da der Kauf des internen Konkurrenzproduktes zum Erfolg eines anderen Geschäftsbereichs als des eigenen beitragen würde.

Deshalb finden sich in Unternehmen mit derartigen Denkstrukturen auch immer mehrere, parallel genutzte Verbindungen zu dem jeweiligen Markt oder Kunden. Jeder dieser Verbindungskanäle besteht nur auf Grund der individualistischen Ambitionen eines Produkt- oder Geschäftsbereichsmanagers und trägt zur weiteren Verwirrung des Kunden bei. Ein Manager in einem großen japanischen Unternehmen berichtete, er sei in den vergangenen zwölf Monaten von insgesamt 20 verschiedenen Vertriebsmitarbeitern desselben Anbieters aufgesucht worden, die ihm alle eine andere Ideallösung für seine Anforderungen ans Herz legten. Wenn das Unternehmensimage einer solchen Fragmentierung unterworfen ist, führt das bei dem Kunden letztlich dazu, dass er zur Konkurrenz abwandert. Noch schwieriger ist die Situation für denjenigen Interessenten, der sich durch einen Wust von Produktinformationen hindurchkämpfen muss, die entsprechend den internen Strukturen des Anbieterunternehmens organisiert sind, statt die möglichen Wünsche oder Fragen des Kunden zu berücksichtigen. Der Kunde muss den vom Verkäufer definierten internen Normen und Verfahren entsprechen: „So machen wir das halt bei uns – finde dich damit ab!" Die spezifischen Bedürfnisse und Normen des Kunden werden völlig ignoriert. Erkannt wird eine derart fatale Situation meist durch die Vertriebsbeauftragten, doch haben diese keinerlei Alternative, als sich dem Diktat ihrer Verwaltung zu unterwerfen. Die mit sich selbst beschäftigte Organisation zwingt dem Kunden ihre Betriebspraxis, ihre Normen und Einschränkungen auf. Die eigentlichen Abhängigkeiten kehren sich um. Das mag in den bequem bedienbaren Märkten der Vergangenheit akzeptabel gewesen sein, denn dort waren die Kunden dem Anbieter stärker ausgeliefert und mussten sich mit dem abfinden, was verfügbar war.

Diese Situation hat sich jedoch geändert. Heute hält der Kunde das Heft in der Hand, und die Anbieter müssen reagieren! Heute fordert der Kunde, dass Sie und Ihr Unternehmen sich nach seinen Wünschen ausrichten. In einem heiß umkämpften Markt kann er ohne Probleme gnadenlos harte Anforderungen an Preis, Qualität und Service stellen. Vor allem aber beherrschen heute demokratische Prinzipien den Markt, wodurch sich der Wettbewerb verschärft und der Kunde nach Belieben in einem durch ein Überangebot gekennzeichneten Markt den Anbieter wechseln kann.

Letztlich jedoch gilt auch weiterhin die ursprüngliche Logik allen geschäftlichen Handelns: Geht der Kunde, sinkt die Zufriedenheit bei Banken und Aktionären. Damit beginnt dann die wirkliche Krise.

Die zentralen Auswirkungen dieser nach innen gerichteten Logik bestehen darin, dass das Unternehmen:

– gekennzeichnet ist durch interne Mechanismen, welche die Forderungen des realen externen Marktes überlagern,

– aufrechterhalten wird durch die Prozesse des unfreiwilligen internen Handels, welche die Standards definieren, denen sich der externe Kunde zu unterwerfen hat,

– Arbeit produziert, die Unternehmensressourcen bindet und so die Kapitaleffizienz und das Potential des Unternehmens mindert.

Kataloglösungen: Ein Beispiel für falsche Parameter

Nehmen wir an, die Firma *Kataloglösungen* ist ein erfolgreich am Markt agierendes Versandunternehmen. Leider expandieren im Moment die Geschäftstätigkeiten nicht weiter, und im Management beginnt man, sich Sorgen zu machen:

– Die Einnahmen stagnieren: Der Auftragsbestand steigt weiter, aber der Gesamtwert fällt.

– Die Kapazitäten der telefonischen Bestellannahme sind voll ausgelastet, und die Mitarbeiter sehen sich immer weniger in der Lage, das Aufkommen der Kundenbestellungen zu bewältigen.

– Die Auslieferung wird zunehmend zum Problem: Rückstände führen zu wachsenden Schwierigkeiten mit unzufriedenen Kunden.

Das Management arbeitet kollektiv und individuell an der Lösung dieser Probleme, die von der Führung als Notwendigkeit interpretiert werden, die Umsätze bei den Kundenbestellungen zu steigern, die Vertriebsaktivitäten zu intensivieren und, wo immer möglich, Personal einzusparen.

Das Unternehmen *Kataloglösungen* hält sich hier an eine ganz simple Logik: Kataloge verteilen, Bestellungen aufnehmen, Ware ausliefern und Zahlungseingänge verbuchen.

Das Unternehmen ist in drei Hauptgeschäftsbereiche unterteilt: Kataloge, Televerkauf und Auslieferungssysteme. Diese Bereiche fügen sich in die Logik des Unternehmens ein, wobei der Bereich Kataloge den Umsatz generiert, der Televerkauf die Kundenbestellungen aufnimmt und die Auslieferung die Ware zum Kunden bringt.

Die Marketing-Abteilung äußert den Vorschlag, man solle dem Kunden doch eine größere Produktauswahl anbieten. Der für den Katalogbereich verantwortliche Manager winkt ab und verweist sogleich darauf, dass der Katalog ohnehin nur zweimal im Jahr erscheint und es daher mindestens 8 Monate dauern werde, bis eine Aufstockung des Produktprogramms sich dem Kunden gegenüber bemerkbar mache. Durch die Aufnahme neuer Produkte würden die Herstellungskosten des Katalogs steigen. Außerdem führt bereits die aktuelle Auswahl zu Problemen bei der Auslieferung.

Die für den Televerkauf verantwortliche Führungskraft fordert, im Falle einer Aufstockung entweder zusätzliche Mitarbeiter für die Bestellannahme einzustellen oder ein ganz neues Annahmezentrum einzurichten. Sollte man sich dafür entscheiden, ein solches neues Zentrum in einer entlegenen Gegend mit geringen Arbeitsplatzmöglichkeiten anzusiedeln, könnte man den neuen Mitarbeitern niedrigere Löhne zahlen als dem angestammten Personal. Außerdem könnte man den gesamten Logistikbereich an einen der vielen, allgemein anerkannten und effizient arbeitenden Auslieferungsbetriebe vergeben, die ohnehin ständig ihre Kundenbetreuer vorbeischicken, welche dann die Möglichkeiten ihres Unternehmens wieder einmal über den grünen Klee loben. Hier widerspricht der für die Auslieferung zuständige Manager: Die Auslieferung ist ein zentraler Kompetenzbereich des Versandunternehmens und kann nicht an Dritte vergeben werden. Eine Außenvergabe würde die Dinge nur noch mehr verkomplizieren.

Welche Parameter werden hier zu Grunde gelegt? Der wichtigste Richtwert für den Call Center ist die Zahl von Aufträgen pro Zeiteinheit – die sogenannte *Regel der 52.* Die insgesamt 3000 Mitarbeiter des Call Center sind den gesamten Tag über und gelegentlich sogar bis spätabends damit beschäftigt, die Bestellungen der Kunden so schnell wie möglich zu notieren und dann direkt zum nächsten Anrufer überzugehen. Die „Regel der 52" schreibt vor, dass die Kundenbestellung innerhalb von maximal 52 Sekunden aufgenommen werden muss. Die Mitarbeiter im Televerkauf wurden für diese Zwecke eingehend geschult, um den Bestellprozess in dieser Zeitspanne abwickeln zu können. Die technologischen Funktionalitäten und die automatisierte Verwaltung sorgen unterstützend dafür, dass die Bestellung notiert und bearbeitet wird und die nötigen logistischen und finanziellen Prozesse angestoßen werden. Diese unterstützenden Technologien dienen gleichzeitig dazu, die Mitarbeiter zu überwachen, indem sie die durchschnittliche Bearbeitungszeit pro Bestellung für jeden Mitarbeiter messen und auflisten. Diejenigen Beschäftigten, die den Vorgaben nicht entsprechen, erhalten weitere Schulungen oder müssen das Unternehmen verlassen.

Die im Grunde stimmige, aber antiquierte Logik des Versandunternehmens beherrscht die Szene. Das Management argumentiert, dass die eigentliche Begründung für die stagnierenden Umsatzzahlen in der allgemeinen Rezession und den Kosten für die zu hohen Mitarbeiterzahlen zu suchen sind. Da die Einkünfte stagnieren, wird als Patentrezept die „Regel der 45" empfohlen, was einen entsprechenden Abbau der Mitarbeiterzahlen in der Telefonannahme nach sich zieht. Diese Maßnahme mag für eine gewisse Zeit durchaus funktionieren. Die organisatorischen Veränderungen, die innerhalb der kommenden drei Monate ihre Wirkung entfalten werden, und das neu eingeführte Programm zur verstärkten Ansprache des Kunden werden die Umsatzprobleme lösen. Darüber hinaus wird eine Arbeitsgruppe ins Leben gerufen, die einen systematischen Ansatz für den Televerkauf erarbeiten und Empfehlungen für die Beschleunigung des Bestellannahmeprozesses vorlegen wird, mit deren Hilfe das Unternehmen in Zukunft dem Kunden das Geld noch schneller aus der Tasche ziehen kann. Alles in allem scheint sich die Lage zu verbessern.

Die Mitarbeiter in den Annahmestellen arbeiten nach der vorgegebenen „Regel der 52". Sie berichten immer wieder über Schwierigkeiten bei der Bedienung der Kunden. In der ihnen pro Bestellung zur Verfügung stehenden Zeit ist es schwierig, sich zu vergewissern, ob die bestellte Ware auch wirklich immer verfügbar ist. Die Mitarbeiter sind sich auch der Tatsache bewusst, dass sie keine Möglichkeit haben, dem Kunden Alternativvorschläge zu unterbreiten, wenn die gewünschte Ware sich nicht auf Lager befindet. Sie haben auch keine

Zeit, um Fragen nach finanziellen Details zu beantworten. Solche Aufgaben muss die Zahlungsabteilung übernehmen, und der Kunde wird weitergereicht mit dem Satz: „Bleiben Sie dran, ich versuche mal, Sie zu verbinden."

Änderungen bereiten Schwierigkeiten. Änderungswünsche eines Kunden an seiner Bestellung gestalten sich als Albtraum. Oft heißt es dann: „Geben Sie doch einfach eine neue Bestellung auf und schicken die andere Ware zurück, wenn sie bei Ihnen eintrifft." Gleichzeitig wissen die so reagierenden Mitarbeiter an der Verkaufsfront, dass ihre Kollegen in der Buchhaltung vor Zorn rot anlaufen würden, wüssten sie von diesen Machenschaften, denn ihre Aufgabe wird es später sein, Rücksendung, Neubestellung und Zahlung miteinander in Einklang zu bringen. Noch schlimmer wird es, wenn der Kunde etwas aus einem veralteten Katalog bestellt und die Preise nicht mehr stimmen. Von den zulässigen 52 Sekunden pro Auftrag vergehen immerhin 30 mit der Bearbeitung von Änderungen, Weiterleitung von Beschwerden und dem Versuch, eine Verbindung zwischen Bestellannahme und Verwaltung herzustellen.

Das Management ist sich der Tatsache bewusst, dass die Bestellannahme die wichtigste Möglichkeit zum Kontakt mit dem Kunden bietet. In der Praxis handelt es sich jedoch leider meistens um nicht viel mehr als eine Kontaktstelle zur Aufnahme von Bestellungen, bei der sich – zunächst in Form sinkender Einnahmen – immer mehr Symptome des drohenden Niedergangs des gesamten Unternehmens bemerkbar machen.

Die wichtigste Frage wurde bisher überhaupt nicht behandelt: Wie lässt sich der Umsatz wieder steigern? Das Unternehmen *Kataloglösungen* leidet nicht unter einer defizitären Organisationsstruktur. Seine Führungskräfte kennen ihr Geschäft und glauben deshalb, dass sie auch wissen, wie Verbesserungen zu erzielen sind. Es gibt bereits verschiedene Initiativen zur Lösung des Problems. Auch das technologische Potential der digitalen Revolution wurde genutzt, was zu einer Beschleunigung der heute angebotenen Dienstleistungen führt. Und dennoch wissen die meisten Manager, dass sich die Lage drastisch verbessern muss. Es tut sich jedoch nichts.

Hier haben wir es mit einem Fall fataler Untätigkeit zu tun. *Fatal Inaction* hat zugeschlagen. Die Bestellannahme des betroffenen Unternehmens sieht sich gezwungen, wie eine Mauer zu reagieren und die interne Organisation von den Kunden abzuschirmen. Gleichzeitig ist auch der Kunde nicht sichtbar. Er existiert lediglich als Versandadresse oder als Bestellung bzw. als Zahlungseingang. Das Ziel besteht darin, die zeitlichen Vorgaben einzuhalten, und nicht darin, den Kunden zufrieden zu stellen. Die für das geschäftliche Handeln maßgeblichen Parameter wurden falsch gewählt: Es geht eigentlich darum, die Bestellung auszuführen, und nicht darum, mehr abzusetzen. Diejenigen Mitarbeiter, die Kundenkontakt haben, sind sich darüber im Klaren, und wahrscheinlich hat auch das Management das Dilemma erkannt. Jedoch sind zum Leidwesen des Unternehmens und des Kunden alle in der Geschäftslogik der Vergangenheit gefangen.

In dem soeben skizzierten Beispiel treten viele Symptome des Phänomens fataler Untätigkeit auf. Es wird deutlich, dass das Unternehmen über keinerlei koordiniertes Management für den Kundenservice-Kreislauf verfügt.

– *Es gibt keinen Customer Leader.* – Mit Ausnahme des Mitarbeiters, der seine Bestellung entgegennimmt, ist der Kunde für die Belegschaft des Unternehmens unsichtbar. Wir können diesen Mitarbeiter jedoch nicht als *Order Leader* bezeichnen, da er oder sie (mit Ausnahme der möglichen Beschwerden des betreffenden Kunden) keinerlei Kenntnis oder Kontrolle darüber besitzt, was mit der Bestellung geschieht, wenn sie erst einmal an die Verwaltungssysteme weitergegeben ist.

– *Es gibt keine interaktiven Funktionalitäten.* – Die Fragmentierung des Unternehmens in einzelne Geschäftsbereiche schränkt jede Möglichkeit zur Koordination der Bestellungen ein und macht die Kenntnisnahme und Kommunikation der Kundenziele (die wahrscheinlich den Mitarbeitern der Bestellannahme ohnehin nicht bekannt sind) nahezu unmöglich.

– *Es besteht lediglich eine lückenhafte Kommunikation.* – Der Kunde wird als Aneinanderreihung von Bestellungen betrachtet, die wahrscheinlich auch nicht in ihrem zeitlichen Verlauf und ihren spezifischen Inhalten analysiert werden.

Interessanterweise lässt sich das Modell Amazon direkt auf das beschriebene Unternehmen anwenden. Amazon und auch die anderen neuen Internetanbieter sind an die Stelle der traditionellen Versandhäuser getreten und haben den Televerkauf durch interaktive Webkommunikation ersetzt. Schauen Sie sich einmal an, wer in Ihrem Unternehmen den wichtigsten Kontakt zum Kunden pflegt. Vielleicht sind es die Verkäufer in den Einzelhandelsläden. Vielleicht aber auch die Kundenbetreuer. Wie können Sie diesen Mitarbeitern nun das richtige Rüstzeug an die Hand geben, damit diese als echte *Customer Leader* fungieren können?

Elektronik-für-Jedermann: Noch mehr falsche Parameter

Elektronik-für-Jedermann, ein großes, international tätiges Fachgeschäft für Unterhaltungselektronik, konfrontierte uns mit folgender Problemstellung: „Wir haben zur Steigerung unserer Effizienz intensive Schulungen für unser Verkaufspersonal durchgeführt. Wir haben auch die Ladenflächen völlig umgestaltet. Wir haben unseren Mitarbeitern darüber hinaus ein Computerprogramm an die Hand gegeben, das ihnen direkten Zugang zu Produktdaten gewährt. Trotzdem konnten wir bisher keine echten Leistungssteigerungen feststellen. Warum ist das so?"

Das Unternehmen hatte seiner Meinung nach alles getan, um die Grundvoraussetzungen für Effizienzverbesserungen im Umsatz zu erzielen:

– Man hatte eine Mitarbeiterbefragung durchgeführt.
– Man hatte die Ladenflächen so umstrukturiert, dass der Kunde problemlos Zugang zu allen angebotenen Produkten erhielt.

- Die Mitarbeiter hatten in Schulungen neue Verkaufstechniken zur Steigerung ihrer Effizienz praktiziert und ein besseres Verständnis vom Leitbild ihres Unternehmens gewonnen.
- Man hatte neue digitale Technologien zur Unterstützung ihrer Arbeit bereitgestellt.

Trotzdem verzeichnete das Unternehmen keinerlei Erfolge.

Wir befragten die Führungskräfte, warum ihrer Meinung nach keine Erfolge sichtbar wurden. Wir erhielten leider keine ehrlichen Antworten auf unsere Frage, denn die einzelnen Manager waren vor allem bemüht, sich selbst und ihre Position zu schützen. Danach befragten wir das Verkaufsteam. Diese Mitarbeiter mussten mit dem Problem tagtäglich umgehen. Sie gaben zu Protokoll, dass auf sie doch ohnehin niemand höre. Ihnen lag daran, dass das Management die wirklichen Probleme an der Verkaufsfront endlich einmal zur Kenntnis nahm. Ob wir da nicht helfen könnten?

Wir konnten die Führungsriege in der Tat überzeugen, sich einige Tage lang in ausgewählten Läden mit den Verkäufern im Gespräch auseinander zu setzen und sie bei ihrer Arbeit zu begleiten, um so einen direkten Eindruck von den bestehenden Schwierigkeiten zu gewinnen. In der Folge wurde das eigentliche Problem deutlich: *Der Austausch mit dem Kunden schlug regelmäßig fehl.*

Wie bei dem zuvor beschriebenen Versandhaus *Katalog-Lösungen* schrieb die in sich durchaus stimmige Unternehmenslogik hier vor, dass der einzelne Verkäufer vor allem die Aufgabe hatte, *den Auftrag zu erfüllen*. Das hörte sich dann in etwa so an: „Fragen Sie den Kunden nach der Auftragsnummer und sonst gar nichts!" Die Effizienz der Verkaufsleistung wurde gemessen als Zahl der getätigten Verkaufstransaktionen im Zusammenhang mit der Anordnung des Managements, dass zu bestimmten Zeiten der Absatz ganz bestimmter und nur dieser Artikel zu fördern sei.

Manchmal jedoch war ein Kunde unschlüssig und meinte: „Ich bin mir noch nicht sicher, welche Eigenschaften das Gerät haben soll, aber ich weiß, wie viel ich maximal zu zahlen bereit bin, und welche Grundfunktionen gegeben sein müssen." In einem solchen Fall verwies der Verkaufsmitarbeiter den Kunden umgehend auf den Schlagerartikel der Woche. Der nächste Schritt bestand darin, den Kunden davon zu überzeugen, auch gleich den Service- und Garantievertrag des Geschäfts mitzukaufen (obwohl das Verkaufsteam für sich der Auffassung war, dass dieser wenig mehr enthielt, als ohnehin als kostenlose gesetzliche Serviceleistung vorgeschrieben war, andererseits für das Unternehmen aber eine ausgezeichnete Gewinnquelle darstellte).

Verschärfend kam hinzu, dass auch hier eine Managementvorgabe zu erfüllen war: die „Regel der 60". Es hieß: „Verwenden Sie nicht mehr als 60 Sekunden auf einen Kunden, es sei denn, er oder sie kauft etwas! Wenn der Kunde wegen Informationen nachfragt, verweisen Sie ihn auf unsere Broschüren. Wenn der Kunde danach noch einmal wiederkommt, verkaufen Sie ihm etwas!"

Die Verkaufsmitarbeiter hatten außerdem nur ein äußerst defizitäres Verständnis von den anspruchsvollen neuen Funktionalitäten ihres Computersystems. Viele meinten: „Das haben wir zur Auftragserfassung bekommen, damit wir Transaktionen besser abwickeln können. Das hat aber nichts mit den Informationen zu tun, die ich für meine Arbeit brauche." Das Feld der Unterhaltungselektronik ist im Hinblick auf Produktvielfalt, Preise und Funktionalitäten von großer Komplexität gekennzeichnet. Wie bei allen Produkten gibt es auch hier detaillierte Beschreibungen und Funktionsanleitungen, die zum Nutzen des Kunden rezipiert werden können. Allerdings erfordert dies Zeit und die Anstrengung, einen guten Vorsatz auch in die Praxis umzusetzen.

Sicherlich haben Sie bereits festgestellt, dass der Kunde in diesem Fall überhaupt nicht sichtbar wird. Die Kommentare konzentrieren sich ausschließlich auf *interne Mechanismen* (beispielsweise die Regel der 52, der 60 usw.). Es werden Programme zur Umsetzung von Änderungen angesprochen, die nicht den Kunden im Blickfeld haben, sondern das interne Verhalten entsprechend den internen Effizienzvorgaben neu regeln. Was geschieht hier eigentlich? Werden hier nicht nur die Stühle auf dem Sonnendeck der ohnehin dem Untergang geweihten *Titanic* umgestellt? Ein nur auf das eigene Unternehmen gerichtetes Verhalten wird durch die Orientierung an den Geboten des internen Marktes nur weiter verfestigt. Die Autoren sind der Auffassung, dass dieses Phänomen durchaus mit dem Verhalten eines autistischen Menschen vergleichbar ist.[14]

3.3.5 Der Autismus der Unternehmen

Die Autoren bedienen sich des Terminus „Autismus" mit großer Vorsicht. Es handelt sich dabei um eine ernst zu nehmende Behinderung, die beim Menschen jedoch behandelt werden kann. Wir haben diese Bezeichnung gewählt, weil wir damit das Verhalten vieler Organisationsstrukturen, die gegenüber ihren Kunden eine fatale Untätigkeit zur Schau stellen, skizzieren wollten. In diesen Strukturen wie auch bei Autisten finden sich stets dieselben Symptome:

– eine totale Selbstzentriertheit, die keine Verbindung zur äußeren Realität zulässt
– Gleichgültigkeit gegenüber äußeren Reizen, die solange ignoriert werden, bis sie Schmerzen verursachen
– zwanghaftes Bestehen auf Kontinuität und überkommenen Vorgehensweisen bei gleichzeitigem heftigem Widerstand gegen jede Veränderung
– geringes Maß an Spontaneität
– ausgezeichnetes Erinnerungsvermögen für Spezifika wie Zahlen und Melodien

---

[14] Diese These ist ein Ergebnis unserer Gespräche mit Thomas Weesing.

Genialer Fang oder Narrenkäfig?

In seinem Buch „Der Mann, der seine Frau mit einem Hut verwechselte"[15] beschreibt Oliver Sacks das Verhalten von Zwillingen, die in der Lage waren, ohne jede Hilfe und völlig problemlos im Wechsel lange Reihen ansteigender und immer höherer Primzahlen aufzusagen, was für die meisten Menschen unmöglich gewesen wäre. Sacks beobachtete das Verhalten der Zwillinge, als diese recht hohe Primzahlen aufsagten, wobei der jeweils nächste dann eine noch höhere nannte. Ihr Verhalten erschien völlig unverständlich. Offensichtlich waren die Kinder mit ihrer Leistung sehr zufrieden, aber abgesehen von einem sehr primitiven, erkennbaren Muster hatte diese Prozedur für den normalen Beobachter keinerlei Bedeutung. Eine eingehende Analyse der Abläufe und der zunehmend komplexen Zahlenreihen ergab, dass beide in der Tat genial veranlagt waren.

Die Zwillinge stellten also eine Art „genialen Fang" dar. Sie besaßen eine geniehafte Veranlagung, die für sie selbst sehr wichtig war und zu ihrer eigenen Unterhaltung diente, jedoch für die Außenwelt nur geringe Bedeutung hatte und eher als Beispiel autistischen Verhaltens interpretiert wurde. Ist eine komplexe Organisationsstruktur nun in der Lage, sich genauso zu verhalten? Kann sie eine geniale Veranlagung durch ein Verhalten verbergen, das nur für sie selbst von Belang ist? Kann sie in völliger Selbstzentriertheit versinken? Und so zu einem Narrenkäfig werden? Die meisten Unternehmen haben zu Beginn ihres geschäftlichen Handelns eine geniale Idee, die sie von der übrigen Welt abhebt und die zur Grundlage ihres Erfolges und Wachstums wird. Viele scheinen aber im Laufe der Zeit die Verankerung in den Grundprinzipien geschäftlichen Handelns zu verlieren.

Wir stellten bereits die Frage: „Wie können Sie feststellen, dass die Mitarbeiter in Ihrem Unternehmen Aktivitäten unternehmen, die für Ihre Kunden einen Wert besitzen?" Versuchen Sie, in Ihrem Unternehmen folgende Untersuchung durchzuführen: Schätzen Sie zunächst ein, wie viel Energie auf interne und wie viel auf externe Aktivitäten verwandt wird. Dann wählen Sie repräsentativ einige Führungskräfte aus und messen, worauf diese sich in ihrer Arbeitszeit konzentrieren. Ordnen Sie Ihre Erkenntnisse nach den folgenden Kategorien:

– *intern:* Aktivitäten, die sich ausschließlich auf die internen Abläufe konzentrieren, wie zum Beispiel Planen, Festlegen der Budgetlinien, Kontrolle usw.
– *extern:* Aktivitäten mit Zielrichtung bzw. sichtbarer Orientierung auf die Außenwelt (unabhängig von dem durch die Außenwelt gezeigten Interesse). Diese Orientierung nach außen erstreckt sich nicht nur auf Aktivitäten gegenüber dem Kunden, sondern umfasst auch andere Tätigkeiten, wie beispielsweise Marktforschung und -analyse, Werbung usw.

---

[15] Sacks O (1985) The man who mistook his wife for a hat. Druckworth, Great Britain

Die meisten kommerziell tätigen Unternehmen erwarten ein Ergebnis von etwa 40 % intern und 60 % extern orientierten Tätigkeiten, wobei die nach innen gerichtete Blickrichtung bei nicht-kommerziellen Organisationsstrukturen, insbesondere Regierungsbehörden, als stärker ausgeprägt veranschlagt wird. Legt man jedoch die real gemessenen Werte zu Grunde, stellt sich immer wieder heraus, dass dieses Verhältnis mehr als umgekehrt ist: In den meisten Organisationen sind 80 % der Tätigkeiten nach innen ausgerichtet (und nur 20 % orientieren sich an der Außenwelt). Noch alarmierender ist die häufige Feststellung, dass:

– das Verhältnis bei kommerziellen und nicht kommerziell agierenden Organisationsstrukturen nahezu identisch ist,

– die Ausrichtung nach innen zunimmt und in manchen Fällen auf bis zu 95 % steigt, je höher man in der Hierarchie ansetzt.

Es gibt natürlich auch erfreuliche Ausnahmen: Einige Firmenchefs widmen mehr als die Hälfte ihrer Arbeitszeit ihren Kunden. Vielleicht erzielen Sie selbst bei Ihren Untersuchungen ja ähnlich bemerkenswerte Ergebnisse. Ein Verkaufsmitarbeiter verbringt zweifelsohne mehr Zeit mit extern orientierten Kundentätigkeiten als andere Mitarbeiter im selben Unternehmen. Schaut man jedoch genauer hin, so stellt sich oft heraus, dass ein Großteil der dem Kunden zu widmenden Zeit damit vergeht, dass der Mitarbeiter interne Anforderungen zu erfüllen sucht. Es gibt Firmenkundenbetreuer, die 80 % ihrer Zeit damit verbringen, ihre eigene Organisationsstruktur zu managen, und zwar nicht als *Customer Leader*, sondern als simple Projektmanager.

In manchen Kreisen mag auch die Auffassung vorherrschen, dass das Top-Management sich auf interne Abläufe und die Führung des Geschäfts zu konzentrieren habe. Häufig stellen wir jedoch fest, dass Führungskräfte, die diese Haltung vertreten, 100 % ihrer Arbeitszeit – und gelegentlich auch noch ihre Überstunden – den internen Abläufen widmen und dabei ihren Terminkalender oft drei Monate im Voraus mit Terminen für interne Zusammenkünfte füllen. Führt so viel mit internen Angelegenheiten verbrachte Zeit wirklich zu Erfolg bei der Erfüllung der Kundenwünsche?

3.3.6 Das Verkalken der IT-Arterien

Die Auswirkungen des internen Marktes sind am deutlichsten an den IT-Abteilungen großer Organisationsstrukturen zu erkennen. Fatalerweise ist es aber genau diese IT-Abteilung (für deren funktional ausgerichtete IT-Kultur mit all ihrem technologischen Ballast es besonders schwierig sein wird, Änderungen durchzusetzen), die zum tragenden Element des strategischen Teams werden muss, das mit *Total Action* neuen Schwung in die verkrusteten Strukturen bringt.

Einige Führungskräfte im IT-Bereich haben den Übergang zu einem unternehmerischen Denken bewältigt und agieren auf Vorstandsebene, oftmals als zuständiger IT-Chef (*CIO*). Anderen haben die Insignien ihres Berufszweiges eher den Blick auf die Welt verstellt, der ihr Service zugute kommen sollte. Solche IT-

Manager geraten dann in einen immer stärker werdenden Konflikt mit ihren Unternehmen. Mit der zunehmenden Verbesserung und wachsenden Kostengünstigkeit bedürfen Systeme weniger des unverständlichen Technologieballasts als einer realistischen Anwendung.

Die digitalen Technologien können dabei helfen, diejenigen Missstände in Unternehmen zu entlarven und herauszuheben, die eine Begleiterscheinung fataler Untätigkeit sind. Kern-*In*kompetenzen werden sichtbar. Die digitalen Technologien helfen dem Kunden lediglich dabei, diese schneller zu erkennen.

Die Hohepriester der IT-Welt

Als die Technologie begann, sich in scheinbar riesigen Schritten fortzuentwickeln, versuchten die Führungskräfte vieler Unternehmen, ihre IT-Abteilungen an den geschäftlichen Erfordernissen des eigenen Betriebs auszurichten. Es wurde sehr schnell klar, dass die sich abzeichnenden digitalen Technologien die bisherige Unternehmensführung radikal ändern würden.

Die Tyrannei der Geschäftsbereiche

Eine europäische Fluggesellschaft fragte sich, wie es die Herausforderung bewältigen könne, ihre IT-Abteilung mit neuem Schwung zu erfüllen und ihre Arbeit stärker auf die Bedürfnisse der internen wie auch der externen Kunden auszurichten.

Das Unternehmen hatte ein genaue Zielvorstellung: Informations- und Telekommunikationstechnologien sollten wirkungsvoll angewandt werden, damit das Unternehmen sich gegen den zunehmenden Wettbewerb im Markt behaupten konnte. Dazu mussten die Erbringung der Dienstleistung für den Kunden verbessert, neue, wirksam intern und extern verknüpfte Prozesse ausgearbeitet und unnötige Kosten sowie überflüssige Aktivitäten aus der Organisationsstruktur eliminiert werden. Dem Management war klar, dass man die betriebliche Informationsarchitektur auf der Grundlage einer Telekommunikations- und Rechnerinfrastruktur aufbauen musste. Das Ziel, im Betrieb eine „Datenschnellstraße" einzurichten, mit deren Hilfe Informationen, Anwendungen und Mitarbeiter im gesamten Unternehmen vernetzt und die Kontakte zu Kunden und Lieferanten verbessert würden, genoss die volle Unterstützung der Führung.

Das Projekt geriet allerdings ins Wanken, als die funktionalen Trennungen zwischen den verschiedenen Geschäftsbereichen und den funktionalen Abteilungen für die Bereitstellung von IT-Lösungen, Telekommunikation und Nutzeranwendungen sich auszuwirken begannen. Insbesondere in zwei Bereichen kam es zu einem herben Rückschlag für die Ambitionen der Fluggesellschaft: bei der Verantwortung für Kosten und Eigentumsrechte der Informationsinfrastruktur (die betriebliche „Datenschnellstraße") und dem elektronischen Mail- und Nachrichtenaustausch.

Jeder Geschäftsbereich besaß seine eigenen Kosten- und Gewinnverantwortlichkeiten. Außerdem hatten sich im Laufe der Zeit separate, gelegentlich sogar wirkungsvoll eingesetzte IT-Funktionalitäten herausgebildet. Trotz beträchtlicher Anstrengungen zur Koordinierung (Zentralisierung) einer gemeinsamen betrieblichen Informationsinfrastruktur erwies sich die zwingende Logik der Vergangenheit als unüberwindlich stark. Darüber hinaus wurde die Frage der „Standards" groß geschrieben. Jeder Geschäftsbereich hatte eigene Standards mit jeweils spezifischen IT-Lösungen entwickelt. Die Fluggesellschaft verfügte insgesamt über mehr als 15 inkompatible E-Mailsysteme! Mit Blick auf das zentrale Gebot eines funktionierenden Informationsaustausches und verfügbaren Zugangs für alle Mitarbeiter, welche die Informationen benötigen, wurde die zentrale IT-Abteilung ermächtigt, eine E-Mail- und Schnellstraßen-Lösung für das gesamte Unternehmen zu erarbeiten und umzusetzen.

Obwohl die Logik des Ansatzes für alle Betroffenen durchaus einsichtig war, spaltete sie den Betrieb in zwei Lager. Diejenigen Geschäftsbereiche, die bei der Einrichtung ihrer Datenschnellstraßen bereits gute Fortschritte erzielt hatten, forderten, dass man ihre E-Mail-Lösung zur Norm für das gesamte Unternehmen erkläre. Der Druck des Marktes bewirkte jedoch gleichzeitig, dass die einzelnen Geschäftsbereiche nicht warten konnten, bis eine Lösung für das gesamte Unternehmen vorlag und umgesetzt wurde. Alle von der Zentrale vorgelegten Vorschläge wurden abgelehnt. In den Geschäftsbereichen hieß es natürlich, dass die Zentralverwaltung viel zu viel Zeit brauche, um eine Lösung zu empfehlen und auch durchzusetzen. Die Frage der Kostenverteilung war ebenfalls kontrovers, und eine Einigung über die Möglichkeiten zur Umsetzung und die Deckung der entstehenden Kosten war nicht abzusehen.

Das Unternehmen befand sich in einem in der Praxis gar nicht so seltenen Dilemma. Zwar war die Technologie verfügbar und die Absicht klar, doch verhinderten das individuelle Verhalten und die Zielsetzung der betroffenen Parteien eine Einigung. Aus dieser Zwickmühle gab es nur einen Ausweg: einen drastischen Schock, der helfen würde, ein klares Verständnis von den Notwendigkeiten und eine entsprechende Einigung zu erzielen.

Den Informationstechnologien kommt in einem Unternehmen zwar genauso viel Bedeutung zu wie beispielsweise den Finanzen, aber sie besitzen nicht denselben Status. Eine Vorstandsbesprechung ohne einen Tagesordnungspunkt „Finanzen" ist kaum vorstellbar. Das ist bei dem Thema „Informationen" nicht der Fall. In vielen Unternehmen ist der IT-Chef nicht einmal Mitglied des Vorstands. Natürlich ist es ein Leichtes, für diese Misere die IT-Abteilung selbst verantwortlich zu machen: „Die verstehen mich nicht, und ich verstehe sie nicht." Das kann heute jedoch nicht mehr so bleiben.

Heute ist es notwendiger denn je, dass alle einander verstehen und an einem Strang ziehen. Ist dies nicht gewährleistet, scheitert das Unternehmen. Es muss deshalb nicht gleich zum Ziel der Unternehmensführung erklärt werden, sich in Kürze mit allen Details der digitalen Technologien auszukennen, aber es muss klar sein, was man mit ihrer Hilfe bewegen kann. Anders gesagt *muss* die Zielsetzung des IT-Chefs darin bestehen, die Geschäftsprozesse seines Unternehmens in ihren Einzelheiten kennen zu lernen. Dazu mag es dann auch notwendig sein, dass der IT-Manager regelmäßig eine Woche lang an vorderster Front mitarbeitet und so selbst sieht, was sich in seinem Unternehmen tut.

Die Tyrannei des Status Quo

Der IT-Experte: Der IT-Fachmann einer großen Fluggesellschaft wurde gefragt, wie er seine Rolle bei der Bedienung der – ihm praktisch unbekannten – Kunden einschätze. Seine Antwort war: „Ich bekomme eine Spezifikation. Darin steht, was ich zu tun habe, wie lange die Arbeit maximal dauern darf, und wie viel Geld dafür ausgegeben werden kann. Ich erledige die Arbeit, und wenn ich Glück habe, werde ich dabei nicht unterbrochen und kann die Spezifikation wunschgemäß erfüllen." Wir fragten nach: „Haben Sie irgendeine Einflussmöglichkeit darauf, was getan werden kann, um die Spezifikation zu verbessern?" „Natürlich," lautete die Antwort. „Aber das ist nicht meine Aufgabe. Außerdem bleibt für so etwas keine Zeit, und wer würde das schon hören wollen?!"

Der Marketing-Chef: Der Marketing-Chef sprach mit 25 IT-Experten, die mehr über die Kunden der Fluggesellschaft erfahren wollten. Er gab vor, nur wenig Ahnung von den enormen Möglichkeiten der Informationstechnologien zu haben und fragte sie nach ihrer Meinung über das Internet. Er wollte wissen, was sie davon hielten, und warum es denn so wichtig sein könnte.

Die Antworten der IT-Experten befassten sich mit verschiedenen brandneuen Möglichkeiten im Bereich der Datenverarbeitung sowie mit weiteren technologischen Neuerungen, von denen sie etwas gehört hatten, wie zum Beispiel JAVA. Sie sprachen von den phantastischen Möglichkeiten, nun Datenbanken in der ganzen Welt einsehen zu können, und davon, dass das Internet eine ausgezeichnete Lösung für das elektronische Wirrwarr von 25 inkompatiblem E-Mailsystemen im Haus darstellen könne. Als der Marketing-Chef fragte, wer von ihnen selbst das Internet nutze, meldeten sich lediglich drei der 25 Experten. Diese hatten sich ausschließlich in ihrer Freizeit damit befasst. Manche hatten gehört, dass einige Mitarbeiter im Unternehmen „daran arbeiteten", hatten diese Kollegen jedoch selbst niemals zu Gesicht bekommen. Als man sie fragte, welche Auswirkungen die Neuerungen auf das eigene Unternehmen haben würden, wurde es im Raum still.

Ich will die Kunden verführen: Der Marketing-Chef berichtete seinen Gesprächspartnern dann von seiner jüngsten USA-Reise und den Eindrücken, die er dort gewonnen hatte, und die sich allmählich zu Überzeugungen verdichteten: „Das Internet ist ein Werkzeug, mit dem ich den Kunden verführen und sehr viel mehr über ihn lernen kann, als ich heute weiß. Ich denke, wir brauche eine Webpage. Als Erstes würde ich gern unsere Vielflieger, die Kunden, die bei uns eine Gold Card besitze, auf diese Seite einladen. Über sie will ich mehr erfahren. Beispielsweise wüsste ich gern mehr über ihre Kinder. Wenn der von mir präferierte Kunde, also der Vielflieger, eine neunjährige Tochter hat, dann wüsste ich gern, wann ihr Geburtstag ist. Dann könnte ich nämlich ein oder zwei Monate vor diesem Datum diesem Vielflieger ein Paketangebot machen und ihm, seiner Tochter und der ganzen Familie einen Flug mit Aufenthalt in Disneyworld anbieten."

Er bemerkte außerdem: „Ich hätte allerdings eine passende Internetlösung gern bereits im kommenden Monat, oder noch besser gleich am nächsten Dienstag. Ich will nicht solange warten, bis Sie die neuen Technologien und ihre Möglichkeiten genügend studiert haben, einen Bericht erstellen, Vorschläge erarbeiten und dann endlich bereit sind, über die Umsetzungsweise zu diskutieren." Nach einer kurzen Redepause fügte er hinzu: „Und wenn Sie das nicht fertig bringen, dann findet sich sicher jemand anders, der es kann!"

Dieses Gespräch hätte eigentlich gar nicht stattfinden müssen. Die IT-Abteilung muss die Aufgabe übernehmen, die *IT-Funktionalitäten in echte Geschäftsmöglichkeiten* zu *umzuwandeln*. Ihre Funktion sollte darin bestehen, die Möglichkeiten des technologisch Machbaren auszuloten, um wirtschaftliche Vorteile auszumachen. Ein fehlgeleitetes Zusammenspiel von geschäftlichen Tätigkeiten und IT-Aktivitäten führt im Unternehmen zu ernsthaftem Fehlverhalten. Die IT-Abteilung verliert ihren Zugriff auf die eigentlichen wirtschaftlichen Notwendigkeiten und die wahren Kunden des Unternehmens. Eine solche Entwicklung führt unweigerlich zu fataler Untätigkeit. Wenn neue Zugangs- und Interaktionsmöglichkeiten verfügbar werden, ist es entscheidend, dass das Unternehmen intern richtig vernetzt ist und dieselben Ziele verfolgt. Neue IT-Funktionalitäten sollten sich nicht an den betrieblichen Möglichkeiten orientieren, sondern beide sollten sich aneinander ausrichten. Schluss mit den endlosen Diskussionen und Auseinandersetzungen über Eigentum und Verantwortung! Weg mit der leidigen Debatte über Zentralisierung versus Dezentralisierung! Die geschäftsorientierten IT-Diskussionen sollten sich nicht mehr länger nur mit der technologischen Infrastruktur oder den unglaublichen Schwierigkeiten bei einer Verbindung von A nach B befassen.

Es mag widersprüchlich erscheinen, dass diejenigen, welche die neuen digitalen Funktionalitäten bereitstellen, oft selbst nicht aus dem Gefängnis ihres eigenen, erlernten, aber veralteten Verhaltens ausbrechen können. Deutlich werden:

– ein tief verwurzeltes Misstrauen der IT-Abteilung gegenüber der Unternehmensführung
– ständige Beschwerden über Leistungen der IT-Abteilung
– Auseinandersetzungen zwischen IT-Abteilung und Unternehmensführung über die Zuteilung von Verantwortung, Kosten, Fehlerfüllung oder mangelndes Verständnis
– geringes oder völlig fehlendes Verständnis unter IT-Experten, von dem Inhalt der von ihrer Abteilung kollektiv für den internen und externen Kunden bereitgestellten Leistung
– Bereitstellung zahlreicher, unterschiedlicher, inkompatibler Lösungen für die einzelnen Bereiche der Organisationsstruktur

3.4 Die Überwindung der fatalen Untätigkeit

Ein Unternehmen zu sehen, das von fataler Untätigkeit befallen ist, ist ein ebenso schreckliches Erlebnis, wie einem Menschen zu begegnen, bei dem soeben eine lebensbedrohliche Krankheit festgestellt wurde. Doch genau wie ein solcher Mensch muss das Unternehmen, um überhaupt eine Überlebenschance zu haben, erkennen, dass es sich in einem sehr ernsten Zustand befindet, die Diagnose akzeptieren und dann unter Aufwendung aller seiner Kräfte für sein Überleben kämpfen.

Wie die Menschen, welche es geschafft haben, ihr Krebsleiden zu besiegen, uns immer wieder vor Augen führen, ist ein Überleben *möglich* – es ist jedoch kein leichter Weg dorthin. Gibt es Maßnahmen, die das Unternehmen ergreifen kann, um seinen Zustand fataler Untätigkeit zu überwinden oder, was noch besser wäre, erst gar nicht von dem Übel befallen zu werden? Um eine Veränderung zu erzielen, bedarf es des vollen Einsatzes aller Kräfte. Wenn es überleben will, muss das gesamte Unternehmen sein Bestes geben und sich an die Prinzipien von *Total Action* annähern. Der Weg zum Überleben enthält folgende Schritte:

– kundenzentrierte Führung

– kundenzentrierte Parameter

– kundenzentriertes Management und kundenzentrierte Planung

– kundenzentrierte IT-Systeme

– kundenzentrierter Wandel

3.4.1 Kundenzentrierte Führung

Der autoritäre Denkansatz, der sich in dem Motto „Manager denken, Arbeiter setzen um" ausdrückt, muss einer auf der Grundlage völliger Einigkeit fußenden, totalen und alles durchdringenden Ausrichtung des Unternehmens am Kunden weichen. Jeder Mitarbeiter braucht eine klare Vorstellung davon, wie er oder sie mit dem Unternehmen für den Kunden einen Mehrwert erwirtschaftet. Es geht darum, in jeder Hinsicht eine erstklassige Leistung zu erbringen und so den Erfolg zu sichern, der sich nicht zuletzt in einer fortgesetzten Geschäftsbeziehung mit den Kunden ausdrückt. Viele Manager wissen durchaus, dass ein Wasserkopf nutzloser Tätigkeiten ihr Unternehmen davon abhält, einen solchen Erfolg zu erzielen. Trotzdem sind sie auch der Auffassung, dass es zu dieser übermäßigen Bürokratie keine Alternative gebe, denn so wie der Status Quo müsse es halt bleiben. Die Tyrannei eben dieses Status Quo zu durchbrechen ist keine leichte Aufgabe. Der Wegfall aller für den Kunden nicht relevanten Tätigkeiten kann jedoch in jeder Organisationsstruktur neue Energien freisetzen. Diese Energie kann dazu genutzt werden, Erfolg beim Kunden und Gewinn im Unternehmen zu erwirtschaften. Die Kette der Zufriedenstellung und Erfüllung ist dünn und reißt sehr schnell. Wenn die Kette erst einmal gerissen ist oder vielleicht niemals bestanden hat, werden eine Reihe interner Mechanismen sichtbar, autistisches Verhalten lähmt das Unternehmen, und der Kunde wird überhaupt nicht wahrgenommen. Bei der Theorie der *Fatal Inaction* geht es letztlich darum, dass *unzureichende Leistungen* immer darauf zurückzuführen sind, dass die *falschen Leistungsparameter* zu Grunde gelegt wurden: *„Manager denken, Arbeiter setzen um."* Kontrolle und Lenkung sind ein zentrales Thema der wissenschaftlichen Betriebsführung. Taylor behauptete:

> *Um eine angemessene Betriebsführung zu gewährleisten, ist es unbedingt notwendig, dem einzelnen Arbeiter genau vorzuschreiben, wie er seine Arbeit auszuführen hat. Solange den Arbeitern irgendeine Entscheidungsmöglichkeit über ihre Arbeitsweise verbleibt, kann Unternehmensführung nur begrenzt Erfolg haben und wird daher letztlich frustrierend sein.[16]*

Man vergleiche im Unterschied dazu die viel zitierte Aussage von Konesuke Matsushita, dem Gründer das japanischen Imperiums, aus dem Jahre 1953:

> *Wir im Osten werden gewinnen, und ihr im Westen werdet verlieren. Es gibt nichts, was ihr dagegen tun könnt. Euer Problem ist in euren Köpfen. Eure Unternehmen funktionieren nach dem Prinzip, dass die Chefs denken und die Arbeiter umsetzen. Eurer Meinung nach geht es bei der Führung eines Unternehmens vor allem darum, die Ideen aus dem Kopf der Manager in die Hände der Arbeiter zu verlagern. Wir im Osten wissen, dass das falsch ist. Unternehmerisches Handeln ist eine viel zu komplizierte und gefährliche Angelegenheit, als dass man es dem Denken einiger führender Mitarbeiter überlassen sollte. Wir wissen, dass es bei echter Unternehmensführung darum geht, jeden Funken von Intelligenz im gesamten Unternehmen zu mobilisieren.[17]*

3.4.2 Kundenzentrierte Parameter

Wählen Sie doch einmal einen Ihrer Mitarbeiter aus und fragen ihn oder sie: „Was haben Sie heute für den Kunden geleistet?" Ein Mitarbeiter, der sich aktiv in einem Kundenprojekt engagiert, hat darauf sicherlich eine klare Antwort parat. Die Reaktion ist vielleicht schon weniger unmissverständlich, wenn Sie fragen: „Und was hat Ihr Chef heute für den Kunden getan?" In den meisten großen Unternehmen gibt es heute keinerlei kundenorientierte Leistungsparameter. Es gibt vielleicht eine „Kundencharta" oder eine „Werteerklärung im Dienste des Kunden", aber solche Erklärungen werden nur selten auch in der täglichen Arbeit

---

[16] Braverman H (1974) Labour and monopoly capital: the degradation of work in the twentieth century. Monthly Review Press, New York

[17] Matsushita K, Seleznik A(1993) Learning leadership: cases and commentaries on abuses of power in organizations. Vgl. auch: Matsushita K (1994) Not for bread alone. Berkley

umgesetzt. Statt dessen rufen sie, wie Foy[18] unterstreicht, oft nur vermehrten Zynismus und Heuchelei unter den Mitarbeitern hervor.

Wenn Leistungsparameter wirklich am Kunden ausgerichtet sind, haben sie wesentlich mehr Gewicht als die Standardparameter, welche viele Unternehmen zur Bewertung ihrer Kundenzufriedenheit entwickeln. Letztere bemessen den Grad der Kundenzufriedenheit im Normalfall in Bezug auf spezifische Aspekte der Unternehmensleistung und versuchen nur selten herauszufinden, ob und inwieweit das Unternehmen wirklich zur Erfüllung der Ziele des Kunden beiträgt. Darüber hinaus gehen diese Unternehmen nicht entsprechend der in der jeweiligen Branche gültigen Normen vor, sie wollen unabhängig davon einfach *Klassenbester* sein. Während solche Messungen der Kundenzufriedenheit durchaus ihre Berechtigung haben können, geht es bei wirklich kundenzentrierten Parametern eher um die kontinuierliche Beurteilung der für den Kunden erbrachten Leistungen und den Wertbeitrag dieser geschäftlichen Aktivitäten für das Unternehmen.

Am Kunden ausgerichtete Maßnahmen arbeiten mit strengen Fragestellungen:

– Wohin will dieser Kunde, und wie helfen wir ihm, sein Ziel zu erreichen?

– Wohin wollen wir mit diesem Kunden, und wie gute Fortschritte machen wir auf unserem Weg dorthin?

– Wie gut sind unsere Prozesse geeignet, diese Ziele auch zu erreichen?

Solche auf den Kunden ausgerichteten Parameter müssen – wie auch die Erfüllung selbst – in der gesamten Bedarfskette kommuniziert werden, denn sie stellen einen integralen Bestandteil der Gesamtzielsetzungen dar. Ebenso sind sie integraler Bestandteil der modularen (Geschäfts-) Netzstruktur. Die Definition des *Prozessmodulnetzes* enthält natürlich abgeleitete Parameter, unter anderem die Erfüllungsparameter der beteiligten *Produktionselemente*. Die für einen einzelnen Kunden maßgeblichen Parameter sind Teil des spezifischen Firmenkundenplans. Ein kundenspezifischer Plan enthält beispielsweise die für den jeweiligen Kunden vereinbarten Erfüllungsparameter. In der *Total Action*-Philosophie sind solche Parameter von entscheidender Bedeutung für die *interaktiven Funktionalitäten*.

3.4.3 Kundenzentriertes Management und kundenzentrierte Planung

Das traditionelle Firmenkundenmanagement (auch genannt „Account Management") gibt uns ein Muster für den *Total Action*-Ansatz (vgl. Abbildung 3.3). Der Firmenkundenmanager ist als fester *Customer Leader* etabliert, während das Kundenteam als *Customer Action Team* fungiert. In bestimmten Phasen des Kundenservice-Kreislaufs (Möglichkeitsanalyse, Angebotsmanagement, Erfüllung) stützt sich der Firmenkundenmanager auf Ressourcen innerhalb oder außerhalb der Organisationsstrukturen und ruft mit ihrer Hilfe für einen befristeten Zeitraum ein virtuelles

---

[18] Foy N (1994) Empowering people at work. Ashgate

Firmenkundenteam ins Leben, das dann als erweitertes *Customer Action Team* seinen Beitrag leistet.

Als *Customer Leader* übernimmt der Firmenkundenmanager die volle Verantwortung für den Kunden, also beispielsweise:

– Zusammentragen und Analysieren von Informationen über alle am Kunden relevanten Aspekte sowie seine spezifische Situation (geschäftliches Umfeld, Kundenservice-Kreislauf)

– Erarbeitung und Umsetzung des Geschäftsplanes für den betreffenden Kunden mit Hilfe des gesamten *Customer Action Teams*

– Überwachung und Berichterstattung über die Leistungen des Firmenkundenmanagers und seiner Mitarbeiter *zum Nutzen* des Kunden

– Management des gesamten Servicekreislaufs für den Kunden durch die Lenkung und Begleitung aller Aktivitäten zur Umsetzung der mit dem Kunden vereinbarten Ziele und mit ihm getroffenen geschäftlichen Vereinbarungen

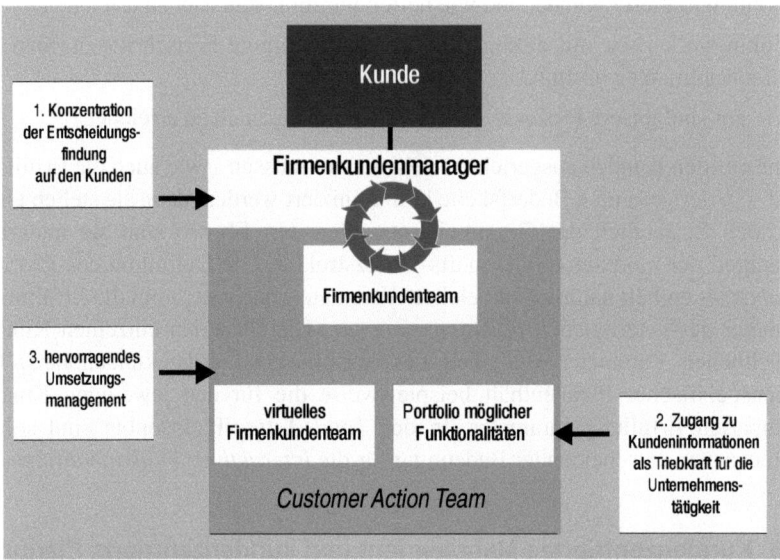

Abb. 3.3 Das Muster des traditionellen Firmenkundenmanagements

In der Praxis fungieren nur wenige Firmenkundenbetreuer als echte *Customer Leader*. Zwar obliegt ihnen die Verantwortung (und Rechenschaftspflicht) für den Kunden und die Leistung des Unternehmens zu dessen Nutzen, doch sind sie nur in den wenigsten Fällen dazu ermächtigt, alle diese Tätigkeiten auch wirklich umzusetzen. Deshalb entsteht sehr oft eine krasse Diskrepanz zwischen den Zielsetzungen und Aktivitäten an der Verkaufsfront und dem Unterbleiben jeglicher Reaktion in Verwaltung oder Werk.

Der Konflikt zwischen Firmenkundenbetreuern und Produktmanagern

Diese Diskrepanz entsteht dann, wenn ein in der Vergangenheit funktions- oder produktorientiertes Unternehmen zu einem System des Firmenkundenmanagements als gelenkter Schnittstelle zwischen dem Unternehmen und dem Kunden übergeht. Die innerhalb des Unternehmens bestehenden Kommunikationskanäle (welche von der zuständigen Produktabteilung und den Vertriebsmitarbeitern zu betreuen sind) müssen an die neue Schnittstelle angepasst werden. Die Produktmanager betrachten die Einführung des neuen Firmenkundensystems nicht als Chance, sondern als Bedrohung, da durch die Veränderung ihre Beziehung zum Kunden gestört wird. Die Leistungsparameter für das Produktmanagement konzentrieren sich im Allgemeinen auf:

– Umsatz- und Gewinnzahlen pro Produktlinie

– Gesamtumsatz und -gewinn für die jeweilige Produktabteilung

Diese Zahlen müssen den im Vorfeld vereinbarten Budgetvorgaben entsprechen. Die Parameter zur Bemessung der Produkterstellungs- und Anlieferleistung werden überdies häufig zusammen mit dem Kunden definiert und vereinbart:

– Das Produkt erfüllt vereinbarte Leistungsstandards.

– Die für das Produkt zuständige Abteilung erbringt eine Leistung, die den im Vorfeld vereinbarten Parametern entspricht.

In vielen Fällen verfolgen Produktmanagement und Firmenkundenmanagement unterschiedliche Ziele und halten sich deshalb auch an unterschiedliche Leistungs-kriterien. Dies wird vor allem dann sichtbar, wenn das Unternehmen ein Portfolio betreibt, dessen Produkte entweder kombiniert werden, um die kundenspezifische Lösung zu erhalten und/oder innerhalb dessen ein Produkt das jeweils andere ersetzen kann.

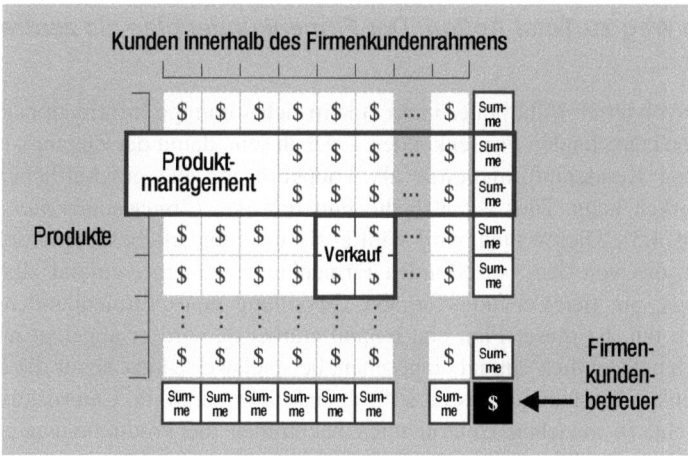

Abb. 3.4 Unterschiedliche Verantwortlichkeiten

Die Zielsetzung des Firmenkundenbetreuers besteht darin, das gesamte Unternehmensportfolio so zu organisieren, dass es für Kunden und Lieferanten einen Wert erbringt. Der Produktmanager seinerseits zielt darauf ab, die eigenen Produktlinien so zu organisieren, dass sie diesen Wert erwirtschaften. Das Verkaufsteam wiederum will eine bestimmte Produktauswahl (manchmal das gesamte Portfolio) für einen ausgewählten Kundenkreis bereitstellen. Sowohl der Produktmanager als auch der Verkaufsmitarbeiter können unterschiedliche Käufer bei demselben Firmenkunden haben. Der Firmenkundenmanager betrachtet das von ihm betreute Unternehmen als Summe der Käufer in dem durch das Unternehmen verkörperten Markt (vgl. Abbildung 3.4).

In einer solchen Situation ist es schwierig, eine Übereinstimmung zwischen den Zielen des Firmenkunden und denen der unterschiedlichen Kontaktpersonen des Anbieterunternehmens, die sich bei dem Firmenkunden in ihrer Tätigkeit überschneiden, herzustellen. Das bedeutet, dass integrierte und kundenorientierte Leistungsparameter nur sehr schwer definiert und umgesetzt werden können. Unternehmen mit derartigen Schwierigkeiten verfallen häufig in die fatale Untätigkeit, von der auch das zuvor beschriebene Versandhaus *Kataloglösungen* betroffen war (vgl. Kapitel 3.3.4):

- Es gibt nur wenige oder gar keine *interaktiven Funktionalitäten*.

- Im Hinblick auf den Kunden und seine Bedürfnisse besteht innerhalb der Organisationsstrukturen lediglich eine *unvollständige Kommunikation*.

Das Firmenkundenteam verfügt vielleicht über ein nahezu lückenloses Kommunikationspotential, kann jedoch sein Wissen innerhalb der eigenen Strukturen trotzdem nicht weitergeben. Der Firmenkundenmanager wiederum hat Schwierigkeiten bei der Einschätzung des Informationsstandes im Verkaufsteam und in den Produktabteilungen.

Auf dem Weg zu Total Action: Der Firmenkundenplan als zentrales Element

Für alle involvierten Mitarbeiter muss eine in sich stimmige Informationsgrundlage über den betreffenden Firmenkunden gegeben sein, damit der Zugang zu diesen spezifischen Kundeninformationen als Triebkraft für alle geschäftlichen Aktivitäten wirken kann. Dies ist auch die Funktion des *Firmenkundenplanes* (vgl. Abbildung 3.5). Dieser Plan wird häufig als unveränderliches Papierdokument betrachtet, das von dem betreffenden Firmenkundenmanager einmal jährlich zu erstellen ist, um der Leistungsvorgabe „Erstellung eines Firmenkundenplanes" Genüge zu tun. Ist dieser Plan erst einmal erarbeitet, wird er abgelegt und vielleicht noch gelegentlich einmal eingesehen, beispielsweise kurz bevor die Prüfung des Firmenkundenplans für das darauf folgende Jahr durch die Unternehmensführung ansteht. In manchen Unternehmen bekommen die Produktmanager diesen Plan niemals zu sehen, es sei denn, sie werden bei einer bestimmten Kundenmaßnahme oder einem besonderen Projekt zur Mitarbeit herangezogen.

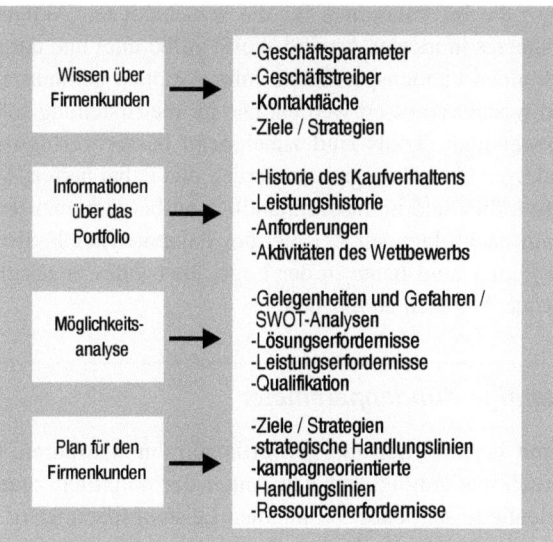

Abb. 3.5 Der Rahmen für einen Firmenkundenplan

Für alle Planungen im Hinblick auf den Kunden sowie Produkte, Verkauf und geschäftliche Aktivitäten sollte der Firmenkundenplan von zentraler Bedeutung sein. Er ist nicht einfach ein „Dokument", sondern sollte *eine interaktive (elektronische) Informationsgrundlage* mit detaillierten Angaben über die Beziehung zwischen Unternehmen und Kunden sowie den spezifischen Geschäftsplan des Unternehmens für den betreffenden Kunden darstellen. Wie aus Abbildung 3.6 ersichtlich wird, kann der Firmenkundenplan in wohl strukturierter elektronischer Form eine gemeinsame Informationsbasis und Planungsgrundlage für das gesamte Unternehmen sein. Auf dieser Grundlage können dann interaktive Funktionalitäten

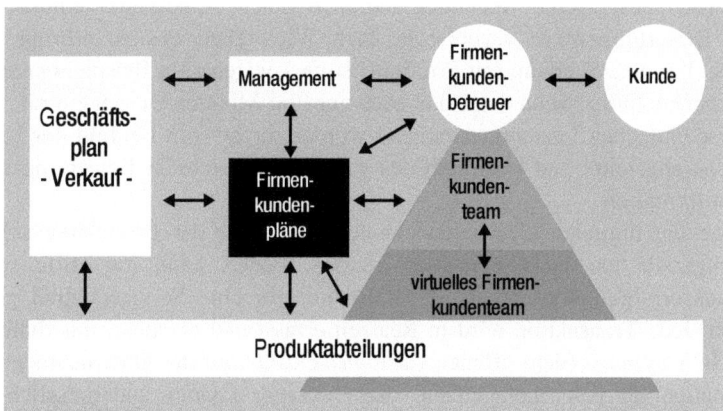

Abb. 3.6 Die zentrale Informationsfunktion des Firmenkundenplanes

aufbauen, so dass die Informationen für die verschiedenen Akteure des betrieblichen Geschäftsnetzes in idealer Art und Weise aufbereitet und dargestellt werden
können. Somit können kundenspezifische Informationen gemeinsam zum Vorteil
aller genutzt und weiter verbessert werden. Die für die Erstellung solcher *Customer
Dashboards* notwendigen Tools sind zunehmend besser verfügbar. Ein solcher
Ansatz kann praktisch überall umgesetzt werden und dabei helfen, Messungen und
Statusangaben zu klären und unmissverständlich aufbereitet anzuzeigen. Das wird
unter anderem am nachfolgenden Beispiel des Paketdienstes FedEx deutlich. Die
Mitarbeiter von FedEx sind heute in der Lage, über jedes zugestellte oder abge-
holte Pakete genaue Angaben zu machen.

FedEx: Eindeutige Kundenparameter

Als FedEx damit begann, Leistungsbewertungen durchzuführen, konzentrierte
sich das Unternehmen anfangs auf den Anteil der pünktlich zugestellten Sendungen und orientierte sich dabei an internen Leistungsparametern. Sehr schnell
erkannte das Unternehmen jedoch, dass die Kundenzufriedenheit viel stärker von
der Zahl der nicht pünktlich zugestellten Sendungen abhing. Bei einer Erfolgsrate von 99,5 % waren das immerhin noch 1,5 Millionen verspätet zugestellte
Sendungen! Die Kunden urteilten außerdem nach der Schwere des unterlaufe-
nen Fehlers. Ein verloren gegangenes Paket hatte mit sehr viel negativeren
Auswirkungen zu rechnen als eines, das lediglich 5 Minuten zu spät eintraf.

FedEx entwickelte einen Servicequalitätsindex auf der Grundlage von 12
verschiedenen Fehlertypen und ihrer relativen Wichtigkeit für den Kunden. Die
Wichtigkeit wurde an einer Skala von 1 bis 10 gemessen. So bedeuteten
beispielsweise ein verloren gegangenes oder beschädigtes Paket oder gar ein
nicht auffindbarer Lieferwagen 10 Fehlerpunkte, während die verspätete
Anlieferung einer Sendung, die jedoch noch am zugesagten Tag eintraf, oder
eine falsch ausgestellte Rechnung lediglich einen Fehlerpunkt einbrachten.
Diese Bewertungsweise variierte je nach Wichtigkeit des zu erbringenden
Service. Für eine Sendung mit Prioritätsstufe 1 waren zum Beispiel bereits 10
Fehlerpunkte fällig, wenn das Paket auch nur fünf Minuten zu spät eintraf.

Diese einfachen Leistungsparameter wurden direkt vom Leitbild des Unternehmens abgeleitet und innerhalb des gesamten Betriebs in Bewertungskrite-
rien umformuliert.

Ohne die digitalen Geschäftstechnologien könnte die Erreichung solcher
Leistungsziele gar nicht gemessen werden. FedEx kann mit Hilfe seines
Auftragsverfolgungssystems (COSMOS) die erbrachte Servicequalität genau
messen. Jede Transaktion wird in Realzeit erfasst und erscheint innerhalb des
COSMOS-Systems (dem offenen *Customer Dashboard* des Unternehmens) als
Information für das Management, die *Customer Leader* und natürlich den
Kunden selbst.

FedEx setzt seine technologischen Funktionalitäten ein, um es seinen Kunden zu ermöglichen, den Transportweg eines bestimmten Pakets genau zu verfolgen. Durch die digitalen Geschäftstechnologien kann FedEx seinen Kunden genau zeigen, welche Leistungen das Unternehmen in welcher Form für sie erbringt. Wir haben bereits festgestellt, dass ein derartig umfangreicher digitaler Kundenzugang zu den Leistungsdaten des Unternehmens auch jede fatale Untätigkeit sofort ans Licht bringt. FedEx geht bei der Darstellung seiner Leistungsparameter gegenüber dem Kunden dennoch sehr offen vor.

Für den Kunden klar ersichtliche Leistungsvorgaben verbunden mit einer direkten Zugangsmöglichkeit zu solchen Daten sind für das *Total Action*-Prinzip von fundamentaler Bedeutung. Ansätze wie ISO 9000 und TQM mögen in vielerlei Hinsicht durchaus hilfreich sein, aber sie frieren bestehende Aktivitäten und Prozesse in einem bestimmten Zustand ein, ohne das Eingehen auf den Kunden weiter zu verbessern.

Kundenzentrierte Leistungsparameter lassen sich unter Zuhilfenahme zweier Grundsätze der *Total Action*-Philosophie formulieren:

– *Orientierung von außen nach innen:* Sind den Mitarbeitern eines Unternehmens erst einmal *die Augen geöffnet*, konzentrieren sich alle Anstrengungen auf die aktuelle, gewünschte oder verpflichtend zu erbringende Leistung. Mit Hilfe des Kunden werden Leistungskriterien definiert und im Unternehmen durchgesetzt.

– *Integrales Management der Zulieferkette:* Als Ansatz wird etwa eine *modulare (Geschäfts-) Netzstruktur* mit einer genauen Definition der Serviceelemente, den zugehörigen Produktionselementen und der Serviceleistung gewählt, welche die Produktionselemente erbringen müssen (das Prozessmodulnetz).

Wie diese Ansätze umzusetzen sind, hängt vom Portfolio, den Entscheidungs-/Kaufprozessen des Kunden und dem Auftragserfüllungsprozess ab (vgl. Abbildung 3.7).

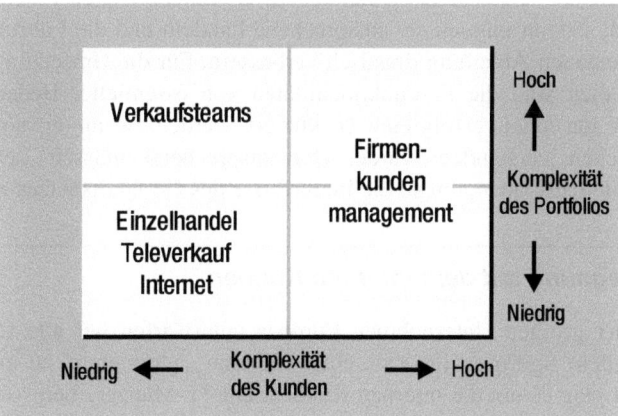

Abb. 3.7 Die Kundenführung in seiner Ausrichtung am Portfolio und am Kunden

Immer wenn es sich um einen komplexen Erfüllungsprozess handelt, benötigt man eine modulare Netzstruktur. Interne Zielvorgaben dürfen nicht zum Zentrum der Aufmerksamkeit werden. Es gilt vielmehr, sich auf die Bewertung der möglichst herausragenden Erfüllungswerte zu konzentrieren. Auch wenn ein Produkt ganz simpel aussieht (wie beispielsweise ein Buch, das per Paket zum bestätigten Termin zugestellt werden muss), kann der dazugehörige Auftragserfüllungsprozess sehr komplex sein.

Wenn es sich um ein umfangreiches Portfolio handelt, sollten die benötigten Informationen über das Portfolio und dessen Wahlmöglichkeiten für den *Customer Leader* und seine Kunden nicht nur verfügbar sein, sondern auch einen echten Wert für sie besitzen. Um dies zu gewährleisten, ist eine strenge Analyse der Serviceelemente erforderlich, so dass der *Customer Leader* bestimmte kundenspezifische Lösungen zusammenstellen kann. Hat man es mit einem komplexen Kunden und einem umfangreichen Portfolio zu tun, muss das virtuelle Kundenteam entsprechend der von außen nach innen gerichteten Sichtweise sowie nach dem modularen (Geschäfts-) Netzansatz vorgehen. Da jedoch die Firmenkundenbetreuung und die Arbeit der Firmenkundenteams mitarbeiterintensiv sind, sollte zunächst ein von außen nach innen gerichteter Ansatz praktiziert werden.

Eine Umsetzung in wissenschaftliche Methoden ist weder einfach noch wünschenswert. Die entscheidenden Erfolgsfaktoren hängen von der Fähigkeit des Unternehmens ab, seine Mitarbeiter für seine Ziele zu motivieren und schnell neue oder verbesserte Erfüllungspotentiale festzulegen.

3.4.4 Kundenzentrierte IT-Systeme

Um die Zukunft ihrer Unternehmen auch im digitalen Zeitalter zu sichern, müssen die IT-Spezialisten schneller als jemals zuvor erkennen, was an Funktionalitäten benötigt wird, sodann müssen sie entsprechend handeln und die Führungskompetenzen ihrer eigenen Abteilung drastisch verbessern. Für die Umsetzung der *Total Action*-Prinzipien sind die IT-Funktionalitäten von essentieller Bedeutung. Der Ansatz kann nur dann erfolgreich praktiziert werden, wenn er von den IT-Verantwortlichen verstanden wurde. Dementsprechend müssen Letztere ihre Funktionalitäten ausbauen, um so die Bedürfnisse des Geschäftsnetzes zu erfüllen.

Eine Begegnung mit dem internen Kunden

In einem der größten Unternehmen Europas unterwarfen wir alle IT-Verantwortlichen dem rigorosen Prozess, einen Kunden „adoptieren" zu müssen. In diesem Fall ging es um die internen Kunden. Die IT-Manager befassten sich in kleinen Teams mit ihren Adoptivkunden, also den jeweiligen internen Abteilungen. Mit Hilfe einer einfachen Scorecard bewerteten die Führungskräfte der betrachteten Abteilungen danach die Leistung der IT-Abteilung aus ihrer ganz spezifischen Kundensicht. Die IT-Verantwortlichen listeten auch ihre Finanzzahlen und zentralen Leistungsindikatoren (KPIs) auf, die sie normalerweise für die Bewertung des von ihnen erbrachten Service gegenüber dem internen Kunden zu Grunde legten. Im nächsten Schritt verglichen die als Kunde fungierende Abteilung und die IT-Manager ihre Daten und Auffassungen mit den im Vorfeld vereinbarten Servicegraden sowie den entsprechenden Werten der Marktführer. Dieser Leistungsvergleich hatte bemerkenswerte Auswirkungen auf die Haltung der IT-Verantwortlichen.

Da sich die meisten IT-Abteilungen in einem dauerhaften Krisenzustand zu befinden scheinen, hatten wir eigentlich erwartet, dass sich die Verantwortlichen mit der üblichen Entschuldigung ständiger Überlastung aus dem Experiment herausreden würden. Das war jedoch nicht der Fall. Die IT-Manager zeigten ein überraschendes Maß an Eifer und Neugier, denn sie wollten beteiligt werden. Im nachfolgenden Schritt trafen Mitarbeiter der unterschiedlichsten Ebenen aus den verschiedenen IT-Bereichen mit ihren internen Kunden zusammen und wurden von Letzteren mit deren Bedürfnissen konfrontiert:

1. Erneuerung ihrer Beziehung zum internen Kunden

2. drastische Kürzung der Kosten und neue Wertschätzung füreinander

3. Vereinbarung neuer Leistungskriterien und Bewertungsmethoden

4. neue Verhaltensnormen

5. Förderung neuer Kompetenzen beim Kunden

Dank dieser gelenkten Konfrontation mit den internen Kunden konnten die Sichtweise der IT-Verantwortlichen verbessert und die wirklichen Bedürfnisse der internen Kunden, also der betroffenen Abteilungen, geklärt werden. Es wurde auch deutlich, welche IT-Unterstützung ein kommerziell tätiger Manager wirklich benötigt, um externe Neukunden zu gewinnen. Ein Vertriebsmanager formulierte die Erkenntnis gegenüber seinem IT-Kollegen folgendermaßen:

> *Ich will nicht wissen, wie umfangreich das System ist, oder wie viele Transaktionen es pro Sekunde abwickeln kann. Mich interessiert genauso wenig, wie schnell die Kommunikationsverbindungen funktionieren. Was ich wissen will, ist, wer meine Kunden sind, wie viel sie ausgeben, was sie bisher gekauft haben, und was sie in Zukunft kaufen werden.*

3.4.5 Kundenzentrierter Wandel

Wenn sich Mitarbeiter einmal an eine Funktionsweise nach dem *Total Action*-Prinzip gewöhnt haben, dann ist es für sie nur natürlich, Mängel im Kundenservice-Kreislauf auszumachen und kleine oder größere Korrekturen zu deren Behebung durchzuführen. Das Management setzt zwar seine häufig nahezu unerschöpflichen

Möglichkeiten ein, um den „prinzipiellen" Wandel zu fördern, es achtet aber gleichzeitig darauf, dass dieser Wandel sie selbst möglichst nicht betrifft. Der Auslöser für einen erfolgreichen Kampf gegen den Zustand fataler Untätigkeit kommt normalerweise von außen. Ein interner Wandel vollzieht sich in den meisten Organisationsstrukturen äußerst langsam, es sei denn, alle Mitarbeiter sind sich der bevorstehenden Krise in hohem Maße bewusst. Für ein in fataler Weise untätiges Unternehmen besteht der interne Wandel häufig lediglich in einem „Stühlerücken auf dem Deck der *Titanic*". Änderungen vollziehen sich nur selten klar und geordnet. In den meisten Fällen kommt es zu Unklarheiten und Verwicklungen. Verbesserungen in einem Bereich des Unternehmens führen zu Turbulenzen in anderen Bereichen. Die Mitarbeiter sehnen sich nach der alten Stabilität, und deshalb versucht das Unternehmen meist auch unter Stützung auf die alte starre, aber zwingende Logik, den Wandel abzufangen und massiven Widerstand zu leisten. Nur die Logik des Kunden kann diese völlig nach innen gerichtete Logik überwinden – was wahrlich kein leichtes oder bequemes Unterfangen ist! Kundenzentrierter Wandel kann zu positiven Ergebnissen führen, wenn das Unternehmen einen vernünftigen Ansatz verfolgt und sich auf die Umstrukturierung (oder De-Strukturierung und Neukonfiguration) kritischer Kundenprozesse konzentriert. Wenn sich Menschen individuell oder kollektiv einem gemeinsamen Handlungsfokus gegenübersehen und ihre Möglichkeiten drastisch eingeschränkt sind, dann werden sie auch mobil. Die Autoren haben festgestellt, dass dies in besonderem Maße für komplexe Organisationsstrukturen zutrifft. Ein Feindbild muss her! Die Mitarbeiter des Unternehmens müssen einen Feind vor sich sehen, der ihren bequemen Status Quo zerstört und sie selbst bedroht. Einige werden in einer solchen Situation versuchen zu fliehen (die sogenannten Unternehmensflüchtlinge), andere werden sich einen Führer suchen, auf den sie alle ihre Anstrengungen ausrichten können. Wieder andere werden sich selbst zu Führern ernennen und das Überleben ihres Unternehmens zu sichern suchen.

Der wahre Führer des Wandels erkennt die Notwendigkeit von Veränderungen und mobilisiert die dazu nötigen Kräfte, noch bevor sie dringend gebraucht werden. Dieser Führer hat erkannt, wohin die Reise geht und verspürt den Drang, die Zukunft aktiv zu gestalten. Die Autoren haben solche Führungspersönlichkeiten kennen gelernt und mit ihnen gearbeitet. Viele sind ältere, hochrangige Manager und in einigen Fällen sogar Vorstandsmitglieder ihrer Unternehmen, die ein besonderes Gespür für herannahende Katastrophen besitzen. Als Beispiele mögen die Führungskräfte einiger Telefongesellschaften dienen, die aus den konventionellen Regierungsbehörden mit Monopolstellung im Telekommunikationsmarkt hervorgingen. Im Laufe der Deregulierungsbemühungen wandelten sich viele dieser Telefongesellschaften von Grund auf und richteten sich vollständig am Kunden aus, da sie erkannt hatten, wie massiv die Folgen des künftigen Wettbewerbs sein würden. Diese Gesellschaften haben verstanden, dass Unzufriedenheit beim Kunden in einer totalen Krise enden kann:

- Die Kunden sind unzufrieden und suchen nach Alternativlösungen.
- Der Wettbewerb übernimmt das Geschäft.
- Wertvolle Mitarbeiter verlassen das Unternehmen.
- Die Banken ziehen sich zurück, die Aktionäre wandern ab, und das Unternehmen kann die Gehälter nicht mehr zahlen.

Ist ein Unternehmen erst einmal bei diesem Endstadium angekommen, ist es für eine Rettung viel zu spät. Deshalb geht es darum, bereits ganz am Anfang das notwendige Gefühl der absoluten Dringlichkeit in einem Unternehmen spürbar werden zu lassen. Das muss geschehen, solange der Kunde „nur" unzufrieden ist. Darin liegt die Essenz einer Mobilisierung *von außen nach innen*. Alle Bemühungen setzen beim Kunden an. Die Verärgerung des Kunden muss im gesamten Unternehmen spürbar werden. Dazu müssen zwei Fragen beantwortet werden:

- Wie sieht der Prozess der Mobilisierung von außen nach innen aus?
- Welche organisationstechnischen Faktoren sind relevant?

Wir haben die wichtigsten Aktivitäten einer Mobilisierung von außen nach innen bereits behandelt. Nun gilt es, die „organisationstechnischen Faktoren" anzusprechen. Ändert man einen Aspekt einer Organisationsstruktur, kommt es dadurch oft zu einer unerwarteten Verschlechterung der Situation an anderen Stellen dieser Struktur. Deshalb sollte man nur dann Veränderungen an einzelnen Variablen vornehmen, wenn man damit bewusst Veränderungen an anderen Variablen auslösen will.

3.4.6 Die 4Ps der *Total Action*-Ansatzes

Vier Faktoren sind in organisationstechnischer Hinsicht von entscheidender Bedeutung (vgl. Abbildung 3.8): Personen, Prozesse, Plattformen und Portfolio. Diese sogenannten „4Ps" müssen im Zusammenspiel so funktionieren, dass bei allen Kundenkontakten hervorragende Leistungen erzielt werden, unabhängig davon, wo und wann dieser Kundenkontakt stattfindet, oder wie die Zugangsmöglichkeiten des Kunden bzw. das betreffende Unternehmen selbst aussehen.

- *Personen:* diejenigen mit Kundenkontakt und diejenigen, welche ihn unterstützen
- *Prozesse:* die Funktionsweise von Personen und Organisationssystemen sowie ihre Koordinierung und Leistungsbeauftragung für den Kundenkontakt bzw. Wissensgewinn aus dem Kundenkontakt
- *Informationsplattformen:* die infrastrukturellen Gegebenheiten zur Sammlung, Verarbeitung und Bereitstellung von Informationen für die Person mit Kundenkontakt, die relevanten Unternehmensmitarbeiter, den Kunden und externe Lieferanten

- *Portfolio:* die Kombination von Produkten, Dienstleistungen und Fertigkeiten, mit denen das Unternehmen für den Kunden einen Wert erwirtschaftet
- Zwei Beispiele mögen die Relevanz dieser 4Ps verdeutlichen:

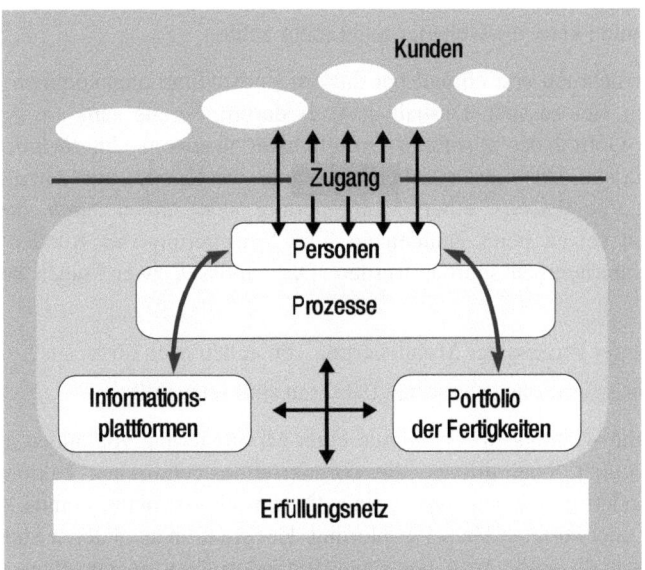

Abb. 3.8 Die 4Ps der Leistung (für den Kunden)

Die 4Ps: Der Gasmann kommt

Ihr Gasofen funktioniert nicht richtig. Unter Aufbietung all ihrer Überzeugungskünste ringen Sie dem Kundendienst die Zusage ab, dass einer ihrer Mitarbeiter am Mittwochmorgen vorbeischaut. Sie sagen mehrere Termine ab und warten dann den ganzen Tag über daheim. Doch niemand erscheint. Schließlich rufen Sie den Help Desk (mit anderen Worten, die stets hilfsbereiten Damen im Call Center) an und fragen nach. Die hilfsbereite Dame ist nicht sehr hilfreich. Sie bestätigt, dass ein Kundendiensttermin bei Ihnen eingetragen war, kann Ihnen aber keinerlei weiterführende Informationen geben. Sie weiß auch nicht, weshalb der Termin nicht eingehalten wurde. Sie versichert Ihnen jedoch, dass sie den zuständigen Vorgesetzten benachrichtigen wird.

Am Mittwochabend erhalten Sie (natürlich während des Abendessens) zwei Anrufe. Es hat also doch interne Kommunikation stattgefunden! Der erste Anrufer ist der verantwortliche Kundendienst-Mitarbeiter. Er entschuldigt sich für sein Nichterscheinen und schlägt Ihnen einen neuen Termin vor. Ist Ihnen Donnerstag recht? Lieber morgens oder abends? Der zweite Anruf stammt vom verantwortlichen Vorgesetzten in der Kundendienst-Abteilung. Auch er entschuldigt sich artig für den unterlassenen Besuch und stimmt dem neu vereinbarten Termin am nächsten Tag noch einmal zu (Oder doch lieber abends und nicht am Morgen?).

Sie bleiben am Donnerstag also wieder einmal zu Hause. Und wieder taucht niemand auf! Also beginnen Sie das Spiel wieder von vorn. Doch dieses Mal! machen Sie sich die Mühe und fragen nach, warum denn niemand kam. Das Nichterscheinen am Mittwoch wird mit der Entschuldigung „Zeit zu knapp bemessen" erklärt, am Donnerstag waren es nun die „Verkehrsstaus". Am Freitag taucht der Kundendienst-Mitarbeiter dann endlich doch auf und hat den Ofen in knapp 10 Minuten repariert.

Was ist an diesem Fall außer der Tatsache Ihrer enormen Verärgerung bemerkenswert? Das Personal am Help Desk hatte keinerlei Möglichkeit, mit dem Kundendienst-Mitarbeiter zu kommunizieren. Man muss kein Genie sein, um haarscharf zu schließen, dass ein Mitarbeiter des Kundendienstes im Vorfeld weiß, ob er einen Termin noch wahrnehmen kann, oder ob er ihn verschieben muss und (unter Zuhilfenahme eines recht simplen Nachrichtenübermittlungssystems) den Kundenservice-Desk oder am besten gleich den Kunden selbst dementsprechend informieren sollte.

Und weshalb ist das so wichtig? Nicht nur, weil der Kunde extrem verärgert und unzufrieden ist, sondern auch, weil das Unternehmen durch das Missmanagement seiner knappen Ressourcen beträchtliche Kosten auf sich nimmt.

Mit Hilfe der 4Ps können wir die Situation besser verstehen:

– *Personen:* Hier waren die Mitarbeiter nicht in der Lage, den Service zu erbringen, der für den Kunden wichtig war. Vielleicht besteht die Aufgabe des Help Desk ja lediglich darin, sich mit Anfragen zur Rechnungsstellung oder den „üblichen" Beschwerden auseinanderzusetzen. Es scheint nicht seine Aufgabe zu sein, auch andere, für den Kunden wichtige Fragen zu beantworten. Außerdem scheint die Einsatzplanung für Kundendienstmitarbeiter (wie auch deren Umsetzung) völlig in der Verantwortung des Kundendienstes selbst zu liegen, und dieser kann vom Help Desk aus offensichtlich nicht ohne größere Probleme kontaktiert werden. Wir haben es hier mit einer „funktionalen" Organisationsstruktur zu tun.

– *Prozesse:* Für die Erfüllung spezifischer Kundenanforderungen wurden bisher weder Prozesse definiert noch eingeführt. Falls es sie gibt, sind sie jedenfalls für den Kunden und das Personal am Help Desk nicht nachvollziehbar. Die einzelnen Aktivitäten werden nicht ausgehend vom Kontakt mit dem Kunden mit einer von außen nach innen gerichteten Perspektive geplant. Es gibt kein echtes Prozessdenken, das eine positive Kundenlösung ermöglichen würde.

– *Portfolio:* Das Portfolio nutzbarer Kapazitäten wird nicht aktiviert. Stattdessen wird ein Produktkatalog eingesetzt. Wartungsarbeiten, die einen Besuch durch einen Kundendienstmitarbeiter erfordern, sind zwar ein Produkt, für das der Kunde gezahlt hat, doch verfügt das Unternehmen nicht über die nötigen

Kapazitäten, um dieses Produkt entsprechend den kundeneigenen Leistungsparametern auch verfügbar zu machen.

– *Plattformen:* Es werden keine Informationsplattformen eingesetzt, um zu gewährleisten, dass der den Kunden bedienende Mitarbeiter Zugang zu den nötigen Informationen erhält. Natürlich gibt es diese Informationen irgendwo im Unternehmen, jedoch werden sie weder systematisch erfasst noch untereinander kommuniziert. Dieser grobe Missstand ist in den meisten Unternehmen zu beobachten. Man weiß nicht, welche Informationen man in einer bestimmten Situation bräuchte und hat auch keine Ahnung, wo diese Informationen zu finden sind. Wahrscheinlich wurden einfach niemals die richtigen Fragen gestellt.

Das muss aber nicht so sein. Es geht auch anders:

Die 4Ps: Die Deutsche Bahn

Man vergleiche das Beispiel mit dem Gasmann mit einer Episode, wie wir sie in einem deutschen Zug auf dem Weg von Köln nach Amsterdam beobachten konnten. Dort kam der Schaffner auf der Suche nach dem Oberkellner mit einem sehr aufgeregten Fahrgast in den Speisewagen. Der Fahrgast war anscheinend Brasilianer und sprach nur sehr schlecht Englisch. Da das Englisch des Schaffners sich als noch rudimentärer erwies, wandte sich dieser an den Oberkellner, der fließend Englisch sprach. Es stellte sich heraus, dass der brasilianische Fahrgast beim Umsteigen in Köln seinen Rucksack in einem anderen Zug vergessen hatte. Natürlich waren mit dem Rucksack auch sein Pass, Bargeld, eine Kamera und andere wichtige Gegenstände in dem anderen Zug geblieben.

Normalerweise hätte man jetzt erwartet, dass der Schaffner dem Touristen einen Zettel mit der Telefonnummer des Fundbüros der Bahn (in dem man dann hoffentlich besser Englisch oder am besten gleich brasilianisches Portugiesisch spricht) in die Hand drücken und ihn dann wieder seinem Unglück überlassen würde. In diesem Fall reagierten der Schaffner und der Oberkellner jedoch völlig anders.

Der Kellner befragte den Fahrgast um herauszufinden, mit welchem Zug dieser bis Köln gefahren war, und in ungefähr welchem Abteil der Rucksack liegengeblieben war. Dann schickte der Schaffner eine Nachricht an den betreffenden Zug und veranlasste, dass man dort den Rucksack suchen ging. Sehr schnell hellte sich die Miene des armen Touristen auf. Man vereinbarte einen Ort am nächsten gemeinsamen Haltebahnhof, an dem der Rucksack zur Abholung hinterlegt würde, und bald konnte der hoch erfreute Fahrgast sein Gepäck wieder im Empfang nehmen. Nach dieser Episode betrachteten viele der Gäste im Speisewagen, die das Ereignis mitverfolgt hatten, die Deutsche Bahn mit neuen Augen!

In diesem Fall funktionierten folgende Elemente auf völlig andere Weise:

- *Personen:* Hier reagierten die Mitarbeiter sehr wirkungsvoll auf die Situation und überschritten dabei vielleicht sogar ihren Kompetenzbereich. Es gelang ihnen, von dem betroffenen Fahrgast die entscheidenden Informationen zu erhalten, und sie waren in der Lage, diese zur Lösung des Problems nutzbringend einzusetzen.
- *Prozesse:* Um eine Lösung für das Problem zu finden, wurden Prozesse angestoßen und gelenkt durchlaufen. Es ging darum, unter Rückgriff auf das Verfügbare die Kundenanforderung (Gebt mir meinen Rucksack zurück!) zu erfüllen.
- *Portfolio:* Die Kapazitäten der Bahn wurden sichtbar aktiviert. Natürlich ging es hier nicht darum, eines der verfügbaren Produkte anzubieten (das für die Lösung dieses Problems verantwortliche Produkt wäre das Fundbüro gewesen, welches das Problem in dem betreffenden Fall sicherlich nicht gelöst hätte), sondern es wurden zusätzliche Kapazitäten mobilisiert.
- *Plattformen:* Die verfügbaren Informationsplattformen wurden aktiviert, um mit den in dieser Situation helfend eingreifenden Parteien zu kommunizieren.

Einer der größten Fehler bei vielen Initiativen für Veränderung liegt in der Nichtbeachtung der Beziehungs- und Abhängigkeitsaspekte innerhalb dieser 4Ps. Allzu häufig konzentriert man sich lediglich auf eines oder zwei dieser Elemente. Ein solches Verhalten führt dann zu kurzfristigen Lösungen, die langfristig keinen Bestand haben. Die Vernachlässigung der anderen Elemente kann auch zu unerwarteten Negativergebnissen führen. Betrachten wir zum Beispiel einmal Firmenkundenbetreuer, die eine Schulung mitgemacht haben, um die Konzepte ihrer Kunden sowie deren Umsetzung besser zu verstehen. Wenn sie nach der Schulung an ihren Schreibtisch zurückkehren, stellen sie dort fest:

- Die von ihnen benötigten Informationen sind nicht problemlos verfügbar (Woher bekomme ich die Umsatzdaten und die bisherigen Gewinnzahlen meines Kunden?)
- Innerhalb des Unternehmens gibt es keine effizient funktionierenden Verbindungen. Die entsprechenden Prozesse fehlen (Ich soll Produktmanagement in meinem Kundenteam einführen, und die wissen nicht einmal, wer ich bin, oder was meine Aufgabe ist ...).
- Die Mitarbeiter können das verfügbare Portfolio nicht in Kundenlösungen umsetzen (das Portfolio ist schlecht definiert und nicht in einer leicht nutzbaren Form verfügbar).

Wenn bei einem oder mehreren Elementen eine Veränderung eintritt, führt das oft zu Konflikten und schmerzvollen Erfahrungen bei den anderen Elementen. Solche Spannungen wird es immer geben. Wichtig ist deshalb vor allem, wie man damit umgeht!

3.5 Die *Total Action* Scorecard

In seiner Anwendung konzentriert sich *Total Action* auf kurzfristige Leistungser-
gebnisse. Der Ansatz zielt darauf ab, die auf interne, nicht kundenorientierte
Aktivitäten verschwendeten zeitlichen und materiellen Ressourcen zu reduzieren.
Gleichzeitig verbessern sich die Kommunikationsmöglichkeiten und steigt der
Wertertrag mit jedem Kundenkontakt. Um *Total Action* richtig einschätzen zu
können, müssen zunächst alle Symptome fataler Untätigkeit in einer Organisationsstruktur identifiziert und ausgemerzt werden. Für den Kunden ist ein solch
fataler Aktivitätsmangel oft nur allzu offensichtlich, aber er wird nur selten auch
innerhalb des Unternehmens klar erkennbar. Die Beantwortung zweier Fragen ist
ausschlaggebend, wenn in einem Unternehmen die Notwendigkeit von *Total
Action* diskutiert wird:

– *Autismus des Unternehmens:* Inwieweit bestimmen kundenorientierte Aktivitäten die internen Abläufe?

– *Interaktives Potential:* Wie gut sind die interaktiven Möglichkeiten entwickelt,
  und inwieweit werden sie zur Förderung einer lückenlosen Kommunikation und
  eines direkten Zugangs zu relevanten Informationen genutzt?

Die erste Frage bezieht sich auf die aktuellen Prozesse und den derzeit gültigen
Handlungsstil im Unternehmen. Es geht um Verhalten und Kultur im Unternehmen,
die sich im Negativfall als fatale Untätigkeit manifestieren. Können Autismus oder
Untätigkeit quantitativ gemessen werden? Wir sprachen in diesem Kapitel bereits
davon, dass es sehr hilfreich sein kann zu analysieren, für welche Tätigkeiten
führende Mitarbeiter des Unternehmens den Großteil ihrer Arbeitszeit verwenden.
Nur so kann der Grad ihrer Orientierung von außen nach innen festgestellt werden.
Es handelt sich bei dieser Vorgehensweise zwar um einem simplen Mechanismus,
der einfach zu praktizieren ist, aber er gibt weder genauen Aufschluss über den
wahren Autismus im Unternehmen, noch enthält er Hinweise darauf, wie dieser zu
bekämpfen ist.

Es ist viel schwieriger, den Grad des Autismus zu messen, von dem ein Unternehmen befallen ist. Es geht darum, eine qualitative Bewertung der Kommunikationsmuster innerhalb des Unternehmens, aber auch zwischen dem Unternehmen
und seinen Kunden sowie den Geschäftspartnern vorzunehmen. Solche Bewer-
tungsmaßnahmen sind zeitraubend und lenken die Mitarbeiter von ihrem Ziel ab,
den Zustand des Autismus zu überwinden. Sehr aufschlussreich kann deshalb auch
das Wirkungspotential der intern gewonnenen Erkenntnis sein, dass „wir Kunden
haben, diese wählen können, und dass ihre Wahl beträchtliche Auswirkungen auf
uns hat".

Die zweite Frage ist eher technischer Natur: Welche Kommunikationsplattformen gibt es, inwieweit ist ein Informationsaustausch möglich, und hat das Auswirkungen auf die Bestimmung unserer gemeinsamen Ziele? Nur weil ein Unternehmen über die entsprechenden Technologien verfügt, heißt das noch nicht, dass
dieses Unternehmen dann auch den Kunden in vorbildlicher Weise zufrieden stellt.
Die Beziehung zwischen interaktiven Funktionalitäten und Leistungen gegenüber

dem Kunden ist durchaus komplex. Einige Unternehmen sind beispielsweise nicht in der Lage, ihre enorm fortschrittliche Technologie zum Nutzen des Kunden einzusetzen, wohingegen andere eine klare Vorstellung von den Bedürfnissen ihres kollektiven Kunden besitzen und in manchen Fällen sogar ohne Unterstützung durch die neuen digitalen Technologien ausgezeichnete Leistungen erbringen.

Die zentralen Fragen

Die wahren Fragestellungen müssen sich mit dem aktuellen Leistungsbild gegenüber dem Kunden und mit ihm befassen. Als führender Manager sollten Sie die folgenden Fragen stellen:

- Ist die derzeitige Leistung meines Unternehmens angemessen? Sind unser Wissen über den Kunden und seine Aktivitäten für uns handlungsweisend in unserem Verhalten gegenüber dem Kunden?
- Wird dieses Wissen kommuniziert, verfügbar gemacht, und wird entsprechend gehandelt? Fördern wir eine möglichst lückenlose Kommunikation sowie den direkten Zugang zu Informationen?

Bewertung Ihrer Organisation

Die meisten Unternehmen können von der Einführung des *Total Action*-Prinzips nur profitieren. Die Messung des aktuellen Leistungsbildes gegenüber dem Kunden orientiert sich am Grad der Blickrichtung von außen nach innen. Diese anfängliche Messung kann zur Grundlage einer ersten Einschätzung entsprechend den Grundsätzen von *Total Action* werden oder auf der Basis spezifischer Messkriterien für jeden Kunden bzw. jede Kundengruppe eine aktuelle Erfolgsrate für das Unternehmen ergeben.

Es ist schwierig, ein Standardverfahren zur Messung dieser Werte zu erarbeiten. In manchen Fällen sind die Messkriterien stark quantifiziert, beispielsweise in Form von Umsatzzahlen pro Kunde, Margen, Geschwindigkeit oder Kosten der Leistungserstellung, in Anspruch genommenem Umfang des Portfolios, Anteil am Kundenbudget usw. Weniger leicht quantifizierbar, aber von ebensolcher Bedeutung sind das Zukunftspotential, die Opportunitätskosten, die Wettbewerbsposition, der strategische Wert und ähnliche Faktoren.

Wenn Sie die *Total Action Scorecard* einsetzen, bitten Sie möglichst eine repräsentative Auswahl von Kunden, die Namen derjenigen Mitarbeiter Ihres Unternehmens zu nennen, die mit ihnen in direktem oder indirektem Kontakt stehen. Dann analysieren Sie die größere Gruppe von Mitarbeitern und Funktionen, die bei jedem einzelnen Kunden an dessen Kundenservice-Kreislauf beteiligt sind.

Bitten Sie alle genannten Mitarbeiter, die beiden Fragebögen auszufüllen und bei ihren Antworten die Werte aus der Skala von 1 bis 5 zu verwenden (1 = stimmt überhaupt nicht; 2 = stimmt nicht; 3 = neutral; 4 = stimmt; 5 = stimmt völlig). Die Antworten können dann insbesondere unter Berücksichtigung der Funktion des jeweils Befragten analysiert werden.

Die Total Action Scorecard

Die Interessen des Kunden: Inwieweit bestimmen die Aktivitäten des Kunden unsere internen Abläufe?

1. Ich verbringe den Großteil meiner Arbeitszeit mit der Bearbeitung von Kundenwünschen.

2. Ich weiß, was der Kunde will.

3. Ich bin mir bewusst, was wir für diesen Kunden tun können.

4. Ich weiß, was wir für diesen Kunden planen.

5. Ich weiß, wer in unserer Organisationsstruktur die Hauptverantwortung für diesen Kunden trägt.

6. Ich kenne meine Rolle und weiß, welchen Beitrag ich zu leisten habe, um den Kunden zufrieden zu stellen.

7. Wir bieten dem Kunden einen soliden Wert, der das Angebot unserer Mitbewerber an den Kunden übersteigt.

8. Der Kunde ist davon überzeugt, dass wir ihm einen soliden Wert bieten.

9. Mein Vorgesetzter ist der Auffassung, dass wir mit diesem Kunden einen soliden Wert erwirtschaften.

10. Ich unterlasse Handlungen, die für den Kunden wertlos sind.

Jede Frage ist nach folgender Wertzuordnung mit einer Punktzahl zwischen 1 und 5 zu beantworten:

1 = stimmt überhaupt nicht; 2 = stimmt nicht; 3 = neutral;
4 = stimmt; 5 = stimmt völlig.

Interaktive Fertigkeiten: Inwieweit fördern sie die totale Kommunikation und den direkten Zugang zu Informationen?

1. Wir wissen alles Notwendige über unseren Kunden.

2. Wir haben korrekte Daten über unsere Leistungen für den Kunden.

3. Unsere Informationen über den Kunden sind immer aktuell und vollständig.

4. Ich erhalte leicht Zugang zu unseren Informationen über den Kunden.

5. Innerhalb unserer Organisationsstruktur habe ich direkten Zugang zu dem für den Kunden verantwortlichen Mitarbeiter.

6. Der Kunde kann jederzeit mit uns in Kontakt treten.

7. Wir wissen von jeder Kontaktaufnahme des Kunden mit uns.

8. Zur Verbesserung unserer Leistung analysieren wir regelmäßig unsere Informationen über den Kunden.

9. Alle Abteilungen unseres Unternehmens wie auch unserer Geschäftspartner haben Zugang zu denselben Informationen über unseren Kunden.

10. Unsere Führung ist bemüht, allen Beteiligten direkten Zugang zu relevanten Kundeninformationen zu gewähren.

3.6 Das Ganze ist größer als die Summe seiner Teile

Bei dem *Total Action*-Ansatz geht es vor allem um Folgendes:

- Der Kunde rückt wieder ins Zentrum der Entscheidungsfindung.
- Es wird ein direkter Zugang zu kundenrelevanten Informationen geschaffen.
- Für die Zuliefer- (oder Bedarfs-) Kette wird ein integrales Management prak-
  tiziert.

Diese Aspekte können in verschiedenen Situationen unterschiedliche Prioritäten
haben. Sie müssen auch nicht gleichzeitig angegangen werden. Es ist jedoch wichtig zu erkennen, dass die Verhaltensaspekte im Kontakt mit dem Kunden sowie
die Bereitstellung von Informationen sich insgesamt verbessern müssen. Es hat
beispielsweise keinen Sinn, ein *Customer Action Team* aufzustellen, wenn keine
angemessenen Informationen über die Leistungen gegenüber dem Kunden vorliegen und die notwendigen Einrichtungen für die Kommunikation und den Austausch solcher Informationen fehlen. Ohne diese können die Kundenteams sich in
ihrer Arbeit nicht auf die Wünsche des Kunden konzentrieren. Im Ergebnis hat es
dann vielleicht eine ganze Reihe von Schulungen und vielerlei Diskussionen
gegeben, aber es ist nicht zu dauerhaften Leistungsverbesserungen gekommen.

Letztlich geht es doch darum, den Kunden immer wieder neu zu entdecken.
Das *Customer Action Team* muss beim Kunden ansetzen und unter Anleitung
führender Manager ein umfassendes Bild vom Kunden des Unternehmens sowie
dem interaktiven Austausch zwischen beiden gewinnen.

Zusammenfassend hier noch einmal die zentralen Punkte:

- Es gilt, die Anforderungen der Kunden mit Hilfe von *Kundenbefragungen* und
  Fokusgruppen in die geforderte Leistung umzusetzen. Messen Sie die aktuellen
  Leistungen Ihres Unternehmens, und bestimmen Sie die Diskrepanz zwischen
  der erbrachten Leistung und der ursprünglichen Anforderung. Bewerten Sie
  außerdem die Interaktionskanäle und Kontaktpunkte zwischen Ihrem
  Unternehmen und Ihren Kunden, und sorgen Sie für Verbesserungen.
- *Erfüllen Sie die Vision und das Leitbild des Unternehmens für das Customer
  Action Team und seine Mitarbeiter mit neuem Leben!* Der *Customer Leader*
  wie auch das *Customer Action Team* müssen ein klares Verständnis von der
  Unternehmensvision besitzen und die richtigen Fragen stellen. Was ist in
  meinem Geschäft wichtig? Genauso müssen sie sich über ihre spezielle Auf-
  gabe im Klaren sein. Welche Funktion habe ich selbst in diesem Geschäft?
- *Das unbedingte Engagement für den Kunden muss fest in der Organisations-
  struktur verankert werden.* Machen Sie den Kunden und den Erfolg mit dem
  und für den Kunden zum zentralen Element aller Tätigkeiten in Ihrem
  Unternehmen! Arbeiten Sie darauf hin, dass alle Führungskräfte und
  Mitarbeitergruppen in der Verwaltung einen Kunden „adoptieren" und ein
  Verständnis dafür entwickeln, wie das Unternehmen agieren muss, um in der
  Welt dieses Kunden erfolgreich zu sein.

- *Statten Sie das Customer Action Team mit den notwendigen Kompetenzen aus!* Richten Sie unternehmensweit (auf den verschiedenen Ebenen und in den verschiedenen Bereichen) *Customer Action Teams* ein. Achten Sie darauf, dass diese Teams mit den nötigen Befugnissen ausgestattet und mit einem eindeutigen Mandat zur Verbesserung der Leistungen gegenüber dem Kunden versehen sind. Das bedeutet, dass sowohl die Teamführung als auch die Mitglieder die dazu unabdingbaren qualitativen Verbesserungen bestimmen und entsprechend handeln müssen.

- *Gewährleisten Sie einen direkten Zugang zu kundenrelevanten Informationen.* Die *Customer Action Teams* müssen durch direkte Kommunikationsmöglichkeiten mit dem Kunden sowie innerhalb der eigenen Strukturen in die Lage versetzt werden, mit Nachdruck zu handeln. Dieser Ansatz basiert auf dem *Customer Dashboard* als entscheidender Grundlage. Diese Funktionalität garantiert den allgemeinen Zugang zu den Kundendaten und fördert den geschäftlichen Arbeitsablauf innerhalb der Organisationsstruktur.

4 *Total Action* in der Anwendung: Einige Fallstudien

Wenn ein Unternehmen sich dem Total Action-Ansatz verschrieben hat, ranken sich seine Leistungen und Entscheidungsprozesse um das einzig mögliche Zentrum aller Entscheidungsfindung: den Kunden. Ein solches Unternehmen handelt schneller und wirkungsvoller als jeder andere Wettbewerber bei jedem möglichen Kundenkontakt. Die Customer Leader haben die Hauptziele des Unternehmens – seine Vision und sein Leitbild – verstanden und legen sie für jeden einzelnen Kunden neu aus. So lenken sie den Service-Kreislauf für jeden ihrer Kunden und werden dabei unterstützt von einem Team gut informierter und hoch qualifizierter Mitarbeiter, dem Customer Action Team. Dieses Team kennt die Anforderungen des Kunden in allen Einzelheiten und weiß seine Möglichkeiten für eine lückenlose Kommunikation zu jedem Zeitpunkt und bei jedem Kundenkontakt in idealer Weise zu nutzen. Die Erfüllung der Wünsche des Kunden durch das Unternehmen erfolgt auf wirkungsvolle, einfühlsame und flexible Art und Weise, gestützt durch ein integrales Management der Bedarfskette. Das Unternehmen ist strategisch flexibel und fähig, seine Abläufe selbst zu organisieren, denn es verfügt auf Grund einer effizienten Nutzung der digitalen Technologien über hochgradig interaktive Kapazitäten und eine nahezu lückenlose Kommunikationsstruktur.

4.1 Was ist aus diesen Fallstudien zu lernen?

Organisationsstrukturen, die von fataler Untätigkeit befallen sind, sind leicht zu erkennen. Über ihre Misserfolge bei der Erbringung von Leistungen für den Kunden und letztlich auch für sich selbst kann nicht hinweggetäuscht werden.

Wie erkennt man aber nun ein Unternehmen, das sich ganz dem *Total Action*-Prinzip verschrieben hat? Der Anblick eines solchen Betriebes überrascht und erfreut den Betrachter, denn er hat es hier mit ausgezeichneten Leistungen zu tun. Dies gilt nicht nur für die Qualität der Interaktion mit dem Kunden, sondern auch für die Fähigkeit des Unternehmens, die gestellten Erwartungen zu erfüllen. Ähnlich dem Anblick eines gut gebauten Schiffs ist auch ein Unternehmen mit erstklassigen Leistungen ein ästhetischer Genuss. Es überrascht, wie herausragend auch der Umgang des Unternehmens mit dem Kunden und Betrachter abläuft, und erfreut, wie zuverlässig die eigenen Erwartungen erfüllt werden.

In den vorangegangenen Kapiteln untersuchten wir eine Reihe von Beispielen, in denen wir Organisationsstrukturen analysierten, die Eigenschaften von *Total Action* aufwiesen. Solche Strukturen, die sich den Prinzipien von *Total Action* annähern, besitzen folgende Merkmale:

- Sie stellen den Kunden ins Zentrum ihrer Entscheidungsfindung.
- Sie garantieren den notwendigen Zugang zu kundenrelevanten Informationen.
- Sie gewährleisten ein integrales Management der Bedarfskette.

Um das zu erreichen, gilt es, eine von außen nach innen gerichtete Sichtweise anzunehmen und die Möglichkeiten der digitalen Technologien nutzbringend zur Steigerung der externen und internen Produktivität einzusetzen.

In diesem Kapitel wollen wir unseren Fallstudienkatalog vorstellen. Dazu haben wir sechs Organisationsstrukturen ausgewählt, die sich alle an den Prinzipien von *Total Action* orientieren. Vielleicht funktioniert bei ihnen noch nicht alles in perfekter Art und Weise, aber diese Organisationen haben die Grundprinzipien des Ansatzes bereits erfolgreich umgesetzt. Von verschiedenen Situationen ausgehend und aus unterschiedlichen Beweggründen haben die beschriebenen Organisationsstrukturen versucht, folgende Aspekte zu berücksichtigen:

- Handeln bereits zum Zeitpunkt des Kundenkontakts
- Ausrichtung aller Aktivitäten auf den Kunden
- Ausbau der interaktiven Kapazitäten

Die Autoren haben viele Organisationsstrukturen kennen gelernt, welche die Bedrohung der fatalen Untätigkeit erkannten und sich deshalb der Zielsetzung verschrieben, ein Unternehmen mit *Total Action* zu werden. Allerdings erreichten die meisten dieses Ziel nicht. Doch bereits durch ihr echtes Bemühen waren sie in der Lage, ihr Denken und Handeln, insbesondere im Hinblick auf den Kunden und die Art, wie sie diesem Kunden zu Diensten waren, von Grund auf zu ändern. Wenn wir nachfolgend unsere Fallstudien vorstellen, wollen wir damit das Prinzip von *Total Action* in größerer Detailschärfe skizzieren und diejenigen Maßnahmen aufzeigen, welche ein Unternehmen ohne zeitlichen Aufschub umsetzen kann, um sich auf den richtigen Weg hin zu einem *Total Action*-Betrieb zu begeben. Drei der dargestellten Fälle sind dem weiteren Umfeld entnommen und beschreiben Organisationsstrukturen, wie sie jedem von uns bekannt sind, und deren Leistungen wir respektieren können. Wir haben ihre Erfolge im Zusammenhang mit den Grundsätzen von *Total Action* dargestellt:

- *Das amerikanische Militär:* Hier handelt es sich um einen eher untypischen Fall, bei dem der Kunde im Normalfall „der Feind" ist. Doch die Beschreibung der Konzentration auf den einzelnen Soldaten als Zentrum der Entscheidungsfindung mag die Schritte veranschaulichen, welche unternommen werden müssen, um den Zustand der fatalen Untätigkeit zu vermeiden.

– *Der Fall American Airlines:* Betrachtet man diesen, dem Leser vielleicht bekannten Fall durch die Brille von *Total Action*, zeigen sich die entscheidenden Vorteile eines guten Managements sowie des direkten Zugangs zu wichtigen Informationen.

– *Der Fall First Direct:* Hier handelt es sich um eine britische Bank, die sich eine totale Kundenorientierung auf die Fahnen geschrieben und die Institution des *Customer Leader* in Kombination mit den digitalen Technologien dazu genutzt hat, ihren Servicelevel sowie seine Möglichkeiten im Privatkundengeschäft völlig neu zu definieren.

Die übrigen drei Fallstudien setzen sich aus eher ausschnitthaften Szenarien aus dem Erfahrungsschatz der Autoren zusammen.

– *Eins, zwei, drei – hier kommt die Total Action-Polizei!* – In diesem Fall geht es um die Entdeckung der Identität sowie der Anforderungen des einzelnen Bürgers und um ein entsprechendes Verhalten auf Seiten der Behörden. Die dargestellten Beispiele stammen zum größten Teil aus dem Repertoire der Rotterdamer Polizei. Sie werden untermauert durch begleitende Diskussionen bei anderen europäischen Polizeibehörden.

– *Einen Augenblick, ich verbinde!* – Diese Fallstudie beschreibt den Weg einer Organisationsstruktur von einer ehemaligen Regierungsbehörde mit sicherer Monopolstellung hin zu einem erfolgreichen Unternehmen in einem vom Wettbewerb gekennzeichneten Telekommunikationsmarkt. Um „Unschuldige" zu schützen, haben wir diesen Fall als kaleidoskopische Darstellung verschiedener europäischer Telekommunikationsanbieter angelegt. Zwei von ihnen, die KPN Telecom in den Niederlanden und Swisscom, verdienen jedoch eine besondere Erwähnung, da sie das *Total Action*-Modell in geradezu vorbildlicher Weise umgesetzt haben.

– *Der Postbote klingelt niemals zweimal.* – In diesem Beispiel wird die Einrichtung eines *Customer Leader* sowie eines *Customer Dashboard* beschrieben, mit deren Hilfe auch die größten Kunden erfolgreich bedient werden können. Die Beschreibung stützt sich hauptsächlich auf die Erfahrungen der PTT Post in den Niederlanden (heute TPG), erwähnt aber auch Merkmale anderer Postunternehmen.

4.2 Das amerikanische Militär[1]

Der Golfkrieg des Jahres 1991 ließ den massiven Einfluss der digitalen Technologien auf die moderne Kriegsführung extrem deutlich werden. Ein Vertreter des Streitkräfteausschusses im amerikanischen Senat fragte einen Augenzeugen, wie es sein konnte, dass dieser Krieg in nur 100 Stunden gewonnen wurde. Generalmajor Barry McCaffrey, Kommandeur der 24. Infanteriedivision, antwortete: „Dieser Krieg wurde nicht in 100 Stunden, sondern in 15 Jahren gewonnen."

Der Sieg war jedoch ein Paradebeispiel für die schnelle Mobilisierung von Kompetenzen und Material zur Bewältigung einer unvorgesehenen Lage. Es handelte sich dabei um eine Mobilisierung, die ohne den Einsatz der digitalen Technologien nicht möglich gewesen wäre. Während der 100 Stunden Kampf wurden mehr Kampfmittel schneller und weiter als jemals zuvor in der Geschichte transportiert. Die Anforderungen an die militärische Logistik zur Versorgung einer aus Zehntausenden von Soldaten bestehenden Truppe umfassten 500 Schiffe, 9000 Flugzeuge, 125.000 Fahrzeuge sowie 1,8 Millionen Tonnen Fracht mit 3568 Konvois und Versorgungswagen, die 2746 Straßenmeilen zurückzulegen hatten.

Der Golfkrieg bewies, dass das amerikanische Militär einen umfassenden Wandlungsprozess vollzogen hatte. In der Vergangenheit handelte es sich bei dieser Institution eher um eine streng durchorganisierte hierarchische Struktur mit insgesamt 16 funktionalen „Kanälen" – Artillerie, Luftwaffe, Infanterie, Logistik usw. – mit jeweils unterschiedlichen kulturellen Eigenschaften. Diese Institution wandelte sich zu einer anpassungswilligen und zur Selbstorganisation fähigen Struktur mit drei untereinander vernetzten Kerndisziplinen: dem einzelnen Soldaten, der Einsatzfähigkeit im Kampf und der Logistik.

Die Bestimmung des „Kunden" der militärischen Einheiten mag dabei etwas schwierig gewesen sein. Stabschef General Gordon Sullivan beschrieb das Problem folgendermaßen:

> *Wir haben sogar damit begonnen, unsere Feinde als „Kunden" zu beschreiben – nun ja, wobei wir zugegebenermaßen schon ein etwas ungewöhnliches Produkt anzubieten haben.*[2]

---

[1] Dieser Fall wurde vorgestellt in: Pascale RT, Guthrie ER (1994) The United States Army: change or transformation. Arbeitspapier. Wir entschuldigen uns für die Tatsache, dass wir leider nicht mit den Autoren Kontakt aufnehmen und, sofern nötig, um ihre Erlaubnis fragen konnten, diesen Fall hier zu präsentieren, hielten ihn jedoch für zu wichtig, um ihn auszulassen.

[2] Ebd.

4.2.1 Der Soldat als Zentrum der Entscheidungsfindung

Das *digitale Schlachtfeld* verbindet alle kämpfenden Einheiten mittels eines Informations- und Kommunikationsnetzes, das sowohl den einfachen Soldaten im Feld, als auch den Oberkommandierenden einbezieht und es somit ermöglicht, dass alle potentiellen Einflussfaktoren seitens der militärischen Materialien jederzeit verfügbar sind.

Mit Hilfe der digitalen Technologien ist es möglich, die Position des einzelnen Soldaten elektronisch per Knopfdruck zu lokalisieren. Der Soldat zielt mit einem Laser auf ein potentielles Ziel und gibt per Cursor die Art des Ziels sowie das wirkungsvollste Einsatzmaterial ein. Der Feldkommandeur oder ein computergestütztes Expertensystem wägt die einzelnen Faktoren, wie zum Beispiel die dem Ziel am nächsten befindlichen Kampfmittel (Hubschrauber, Kampfjet oder Artillerie) mit der geeignetsten Munition gegeneinander ab. So verfügt das Militär über eine *nahezu totale Kommunikation*.

Bei Einsatztests in digitalen Kampfsituationen wurden erstaunliche Ergebnisse erzielt. Die Vorlaufzeit für die Artillerie (die Zeit, welche für den Kreislauf benötigt wird) ist von 50 Minuten bei Koordination mit Karte und Funk auf nur 9 Minuten beim Einsatz digitaler Technologien gefallen. Es ist auch denkbar, dass der Einsatz digitaler Koordinationstechnologien unnötige Zeitverluste durch Verfügbarmachen der Informationen in Echtzeit und Reduzierung der real benötigten Zeit zur Durchführung einer Aufgabe wirksam abbaut. Mit anderen Worten: „Just-in-time" wird immer mehr zu „Zero-time".

Der Kreislauf der Entscheidungen beim „Beobachten, Orientieren, Entscheiden, Handeln" hat sich beträchtlich verbessert. Die Technologie selbst ist dazu unabdingbar, reicht aber allein auch nicht aus. Um davon zu profitieren, müssen sich die interne Kultur wie auch das Verhalten ändern, so dass der Soldat an der Front selbst zum Ausgangspunkt für jegliche operative Entscheidungsfindung wird. Das Militär hat endlich erkannt, dass nur der Soldat im Feld die Einsatzlage wirklich einschätzen kann. Während das Militär weiter entsprechend seinen Aufgaben und Strategien handelt, werden *ausgeprägte interaktive Kapazitäten* notwendig, damit auch jede noch so bruchstückhafte Information oder Lagemeldung erfasst, kommuniziert und danach gehandelt werden kann. General Sullivan meinte dazu:

> *Es ist heutzutage schwierig, mit einiger Sicherheit vorauszusagen, welches Einsatzszenario eine Truppe vorfinden wird, oder die politischen Rahmenbedingungen sowie mögliche Bündniskonstellationen des Einsatzes, die dann folgenden Handlungsabläufe oder die Bedeutung einer bestimmten Maßnahme im Einsatzkontinuum im Vorfeld zu kennen. Genauso schwierig ist es, die Taktik, das Material, den Einsatzstil oder die allgemeine Vorgehensweise des Feindes vorauszusagen. Es gibt für unsere Kampfplanung weder ein Drehbuch noch eine Generalprobe.*

Unvorhersehbare Ereignisse kann man nicht vorausplanen. Aber man kann handeln, wenn sie geschehen.

> *Desert Storm hat uns gelehrt, dass es dank der Technologie heute möglich ist, das Entscheidungszentrum vom Einsatzkommandeur zum Soldaten an der Front zu verlagern. Intelligente und gut ausgebildete Soldaten werden so zur wichtigsten Grundlage für die Erringung eines entscheidenden Einsatzvorteils. Der einzelne Soldat muss die Anweisungen für den Kampfeinsatz geben. Die Durchlaufzeiten für Informationen sind beträchtlich zu verringern, damit Einsatzergebnisse umgehend zur Grundlage einer veränderten Taktik bzw. Einsatzstrategie werden können.*
>
> *Im Krieg plant man, so gut es geht. Das Einzige, was man mit Sicherheit vorhersagen kann, ist dass auf jeden Fall etwas schief gehen wird. ... Wir sollten unsere Fähigkeit nutzen, um von solchen Fehlschlägen zu profitieren und diese Fähigkeit zu einer Quelle eines langfristigen Wettbewerbsvorteils machen.*

Alle Entscheidungsfindung konzentriert sich somit auf die Lageinformationen des Soldaten im Feld.

4.2.2 Der Faktor Mensch und sein organisatorisches Geschick

Der Faktor Mensch und sein organisatorisches Geschick stellen im Militär zentrale Angelpunkte dar. General Sullivan ist davon überzeugt, dass die Kernkompetenz des amerikanischen Militärs in seinem organisatorischen Talent zu suchen ist und im kommenden Jahrhundert auf der Ressource Mensch aufbauen wird. Er meint:

> *Wir müssen ein neues Verhalten gegenüber Veränderungen erlernen ....
> Wir haben alle Vorkehrungen getroffen, damit wir die Segnungen des Informationszeitalters in den Bereichen Logistik und Einsatzführung voll nutzen können. Im 21. Jahrhundert wird unser ausgezeichnet qualifiziertes Personal unsere wichtigste Quelle zur Erringung eines langfristigen Wettbewerbsvorteils sein.*

Der General regte umfassende Veränderungen in sechs Bereichen an: Personal, Ausbildung, Führung, Modernisierung (Technologie), Doktrin und Zusammensetzung der Streitkräfte (Zusammenstellung der verschiedenen Truppenteile zu einer schlagkräftigen Truppe). Der Wandel beim *Personal* steht im amerikanischen Militär im Zentrum aller Veränderungen. Die alte Bürokratie der militärischen Führung entfällt für den einzelnen Soldaten. Darüber hinaus erfordert die Umorientierung des Entscheidungszentrums in Richtung des Soldaten im Einsatz höchste Qualifikationen beim einzelnen Soldaten wie auch bei dessen Führung.

Es ist klar, welche Folgen eine unzureichende Ausbildung für Effizienz und Kosten nach sich zieht. Im Falle der Kampfpiloten zeigt die Statistik, dass 40 % aller Piloten bei einem der ersten drei Kampfeinsätze mit Feindkontakt getötet werden. Ein Pilot, der diese ersten drei Einsätze überlebt, wird mit 90 %iger Wahrscheinlichkeit seine Kampfeinsätze erfolgreich überstehen. In der Ausbildung konzentrierte man sich bisher auf den reinen „Wissenstransfer" und die „Einhaltung der Normen". Bis noch vor wenigen Jahren praktizierte man in der militärischen Ausbildung im Großen und Ganzen dieselben Prinzipien wie bereits zu Anfang des letzten Jahrhunderts. Die Ausbildung basierte auf harten körperlichen Übungen in Lagern, die wie Lernfabriken funktionierten, deren Massenprodukt der kämpfende Soldat war. Wenn die Soldaten in ihrer Ausbildung überhaupt eine Ahnung von einer echten Kampfsituation im Feld bekamen, dann war es wohl auf dem Schießstand.

Die Vermittlung grundlegender Kompetenzen erfordert eine komplette Änderung der militärischen Rekrutierungs- und Ausbildungspraxis. Die zentrale Aufgabe bestand darin, reale Kampfsituationen nachzustellen. In einem *Lager für Einsatzausbildung* wurden Offiziere und Soldaten mit gestellten Kampfsituationen konfrontiert. Jede Handlung und Reaktion wurde beobachtet und notiert. Die gnadenlos objektiven Ausbilder waren selbst die Besten ihrer jeweiligen Klasse gewesen und konnten deshalb auch knallharte praktische Erfahrungen an Dritte weitergeben. In realen Kampfsituationen treffen Offiziere sehr oft Entscheidungen, ohne genau zu verstehen, welche Auswirkungen ihr Handeln in der modernen Kriegsführung haben kann. Digitale Aufnahmen des kompletten Kampfgeschehens sowie das Geschehen verfolgende Beobachter verdeutlichten dann die Fehlentscheidungen der Offiziere in äußerst kritisch vorgehenden Einsatz-Beurteilungen. Die Befehlshaber einer Einheit mussten es sich gefallen lassen, dass ihre Fehler den Untergebenen in allen Einzelheiten erklärt wurden. Für die Offiziere war das eine harte Schule mit bitteren Erfahrungen, die sicherlich zu einer größeren Bescheidenheit beigetragen haben. Trotz der angewandten Härte erwies sich diese Praxis als sehr hilfreich für die Stärkung der Überlebens- und Siegeschancen einer Einheit im Kampf.

4.2.3 Was kann man daraus für das *Total Action*-Prinzip lernen?

Das amerikanische Militär stellt ein gutes Modell für *Total Action* dar. Es handelt sich um eine große Organisationsstruktur, die sich bis in die jüngere Vergangenheit hinein in einem Zustand fataler Untätigkeit befand. Nach dem Rückzug der amerikanischen Truppen aus Vietnam befand sich das Militär am Rande des institutionellen Ruins. In den gesamten 70er Jahren hatte es um seine Existenz zu kämpfen, wobei die wenig disziplinierten Truppen zudem untereinander völlig zerstritten waren. Als in den 80er Jahren der Versuch, die im Iran festgehaltenen amerikanischen Geiseln zu befreien, fehlschlug, wurde die totale Verwirrung innerhalb der Institution vollends sichtbar: Das amerikanische Militär war zu einer riesigen, übermäßig zentralisierten Organisation mit defizitären Kommunikationsstrukturen verkommen, die nicht einmal in der Lage war, effektiv zu planen. Auch der Öffentlichkeit wurde dies nach und nach bewusst. Das Militär musste schnellstens erstklassige Soldaten rekrutieren und mit einwandfreiem militärischen Material arbeiten. Das erforderte die Zerschlagung des internen Wettbewerbs zwischen denjenigen, denen es ohnehin nur um die Sicherung ihrer Pfründe ging.

Der Krieg zwischen Israel und den arabischen Staaten im Jahre 1973 war für das amerikanische Militär ein weiterer Anreiz für einen schnellen Wandel. Man bestaunte die revolutionären Verbesserungen im Bereich der Treffgenauigkeit von Waffen und profitierte von der größeren Treffsicherheit von Bomben und Langstreckengeschützen. Die militärische Führung erkannte, dass man diese fortschrittlichen Technologien nutzen musste, dass *die Technologie allein jedoch nicht ausreichen würde*. Die Sowjetunion, damals noch der Feind, verfügte über ein größeres Waffenarsenal mit Material gleicher oder gar besserer Qualität. Man betrachtete die Entwicklung der bestmöglichen Kampftechnologien als essentiell. Gleichzeitig musste sich jedoch auch die *Doktrin* ändern: *Führung* sollte genauso wichtig sein wie Feuerkraft, und die Kampfkraft der Soldaten musste verbessert werden, damit diese mit fortschrittlichen Einsatzmethoden ihr gesamtes Potential ausschöpfen konnten.

Frage: Wie ging das Militär mit den 4Ps um?

Frage: Die digitalen Einsatztechnologien halfen dem amerikanischen Militär dabei zu verstehen, dass es seine Truppen mit Blick auf drei Kernprozesse umstrukturieren musste: den Soldaten, das allgemeine organisatorische Geschick und den Bereich Logistik. Wie fügt sich dies in das *Total Action*-Modell ein?

4.3 Der Fall American Airlines

Als die Fluggesellschaft American Airlines (oder kurz AA) im Mai 1976 ihren ersten SABRE-Terminal in einem Reisebüro installierte, waren die dramatischen Auswirkungen, die diese Innovation auf das gesamte Fluggeschäft haben würde, kaum abzuschätzen.[3] Was im Jahre 1959 als interner „Reservierungsbetrieb" begonnen hatte, sollte sich zu dem heute verfügbaren Angebotspaket entwickeln, das von Reisebüros, Unternehmen und Privatkunden in der ganzen Welt genutzt wird. Bei SABRE buchen die Kunden heute nicht nur Flüge, sondern sie reservieren auch Mietwagen und Hotelzimmer, bestellen Theaterkarten, Abschiedsgeschenke, Blumen sowie andere Güter und Dienstleistungen aus dem Großangebot zum Thema Reisen. Wie in Abbildung 4.1 ersichtlich, entwickelte sich das System in fünf zentralen Schritten:

---

[3] Hopper MD (1990) Rattling SABRE – new ways to compete on information. Harvard Business Review, Mai-Juni 1990, S. 118-125

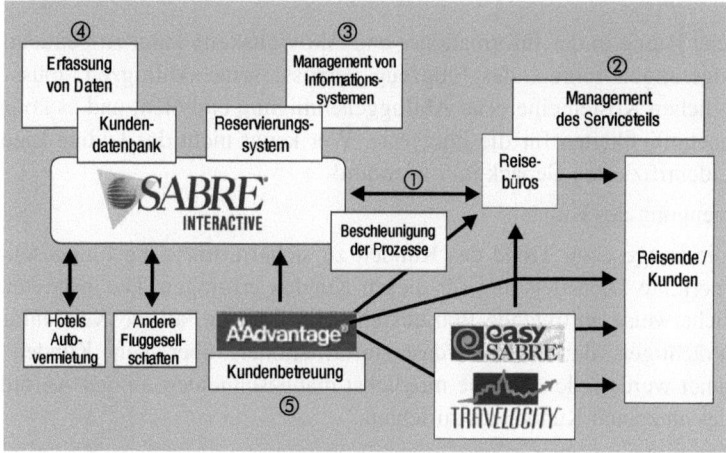

Abb. 4.1 Die fünf Schritte

- Beschleunigung des Prozesses
- Management des Serviceteils
- Erfassung von Informationsströmen
- Erfassung von Daten über den Kunden
- Aufbau des Angebotspakets – Entwicklung zum Informationsmittler für die Branche

4.3.1 Beschleunigung des Prozesses

Eine Passagierfluggesellschaft verfügt über zwei zentrale Aktivitätsnetze:

- operatives Management
- Wenn das Flugzeug sich auf dem Rollfeld für den bevorstehenden Abflug fertig macht, fallen zwei Netze mit für den Start entscheidenden Informationsströmen und physikalischen Prozessen räumlich und zeitlich zusammen. Neben den für die Fluglogistik relevanten Informationen muss Folgendes gegeben sein:

  - Alle Fluggäste müssen an Bord sein.
  - Das Gepäck muss im Laderaum verstaut sein.
  - Es muss den einzelnen Passagieren zugeordnet werden können.
  - Die Passagierliste muss vollständig und korrekt sein.
  - Getränke und Mahlzeiten müssen verladen sein.
  - Von einzelnen Fluggästen geäußerte Sonderwünsche für die Bewirtung müssen erfüllt werden.

Jegliche Panne in der Informations- und Aktivitätskette kann zu beträchtlichen Verzögerungen führen, das Flugzeug verpasst seine Abflugzeit, muss unter zusätzlichen Kosten eine neue Abfluggenehmigung einholen, und es kommt zu Unannehmlichkeiten für die Fluggäste. Wer kennt nicht das leidige Lied vom nicht identifizierten Gepäck im Laderaum!

– Überzeugung des Kunden

– Um die fortgesetzte Treue des Kunden zu sichern, muss die Fluggesellschaft eine perfekte Dienstleistung für diesen Kunden erbringen. Das bedeutet, dass möglicherweise auftretende Betriebsfehler auf keinen Fall die Kundenbindung beeinträchtigen dürfen, und dass Informationen über den Kunden dazu verwandt werden, den Service möglichst maßgeschneidert an den Anforderungen des einzelnen Kunden auszurichten.

Natürlich besteht zwischen operativen und kundenzentrierten Informationen eine eindeutige Verbindung. Eindeutige Informationen über den Kunden und seine Vorlieben bzw. sein Verhalten sind von essentieller Bedeutung für die Planung der operativen Prozesse und die Bestimmung der für eine weitere Verbesserung des Kundenservice notwendigen Veränderungen.

In den 50er Jahren wurde SABRE – das *Semi-Automated Business Research Environment* – als halbautomatisches betriebliches Rechercheumfeld zur *Beschleunigung der Reservierungsprozesse* eingeführt. Anfangs mussten 12 verschiedene Mitarbeiter in einem dreistündigen Prozess (der damit länger dauerte als der Flug selbst) bis zu einem Dutzend unterschiedlicher Arbeitsschritte vollziehen, um eine Buchung für einen Hin- und Rückflug von New York nach Buffalo zu platzieren. American Airlines erkannte die Gelegenheit, seine Informationstechnologie so einzusetzen, dass dieser Prozess schneller und effektiver ablaufen konnte. Mit Hilfe von SABRE konnte man nun von einem Reisebüroterminal aus eine Platzreservierung buchen und die relevanten Daten im gesamten System verfügbar machen. Diese neue Funktionalität einer automatischen Platzreservierung war jedoch trotz ihrer Fortschrittlichkeit für die damalige Zeit erst der Anfang der SABRE-Erfolgsgeschichte.

4.3.2 Management des Serviceteils

In den 70er Jahren waren Fluggäste eigentlich nicht in erster Linie die Kunden einer Fluggesellschaft. Tausende von Reisebüros kümmerten sich um die Flugreservierungen und hatten deshalb auch einen enormen Einfluss darauf, bei welcher Fluggesellschaft der Passagier letztlich seine Buchung platzierte. Wenn beispielsweise ein Kunde von New York nach San Francisco fliegen wollte, musste der zuständige Reisebüromitarbeiter die Flugpläne aller Gesellschaften einsehen, die diese Route bedienten (was heute im Übrigen noch immer ganz ähnlich funktioniert). Nachdem der Reisebüroangestellte dann einen bestimmten

Flug bei einer Fluggesellschaft herausgesucht hatte, musste er mit der betreffenden Gesellschaft (per Telefon oder Telex) Kontakt aufnehmen, feststellen, ob noch Plätze frei waren und dann gegebenenfalls bei dem Reservierungspersonal der Fluggesellschaft eine Reservierung buchen. Danach wurde das Flugticket ausgestellt und an das Reisebüro oder direkt an den Kunden geschickt. Fall keine Plätze mehr frei waren, begann der ganze Prozess wieder von vorn.

American Airlines installierte einen Online-Reservierungsterminal direkt in den Reisebüros und erleichterte es den Reisebüroangestellten auf diese Weise, bei AA zu buchen. Damit erzielte die Fluggesellschaft einen entscheidenden Wettbewerbsvorteil. Die Reisebüros konnten nun direkt herausfinden, ob für einen bestimmten Flug noch Plätze frei waren, eine Reservierung buchen und das zugehörige Ticket ausstellen. Durch SABRE konnte der Wunsch des Kunden sofort befriedigt und im Reisebüro wertvolle Arbeitszeit eingespart werden.

4.3.3 Erfassung von Informationsströmen

American Airlines nutzte SABRE nicht nur für das Management der Informationsströme über seine eigenen Kunden, sondern öffnete es auch für die Reservierungen seiner Konkurrenten. Damit gelang der Fluggesellschaft ein wichtiger Schritt hin zur Nutzung des durch die Informationstechnologie gestützten Reservierungsgeschäfts als zusätzlicher Einkommensquelle. Bereits im Jahre 1986 konnte AA aus seinen Tätigkeiten mit SABRE einen doppelt so hohen Umsatz erwirtschaften wie mit dem traditionellen Passagiergeschäft.

Damit wurde das Unternehmen praktisch zu einem „elektronischen Marktplatz": Es verband die verschiedensten Kunden (Reisebüros wie Privatkunden) und Anbieter (Fluggesellschaften) durch SABRE und erleichterte so die Durchführung der Transaktionen. Heute bietet SABRE Fluginformationen von mehr als 700 Anbietern und kann für mehr als 400 der Gesellschaften auch die Buchung der Reservierungen und das Ausstellen der Flugtickets übernehmen. Aus dieser Position heraus ist American Airlines in der Lage, wichtige Daten über die meisten Kunden von Fluggesellschaften zu erfassen: Wer fliegt, von wo aus, wohin, wie oft, und zu welchem angegebenen Preis. Das Unternehmen hatte den entscheidenden Schritt unternommen, aus dem automatisierten Reservierungsbetrieb wichtige Kundeninformationen zu gewinnen und auch zu nutzen.

4.3.4 Erfassung von Daten über den Kunden

Alle Kunden sind wichtig, aber einige von ihnen sind doch wichtiger als andere. Immerhin 70 % des Umsatzes aus Linienflügen zum Listenpreis erwirtschaftet sich aus einem Aufkommen von weniger als 500.000 Passagieren. American Airlines beabsichtigte deshalb, die zentralen Daten genau dieser Kundengruppe zu erfassen und zur Stärkung der Kundenbindung zu nutzen. Man wollte die Vielflieger zu echten Stammkunden machen. Deshalb wurde im Jahre 1981 das AAdvantage-Programm ins Leben gerufen. Es lieferte den Ansatz für viele der heutigen Treuebonus-Programme. Mit dem AAdvantage-Programm versuchte man, durch eine bevorzugte Behandlung die Herzen der Vielflieger (und wertvolle Marktanteile) zu gewinnen. Auf diese Kundengruppe wurden alle Marketing- und Serviceaktivitäten sowie neue Ideen in der Produktentwicklung der American Airlines ausgerichtet. Damit wurden die Vielflieger für die Gesellschaft zur neuen Quelle für Leistungsverbesserungen und Innovationen.

Dank der bestehenden SABRE-Struktur konnte AA wichtige Daten über die Gruppe der Vielflieger einsehen. Das Unternehmen überzeugte diese Kunden durch zusätzliche, über das SABRE-Angebot hinausgehende Informationsbereitstellung sowie Freiflüge von den Vorteilen, die es mit sich brachte, wenn man Dauerkunde bei AA war. So konnte American Airlines Angaben über das Flugverhalten jedes Flugpassagiers machen, ein eindeutiges Profil der Zielkunden erstellen und in der Folge den eigenen Service entsprechend differenzieren. Damit definierte das Unternehmen den Kundenservice im Fluggeschäft völlig neu. Anders formuliert hatte es auch die Erwartungen seiner präferierten Kunden an den zu liefernden Service maßgeblich geändert. Mit Sachangeboten wie einem speziellen Vielfliegerprogramm, Sitzverteilungspräferenzen und der Einrichtung von Executive Lounges (und weniger sachorientierten Angeboten wie der namentlichen Ansprache des Fluggastes und der genauen Kenntnis seiner oder ihrer Vorlieben) zwang AA seine Wettbewerber, mindestens das gleiche Serviceniveau zu bieten.

Ohne die entsprechende Informations- und Telekommunikationsinfrastruktur und Jahre der Erfahrung im unternehmerischen Handeln hatten die Konkurrenten von American Airlines einen entscheidenden Wettbewerbsnachteil auszugleichen. Sie mussten versuchen, mit ihren manuellen Systemen genauso gute Leistung zu erbringen wie AA mit seinem automatischen System. Außerdem mussten sie für die Dateneingabe weiterhin Personal einsetzen. Sie hatten mit enormen Schwierigkeiten beim Abgleich der Kundendaten mit ihren eigenen Reservierungssystemen zu kämpfen, und es unterliefen ihnen zahlreiche Fehler. Natürlich lagen in dieser Aufholjagd auch ihre Kosten beträchtlich höher als bei American Airlines.

American Airlines war ganz einfach schlauer als seine Konkurrenten. Da SABRE ursprünglich als kurzfristig zu nutzendes Instrument für die Übernahme zusätzlicher Marktanteile gedacht gewesen war, glaubten viele, dass es sich dabei um ein enorm kostspieliges, aber langfristig nutzloses System handelte. Doch die Konkurrenz war nicht in der Lage, das eigentliche Ziel von AA ebenfalls zu erreichen, welches darin bestanden hatte, Informationen über die Fluggäste zu sammeln und zur Sicherung der künftigen Geschäftstätigkeiten wieder zu verwenden. Die Kundenservice-Programme der AA lieferten Daten, die zur Verbesserung des Leistungspotentials der operativen Aktivitätsnetze umgehend wieder genutzt werden konnten.

Darüber hinaus konnte American Airlines durch die Erfassung von Daten zur effizienteren Gestaltung von Flugrouten und -plänen auch die Führung im „Hubbing" übernehmen und seinen Flugverkehr von einem dezentralen und weniger kostspieligen Standort außerhalb von New York aus steuern. Die Leistung der American Airlines bestand letztlich also in viel mehr als der Automatisierung seines Reservierungsbetriebs. Das Unternehmen hatte es verstanden, aus seinem Reservierungsbetrieb und an den Kontaktpunkten zum Kunden wichtige Informationen zu gewinnen und sie in unternehmerisch wertvolles Wissen umzusetzen.

Delta Airlines: Der Kunde wird beim Namen genannt

Über die Probleme bei Delta Airlines etwa Mitte bis Ende der 90er Jahre ist hinlänglich berichtet worden. Das Unternehmen sah sich gezwungen, in seinem gesamten Betrieb weitreichende Umstrukturierungsmaßnahmen durchzuführen, die Perspektive der betrieblichen Tätigkeiten von außen nach innen zu lenken und interne Plattformen zu schaffen, die quer durch alle organisatorischen Trennlinien hindurch zugänglich waren. Heute sind Besucher der Firmenzentrale in Atlanta normalerweise äußerst beeindruckt. Sie sehen ein Aktivitätszentrum vor sich, in dem alles ruhig und geordnet seinen Gang geht, obwohl dort für alle Delta-Flüge weltweit die Planung und Flugüberwachung, einschließlich der Überwachung der jeweiligen Umgebungsbedingungen, wie zum Beispiel der Wetterlage, gesteuert wird. Die Zentrale fungiert als operativer und informationstechnischer Knotenpunkt der gesamten Fluggesellschaft, von dem aus zudem alle Aktivitäten gelenkt werden. Das führt natürlich zu kaum überschaubaren Menschenmengen, die irgendwo im Flughafen in einer Schlange stehen und allein bzw. in Gruppen reisen. Gestützt werden die Aktivitäten der Zentrale durch ein extrem interaktiv und benutzerfreundlich angelegtes Informationssystem, das mit einer Vielzahl von Videowänden und Computerbildschirmen arbeitet.

Klickt man an einem solchen Bildschirm das Symbol für ein bestimmtes Flugzeug an, werden sofort die bisherige Route, der weitere Flugverlauf und die „Inhalte" angezeigt, einschließlich der Namen des Delta-Flugpersonals sowie jedes einzelnen Passagiers an Bord des betreffenden Flugzeugs. Dabei handelt es sich um wichtige Betriebsdaten. Die Verfügbarkeit dieser Daten ist auch für die Fluggäste von großem Nutzen. Es könnte beispielsweise zu einem unangekündigten Sturm über Atlanta kommen – was in der Region gar nicht selten der Fall ist. Automatisch haben dann viele Flüge Verspätung, und andere müssen umgeleitet werden. An diesem Punkt greift die Betriebszentrale helfend ein und übernimmt das Management der Anforderungen jedes einzelnen, sich noch in der Luft befindlichen Passagiers. Das System informiert sich automatisch über die unterschiedlichen Prioritäten der Passagiere (Flugklasse, Vielflieger usw.) und sucht Anschlussflüge heraus. Dann verteilt es die verspäteten Passagiere auf durch Delta angebotene Alternativflüge (oder auch auf Flüge der

> Konkurrenz). Wird ein Flug umgeleitet, wird die Rückkehr jedes umgeleiteten Passagiers nach Atlanta in ähnlich individualisierter Weise gehandhabt. All diese neu recherchierten Informationen können dann in dem umgeleiteten bzw. verspäteten Flugzeug durchgesagt werden, noch bevor es gelandet ist.

Frage: Inwiefern veranschulichen SABRE und Delta die Relevanz eines offenen Zugangs zu Informationen?

Frage: Wie würden Sie die eindeutig überzeugende Vision von American Airlines beschreiben?

4.3.5 Aufbau des Angebotspakets – Entwicklung zum Informationsmittler für die Branche

American Airlines führte easySABRE im Jahre 1985 mit dem Ziel ein, auch allen PC-Nutzern Zugang zum SABRE-System zu gewähren. Gleichzeitig wurden die Reservierungskapazitäten ausgebaut. Es kamen Reservierungsmöglichkeiten für Eisenbahn, Reiseveranstalter, Passagierfähren, Kreuzfahrtschiffe und Hotels (heute sind es 31.800) sowie Autovermietungen (50 Unternehmen) hinzu. easy-SABRE, das heute per Internet verfügbar ist, konnte durch seine Allianz mit Travelocity[4] sein ursprüngliches Geschäft vom simplen Flugreservierungssystem zum Informationsmittler für die gesamte Reisebranche ausbauen. Als Grundlage dafür dient ein allgemeines Reiseplanungssystem mit integrierten Reservierungsfunktionen. Das Ergebnis ist ein Wertebündel für die Reisebranche, wie es in seinen Einzelheiten in Abbildung 4.2 dargestellt ist.

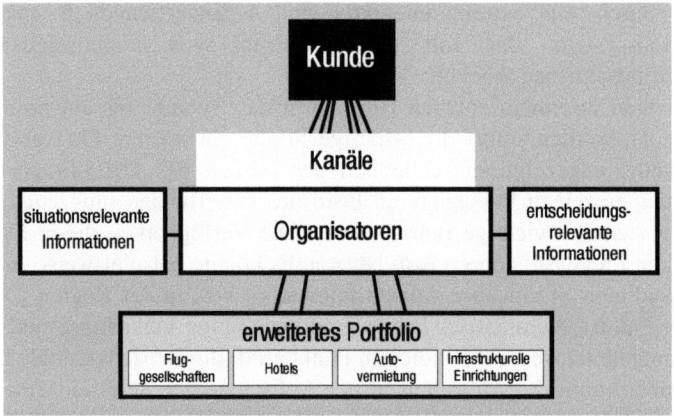

Abb. 4.2 Das Wertebündel Reisen

---

[4] www.travelocity.com

Nur durch das Anklicken des Flugzeugsymbols auf dem Bildschirm kann ein Kunde bei easySABRE oder Travelocity an beinahe jedem Ort der Welt Informationen über mögliche Flüge, Preise, Art und Zahl der verfügbaren Plätze recherchieren. Bei über 400 Fluggesellschaften können Reservierungen platziert werden. FlightfinderSM hilft bei Angabe des gewünschten Zielortes bei der Suche nach den drei kostengünstigsten Routen und unterstützt den Kunden bei der Reservierung von Hotels und Mietwagen. Travelocity bietet unter anderem Informationen über Klima, Währung, infrastrukturelle Einrichtungen, Unterhaltungsmöglichkeiten, Restaurants und Sehenswürdigkeiten in den Städten und Urlaubsorten.

American Airlines bietet ein erweitertes Produktportfolio. Statt bei dem ursprünglichen Portfolio des Passagierflugs von A nach B zu bleiben, deckt AA heute auch die übrigen Reiseanforderungen des Kunden ab und offeriert: Hotels, Mietwagen und andere notwendige Einrichtungen. American Airlines agiert hier als Informationsmittler mit Informationen über Preise und Verfügbarkeit und hilft dem Kunden auf diese Weise mit den gebotenen situationsgebundenen Informationen bei seiner Entscheidungsfindung.

Von der Travelocity Webpage und anderen Informationsmittlern in der Reisebranche führt als Zusatzservice im jeweiligen Angebot natürlich auch eine Verbindung zu easySABRE. So lässt sich Interesse in Transaktionen ummünzen: Der so verführte Kunde bucht eine Reservierung. Und während dieser Prozess abläuft, kommen die drei folgenden Interaktionskomponenten ins Spiel:

– Kommunikation zwischen dem potentiellen Verkäufer und dem Reiseinteressenten

– Informationsaustausch zwischen den Parteien

– erleichterte Zielerreichung für beide: Urlaubsmöglichkeit finden, Urlaubsangebot verkaufen

4.3.6 Was ist daraus für das *Total Action*-Prinzip zu lernen?

Die Fluggesellschaft American Airlines kann eigentlich nicht ohne Weiteres als *Total Action*-Unternehmen bezeichnet werden. Einem *Customer Leader* (dem Reisebüro oder der Webpage) obliegt das Management für den gesamten Kundenservice-Kreislauf: Suche, Bestellung, Entgegennahme eines Tickets für einen bestätigten Flug. Dennoch wären nur wenige Passagiere bereit, von einer totalen Konzentration auf die Bedürfnisse des Kunden zu sprechen, das heißt einer lückenlosen Kundenorientierung während des gesamten Kundenservice-Kreislaufs vom Betreten der Check-In-Halle am Abflughafen bis zur Abfahrt des Passagiers mit dem richtigen Gepäck vom Ankunftsflughafen zum Zielort zu der im Vorfeld bestätigten Zeit.

Das SABRE-System kommt an bestimmten Punkten des Service-Kreislaufs zum Einsatz: Verführen, Bestellen, Zahlen und (durch intelligente Nutzung der

Kundendaten) weitere Unterstützung und erneute Verführung. Der entscheidende Teil – die Erfüllung – stellt eine große Herausforderung dar, insbesondere da in diesem Fall die Erfüllung auch von zahlreichen anderen Parteien wie den Flughafeneinrichtungen, dem Zoll, den Einwanderungsbehörden und der Flugsicherung, deren Servicegrad keine Fluggesellschaft garantieren könnte, abhängt. Es liegt jedoch im Verantwortungsbereich des Fluggesellschaft (und ist damit auch ihre Aufgabe), auf relevante Informationen dieser anderen Parteien zu reagieren und die Passagiere entsprechend zu informieren (über Verspätungen, neue Abflugzeiten usw.). Hier scheint eine zentrale Fehlerquelle an vielen der sogenannten topmodernen Flughäfen der Welt zu liegen. Aus dieser Beschreibung ist eine ganz klare Lehre zu ziehen: *Zugang zu kundenrelevanten Informationen sollten eine zentrale Triebkraft des Unternehmens sein.*

Frage: Wie geht American Airlines beim Management der Kundenzugangskanäle vor?

Frage: Wie könnte American Airlines noch mehr Elemente des *Total Action*-Modells nutzbringend einsetzen?

Frage: Was würden Sie tun, wenn Sie Betreiber einer konkurrierenden Fluggesellschaft wären?

4.4 Banken und Informationen: Der Fall First Direct

Die Finanzbranche ist im Grunde nichts anderes als eine Informationsbranche. Finanzdienstleistungen sind Ableitungen der Fertigkeiten von Finanzorganisationen im Geldmanagement oder, was in diesem Falle von größerer Bedeutung ist, im Management von Informationen über Geld. Den Kern der Branche bilden die Kundenbanken, also diejenigen Organisationsstrukturen mit einem scheinbaren Monopol über den Zahlungsverkehr zwischen Privatpersonen und Organisationen. Banken stehen im Zentrum der entscheidenden Informationsströme zwischen diesen Organisationen und Privatpersonen: dem der Zahlungen und dem der Informationen über diese Zahlungen.

4.4.1 Die Misere des Bankwesens

Über viele Jahre hinweg konnten die Banken als gegeben annehmen, dass klar war, worin ihr „Produkt" bestand und keine Missverständnisse darüber bestanden, was ihre Kunden von ihnen erwarteten. Sie gehörten zu den ersten Unternehmen, die sich mit den digitalen Geschäftstechnologien auseinander setzten und bald erkannten, dass eine erfolgreiche Anwendung dieser Technologien das entschiedene Engagement des gesamten Betriebs erfordert.

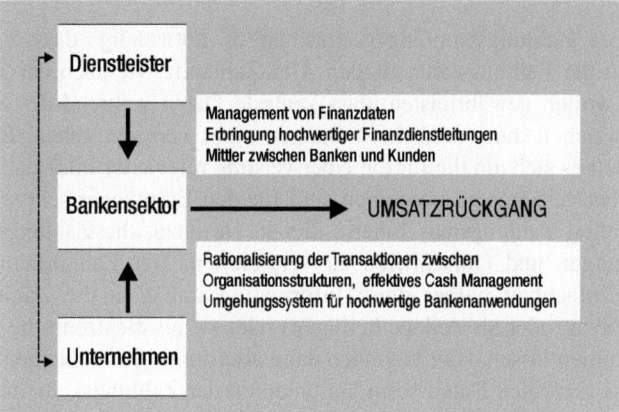

Abb. 4.3 Die *Disintermediation* der Banken

Wer bezahlt hier wen?

Im Jahre 1992 arbeiteten die Autoren mit einem inländischen Clearing House für den Zahlungsverkehr zwischen Banken zusammen. Der von der Bankenwelt ins Leben gerufene und praktizierte *Zahlungsbetrieb* zeichnete verantwortlich für den Transfer von Finanzmitteln zwischen den Banken. Zur Erleichterung das Zahlungsmanagements arbeiteten die Banken mit klar vereinbarten Nachrichtenstandards. Das Clearing House für die Zahlungen (nennen wir es zu Illustrationszwecken ganz einfach *PayClear*) stellte in diesem Zusammenhang eine einfache Frage: „Was kann ein EDI-Zahlungssystem für uns und unsere Bankenwelt bedeuten?"

Man hatte mitverfolgt, wie in den Bereichen Produktmanagement und Logistik nach und nach EDI eingeführt wurde und beobachtete auch die Verbreitung des EDI-Zahlungsnachrichtenwesens durch die Aktivitäten einiger EDI-Mehrwert-Netzanbieter (zum Beispiel GE Information Services und IBM Information Network) sowie verschiedener Banken (beispielsweise Chase Manhattan). Die strategische Bedrohung oder auch Chance für die Unternehmen selbst bzw. für ihre Eigentümer, die Banken, wurde schnell deutlich.

Die scheinbar einfache Frage „Was können Zahlungen per EDI zu uns bedeuten?" weist auf die Schwierigkeiten hin, welche bei der Integration relevanter Transaktionsdaten auftreten können, wenn mehr als zwei Parteien beteiligt sind. Die Zahlungskette, bestehend aus Zahlendem-Bank-*PayClear*-Bank-Zahlungsempfänger, scheint auf den ersten Blick übersichtlich und unmissverständlich zu sein, aber auch hier treten Probleme auf, wie Sie bei der Mehrheit automatisierter Abläufe in Prozessketten zu beobachten sind.

An allen Stellen, an denen Banken in der Kette involviert sind, wird die Zahlung mit den jeweils notwendigen Begleitdaten über den Zahlenden und den Zahlungsempfänger „sichtbar". Sowohl die Situation des Zahlenden als auch die des Zahlungsempfängers machen es notwendig, dass zusätzliche Daten durch die Zahlungskette fließen. Der Zahlende wie auch der Zahlungsempfänger wollen gewährleisten, dass zentrale Daten während des Zahlungstransfers zwischen ihnen und ihren Banken nicht verloren gehen. Bei diesen Daten handelt es sich um die für die Überweisung relevanter Informationen.

Diese Überweisungsinformationen sind für den Empfänger sehr wichtig. In der finanziellen Zahlungsmaschinerie dienen sie dazu, die Zahlungseingänge mit Rechnungen und Gutschriften zu vergleichen. Der Zahlungsanweisende kann der Einfachheit halber diese Information direkt in die Zahlungsnotiz hineinschreiben (oder als Anlage beifügen) oder sie als elektronische Notiz der Bank zukommen lassen. Hier beginnen dann allerdings die Probleme.

Damit die zentralen Daten beim Durchlaufen der Zahlungskette nicht verloren gehen, „verpackt" Kunde A die Nachricht und schickt sie an Bank A, die sie wiederum über *PayClear* an Bank B schickt, welche sie dann an Kunde B weiterleitet. Natürlich gibt es auch hier Alternativlösungen.

Wenn Kunde A seine Zahlung anweist, könnte eine elektronische Überweisungsnachricht direkt an den Kunden B geschickt werden mit der Notiz: „Der Scheck zur Bezahlung von Rechnung XY wurde ins System eingespeist." Das würde jedoch bedeuten, dass die Zahlung und die sie betreffende Notiz getrennt versandt würden und zu unterschiedlichen Zeiten beim Kunden B einträfen. Dadurch würde sich auch der Aufwand für Koordinations- und Abgleichungsarbeiten für Kunde B erhöhen, was die ursprüngliche Absicht zunichte machen würde.

Weshalb funktioniert jedoch auch die Möglichkeit, beide Sendungen über die Zahlungskette abzuwickeln, letztlich nicht zufriedenstellend?

– Bank A erhält die elektronische Aufforderung zur Zahlungsanweisung mit den angehängten Überweisungsdaten.

– Bank A beabsichtigt, die Überweisungsdaten direkt an den Kunden B zu schicken, für die Zahlung selbst aber den Weg über die Zahlungskette mit *PayClear* zu gehen.

Das bedeutet:

– Auch hier werden Daten und Zahlung wieder getrennt.

– Bank A will eine Transaktionsbeziehung zum Kunden B aufbauen.

– Das jedoch kann Bank B nicht hinnehmen, da diese die Absicht von Bank A als Versuch wertet, Kunde B abzuwerben. Deshalb geschieht Folgendes:

– Bank B schlägt Bank A vor, ihr die Überweisungsdaten für den Kunden B zuzusenden, und Bank B würde die Daten dann an den Kunden B weiterleiten.

Das kann nun Bank A nicht hinnehmen, denn damit würde Bank B eine Informationsbeziehung zum Kunden A aufbauen.

Dieses Dilemma ist hier zwar vereinfacht dargestellt, doch es wird hinreichend deutlich, dass damit die ursprüngliche Absicht zunichte gemacht wird.

Für beide Banken war es nicht hinnehmbar, auf *PayClear* als Manager der Überweisungsdaten zurückzugreifen, da dies ihrer Meinung nach das Clearing House über Gebühr in seiner Rolle stärken würde. Das Clearing House würde sich allmählich zu einem integrativ vorgehenden Transaktionsmanager nicht nur für Finanztransaktionen, sondern letztlich für fast alle Transaktionen überhaupt entwickeln.

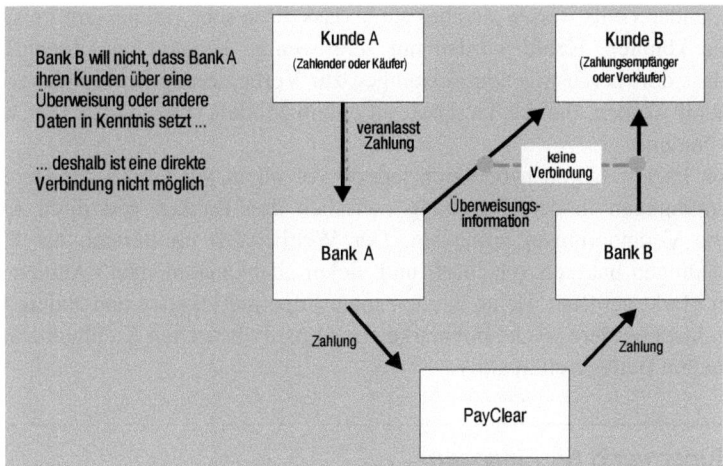

Abb. 4.4 Die Informationssackgasse

In diesem Beispiel sind die Banken nicht in der Lage, über die „Zahlung" und die sie idealerweise begleitende „Information" hinauszublicken. Sie sehen ihr Tagesgeschäft darin, Zahlungen zu ermöglichen und durchzuführen, auch wenn sie dazu auf *PayClear* zurückgreifen müssen. Steiner & Teixeira[5] beobachteten in diesem Zusammenhang:

65 % der Systemausgaben in diesem (Banken-) Sektor konzentrieren sich ausschließlich auf die Bewegung von Finanzmitteln. Obwohl die Bewegung von Finanzmitteln eine durchaus komplizierte Angelegenheit sein kann, handelt es sich letztlich doch um relativ mechanische Transaktionen die keine Differenzierungsmöglichkeit im Wettbewerb der Bankenprodukte bieten. Nur 10 % der Ausgaben im gesamten Bankensektor werden in die Entwicklung von Funktionen investiert, mit denen sich Banken im Markt möglicherweise vom Wettbewerb differenzieren können. Die Investitionspolitik der Branche in ihre Systeme fördert vor allem Dienstleistungen, die als Standardware am Markt erhältlich sind.

---

5 Steiner TD, Teixeira DB (1990) Technology in banking: creating value and destroying profits. Irwin

Die Autoren können diese Aussage aus eigener Erfahrung nur bestätigen. In einer großen internationalen Bank wurden 90 % der IT-Investitionen für die Verbesserung der Verwaltungsfunktionen ausgegeben und nur weniger als 5 % in Systeme mit direktem Nutzen für den Kunden investiert. Diese fehlende Kundenorientierung scheint sich auch in der Meinung der Kunden über die Qualität der Kundenbanken niederzuschlagen. Für viele Privat- und Firmenkunden stellen die Banken heute ein lästiges Übel dar. Einerseits brauchen sie den Service der Banken, andererseits wissen sie aber auch, dass diese sehr viel bessere Leistungen erbringen könnten. Heute würden nur sehr wenige Kunden von ihren Banken sagen, dass dort herausragende Leistungen zur Verbesserung der Kundenorientierung erzielt werden, die das Geschäft zu einem Modell von *Total Action* werden lassen könnten.

In den letzten Jahren haben sich jedoch vor allem auf Grund der Deregulierungsbemühungen in der Beziehung zwischen den Banken und ihren Kunden drastische Veränderungen vollzogen. Der Wettbewerb im Bereich der Finanzdienstleistungen hat sich verschärft und vielen „bankenähnlichen" Anbietern das Tor zum Markt geöffnet. Heute werden sogar Supermarktketten und andere Unternehmen, insbesondere solche mit starken und positiv besetzten Kundenmarken, im traditionellen Bankgeschäft aktiv.

Der Supermarkt für Finanzen

Die britische Supermarktkette Marks & Spencer investierte während der letzten 10 Jahre etwa £ 600 Millionen in den Ausbau seiner Informationstechnologie. Der Wert der damit verarbeiteten Daten wurde erst im Jahre 1984 deutlich, als das Unternehmen eine firmeneigene „Kundenkarte" einführte und von diesem Zeitpunkt an in seinen Geschäften die Annahme aller anderen Kreditkarten verweigerte. Die neue Karte ließ den Kunden erahnen, welchen Wert die Treue als Kunde der Kette für ihn selbst haben könnte und erfreute sich sehr schnell großer Popularität. Marks & Spencer erfasste mit Hilfe der Karte Daten über das Konsumverhalten seiner Kunden und konnte sich so zu einem der führenden britischen Finanzdienstleister entwickeln. Das Unternehmen ist jetzt auch im Geschäft mit Privatkrediten, Investitionen, Lebensversicherungen und Renten tätig. Insgesamt 5 Millionen Kunden besitzen heute eine Karte bei Marks & Spencer. Bisher wurden £ 2,5 Milliarden an Privatkrediten ausbezahlt und Investitionen im Wert von über £ 400 Millionen verwaltet. Der Operating Profit betrug dabei im Jahre 1997 insgesamt £ 37,5 Millionen.

Im Vergleich zu den traditionellen Kundenbanken bietet ein solcher Finanzdienstleister mindesten zwei wichtige Vorteile:

- Die Bank sieht lediglich die Ein- und Ausgänge der Zahlungen, während ein Finanzdienstleister wie Marks & Spencer sich ein Bild vom Finanzverhalten des Kunden machen kann. Damit verfügt Letzterer über umfassendere Kundeninformationen als die Bank.

– Gleichzeitig ziehen sich viele Banken aus dem persönlichen Kontakt mit dem Kunden zurück. Sie schließen ihre Geschäftsstelle im Stadtzentrum und richten stattdessen einen Geldautomaten ein, ermöglichen Telefonbanking und bieten, was heute noch ein wenig wie Zukunftsmusik anmuten mag, für Finanzdienstleistungen die Hilfe eines Call Centers an.

Gleichzeitig beginnen „Internet Banking" und „Digital Cash" (internetgestützte Zahlungstransaktionen) ihren Siegeszug. Noch werden die neuen Möglichkeiten nur zögerlich genutzt, doch sie werden die Art und Weise, wie der normale Kunde seine Bargeld- und Zahlungstransaktionen handhabt, mit Sicherheit völlig revolutionieren. Vielleicht ist es eine Verallgemeinerung zu behaupten, dass viele Kundenbanken die digitalen Geschäftstechnologien zu lange vernachlässigt haben, und dass sie bei der Umstrukturierung ihrer museumsreifen Zahlungsbetriebe arg ins Hintertreffen geraten sind. Jedoch übernahm mit First Direct in Großbritannien zumindest eine Bank eine Vorreiterrolle bei der großflächigen Einführung des Telefonbanking als praktischem Instrument zur Verbesserung der Kundenorientierung.

Hier spricht ihre Telefonbank. Wie können wir Ihnen helfen?

Zwar ist „Telephone Banking" ähnlich wie „Home Shopping" seit Jahren in aller Munde, doch hat sich bisher nicht allzu viel getan. Als gegen Ende der 80er Jahre das große Potential der Telekommunikation in Verbindung mit der Computertechnik erkennbar wurde, wurden auch die Möglichkeiten des Telefonbanking zum ersten Mal ernsthaft diskutiert. Damals schienen sich nur wenige Kunden dafür begeistern zu können, ihre Bankgeschäfte per Telefon abzuwickeln. Es gab für solche Transaktionen auch noch keine passenden technologischen Plattformen, zumal Videotext und Tonwähler nicht sonderlich erfolgreich waren. Für Letztere benötigte man das Fingerspitzengefühl eines Panzerknackers und das numerische Gedächtnis eines Mathematikgenies.

Das Telefonbanking entwickelte sich bei den Banken als Nebenprodukt ihres Standardgeschäfts. Man sagte dem Kunden: „Sie können uns zu den normalen Bürozeiten auch gern anrufen." Wollte der Kunde dies, so konnte er einige komplizierte Eingaben auf seiner Telefontastatur vornehmen oder sich der Willkür des Spracherkennungssystems seiner Bank (das schon arge Erkennungsschwierigkeiten zeigte, wenn der Anrufer auch nur ein einziges Gläschen Wein getrunken hatte) unterwerfen.

Trotz dieser etwas schwerfälligen Anfänge war First Direct mit seinem Telefonbanking erfolgreich. Als völlig neues Unternehmen konnte die Tochter der Midland Bank bereits 1998 auf stolze 850.000 Kunden verweisen. Der Kundenstamm wuchs mit zunehmender Geschwindigkeit um 12.500 Personen pro Monat. First Direct ist heute außerdem die am häufigsten empfohlene Bank Großbritanniens. Immerhin 90 % ihrer Kunden gaben an, mit ihrer Bank „äußerst" oder „sehr zufrieden" zu sein, während 86 % meinten, als Kunden von First Direct profitierten sie von einem besseren Service als die Kunden anderer Banken. Dabei hatten 81 % der Kunden First Direct auch bereits an Freunde weiter empfohlen.[6]

4.4.2 Der Kunde soll profitieren

First Direct erstellte ein genaues Profil seines Zielmarktes und seiner Kunden in diesem Markt. Ebenso identifizierte es genauestens den Mehrwert, den die Bank durch ihren benutzerfreundlichen Telefonbanking-Service für die Kunden in diesem Markt anbieten konnte. Der Zielmarkt bestand aus Privatpersonen, die über zu verwaltende Finanzmittel verfügten und deren Zeit zu knapp war, um sich den Einschränkungen des traditionellen Bankgewerbes zu unterwerfen. Es ging vor allem um berufstätige Paare ohne Kinder, die sogenannten DINKIES (Double Income – No Kids). Aus ihren Marktforschungsanalysen konnte die Bank einige wichtige Serviceeigenschaften ablesen, die sie diesen Kunden (und, wie sich herausstellte, auch vielen anderen) bieten musste:

– Der typische Kunde steht nicht gern in der Schlange: Berufstätige Personen können aber nur dann zur Bank gehen, wenn alle anderen Berufstätigen dies auch tun. Ergebnis: ungeliebte Warteschlangen.

– Außerhalb der normalen Bürozeiten und an den Wochenenden, wenn der typische Kunde die Dienste seiner Bank in Anspruch nehmen will, ist sie geschlossen.

– Der typische Kunde ist nicht für das Telefonbanking zu begeistern: Er kann mit den komplizierten Bedienungsprozessen nicht viel anfangen. Effektive Interaktion ist nicht garantiert. In den meisten Fällen möchte der Kunde statt mit einem „dummen" Computer lieber mit einem intelligenten Mitarbeiter sprechen.

– Der typische Kunde glaubt nicht, dass Banken für Geld auch Wert zu bieten haben. Der britische Bankensektor für Privatkunden befand sich praktisch in der Hand von vier Banken: Barclays, Lloyds, Midland und National Westminster dominierten den Markt. Unter diesen vier Großbanken gab es wenige oder gar keine Unterschiede. Die von First Direct identifizierte Kundengruppe der „Dinkies" hielt alle vier Banken für übermäßig bürokratisch, arrogant, distanziert und zu wenig kundenorientiert.

---

[6] www.firstdirect.co.uk

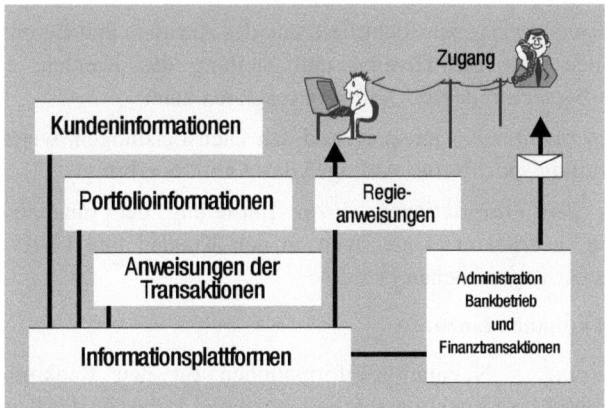

Abb. 4.5 Das Management der Interaktion – und der Finanzbetrieb hinter den Kulissen

First Direct beabsichtigte, seinen Kunden – per Telefon – als „Wert" eine völlig unabhängig von Ort und Zeit verfügbare Zugangsmöglichkeit zu bieten. Mike Siddons, Leiter im Bereich betrieblicher Prozesse, meinte dazu:

Unsere Aufgabe bestand darin, nicht innerhalb von Minuten, sondern innerhalb von Sekunden zu reagieren. Die normalen Prozesse im Bankgeschäft waren bei uns nicht von Bedeutung. Wir mussten ein funktionsfähiges System auf die Beine stellen, das eine Dienstleistung für den Nutzer erbrachte und sie ihm nicht abverlangte. Wir mussten ein extrem leistungsfähiges System entwickeln, das flexibel und leicht zu bedienen war – und zwar mit einem einzigen Telefonanruf.

Für First Direct gibt es einen zentralen Zugangskanal: das Telefon (obwohl ab 1998 auch der Zugang über PC möglich wurde). Die Kommunikation durch gedruckte Dokumente ist noch nicht ganz überflüssig geworden, und der Kunde selbst muss sich, um Bargeld zu erhalten, immer noch mit einem Bankautomaten begnügen. Aber für die Erledigung aller übrigen Belange reicht ein einziger Telefonanruf. Um dieses Angebot bieten zu können, musste First Direct zunächst zuverlässige Verbindungen zwischen den offiziellen Vertretern der Bank dem Kunden gegenüber und zur Verwaltung schaffen und langfristig garantieren können. So muss der einzelne Bankmitarbeiter die Möglichkeit haben, die gesamte Interaktion mit dem Kunden abzuwickeln und dabei jederzeit die direkte Hilfe der Verwaltung oder eines Fachexperten in Anspruch zu nehmen, sofern er sie benötigt (vgl. Abbildung 4.5). Deshalb muss alle notwendige Unterstützung mit Hilfe der digitalen Technologien direkt vom Bildschirm des Mitarbeiters aus abrufbar sein. Von diesem Bildschirm aus erfolgt dann das Management der gesamten Interaktion. Dazu benötigt der Mitarbeiter:

- *Kundeninformationen* – zur Identifizierung des Anrufers und Bereitstellung von Informationen über die Historie und Stellung des Kunden, so dass der Mitarbeiter besser auf dessen Anfragen reagieren kann
- *Portfolioinformationen* – entsprechend den Dienstleistungen, welche die Bank in Beantwortung spezifischer Anfragen des Anrufers erbringt
- *Anweisung der Transaktionen* – zur Initiierung der Finanztransaktionen, Versendung (gedruckter) Unterlagen an den Kunden und Überwachung des Fortschritts der angestoßenen Prozesse

Unterstützend kommen hinzu:

- *Regieanweisung* – Navigationsinformationen für den Bankmitarbeiter als Anleitung für dessen Reaktion auf die Fragen und Wünsche des Kunden
- *Informationsplattformen* – elektronische Verbindungen zu den erforderlichen Informationsquellen und Transaktionsmechanismen
- *Verbindungen* – zur Verwaltung der Administrations-, Bankentransaktions- und Finanzsysteme, zum Beispiel für Verbindungen zu den Zahlungsbetrieben bei der Anweisung von Zahlungen sowie zur Administration für die Versendung einer entsprechenden Transaktionsnotiz an den Kunden.

4.4.3 Informationen krönen den Kunden

Als *Customer Leader* steht ein Mitarbeiter gegenüber dem Kunden wie auch innerhalb des eigenen Unternehmens stets im Zentrum der Ereignisse. Bei First Direct ist der Bankmitarbeiter als *Customer Leader* während der gesamten Interaktion für den jeweiligen Kunden zuständig. Er oder sie genießt die informationstechnische Unterstützung, die zur Förderung des Entscheidungsprozesses beim Kunden sowohl ein reaktives als auch ein proaktives Vorgehen zulässt. Für eine bestimmte Transaktion kann der Mitarbeiter die Hilfe seines *Customer Action Teams* entsprechend ausrichten und auch selbst in Anspruch nehmen. Wenn derselbe Kunde später wieder bei der Bank anruft, gerät er vielleicht an einen ganz anderen Mitarbeiter, der allerdings über genau dieselben (auf den neuesten Stand gebrachten) Information über den Kunden und die gleichen Kapazitäten verfügt wie sein Vorgänger. So hat es der Kunde am anderen Ende der Telefonleitung immer nur mit einer Person zu tun, die auf alle seine Fragen und Wünsche zufriedenstellend zu reagieren im Stande ist.

Für den Zeitraum der Interaktion mit dem Kunden wird der Bankmitarbeiter am Telefon zum *Customer Leader*. Er oder sie kann die Transaktion durchführen und die Erfüllung innerhalb klar definierter Grenzen nach einer Art vorgegebener Regieanweisung selbst anstoßen. Wenn der *Customer Leader* dazu den eigenen Kompetenzbereich überschreiten müsste, kann umgehend ein Fachexperte oder eine Führungskraft unterstützend eingreifen.

Dieser *Customer Leader* hat nicht ständig mit denselben Kunden zu tun. Er oder sie wird erst mit dem Klingeln des Telefons zum *Customer Leader*. *Dieser Prozess wird abgebildet in den Informationsplattformen*, der Software, den Datenbanken und Anwendungen. Von den Plattformen gelangt die Information zum *Customer Dashboard*. Der Bankmitarbeiter wird für kurze Zeit zum Koordinator der Bedarfskette und gibt diese Funktion wieder auf, wenn der Anruf beendet ist bzw. gibt sie weiter, wenn ein Fachmann den Kunden übernimmt. Durch die Software bleibt der Kunde auf diese Weise immer König.

Bei First Direct baut die zentrale Rolle des Kunden auf den genutzten Plattformen auf. Ohne sie wäre der den Kundenanruf beantwortende Mitarbeiter gänzlich hilflos. Der *Customer Leader* hängt in seiner Arbeit also völlig von seinem Zugang zu relevanten Informationen ab (vgl. Abbildung 4.6).

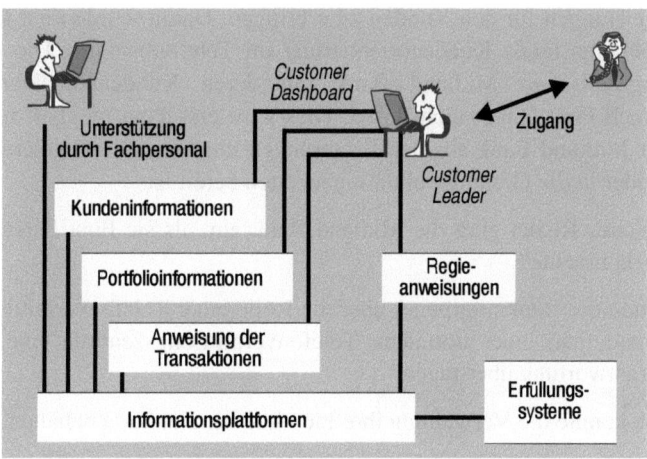

Abb. 4.6 Der *Customer Leader* bei First Direct

4.4.4 Was kann man daraus für das *Total Action*-Prinzip lernen?

Die Bank First Direct konzentrierte alle Anstrengungen darauf, ihr Geschäft entsprechend der neuen Leistungsmarke „kundenorientiertes Handeln" auszurichten. In dem beschriebenen Fall wurden die traditionellen Zugangsmöglichkeiten für den Kunden nicht einfach nur um einen zusätzlichen Kanal – das Telefon – erweitert, sondern das Unternehmen machte den Kunden zum Entscheidungszentrum für sein gesamtes Geschäft. Alle geschäftlichen Aktivitäten mussten sich fortan auf diesen einen Kontaktpunkt konzentrieren. Um dies gewährleisten zu können, gründete die Muttergesellschaft (Midland Bank) eine neue, vom übrigen Geschäft getrennt agierende Bank, die somit nur in sehr geringem Maße aus bestehenden Ressourcen schöpfen konnte. Die neue Bank verfügte als Startkapital lediglich über einige Computerdisketten mit Informationen über die Kunden (bzw.

deren Konten), welche die IT-Abteilung nicht sinnvoll für Marketing- oder Kundenservicezwecke hatte nutzen können. Die Bank hatte erkannt, dass die geplanten Aktivitäten mit dem bestehenden Personal und den verfügbaren Organisationsmöglichkeiten kaum zu bewältigen sein würden. Durch eine neue Organisationsstruktur, die eine andere Sichtweise – von außen nach innen – praktizierte, konnten viele Probleme vermieden werden. Allerdings bestand die Gefahr, dass First Direct früher oder später die Kunden der eigenen Muttergesellschaft und damit deren Marktanteil übernehmen könnte.

First Direct ist heute ein sehr fortschrittlicher Call Center mit einer ausgezeichneten organisatorischen Unterstützung. Nur wenige Unternehmen gehen das Risiko ein, dem sich die Midland Bank aussetzte, als sie First Direct gründete und ihr Schicksal mit der Chance verknüpfte, mit einen einzigen Kundenkanal ausgezeichnete Leistungen für den Kunden zu erbringen. Damit wurde First Direct zur Messlatte für eine totale Kundenorientierung im Telefonbanking. Die Probleme der Muttergesellschaft Midland Bank mit deren Kundenkontakten konnte allerdings auch First Direct nicht lösen. Dies wird erst dann möglich sein, wenn man bei der Midland Bank aus den Erfahrungen mit First Direct gelernt hat und Letztere wieder in die Gesamtstruktur einzubetten bereit ist.

Frage: Welches Risiko ging die Midland Bank ein, als sie First Direct auf den Markt brachte?

Frage: Hatten die Bankmitarbeiter eher die Rolle einer Telefonvermittlung? Wie könnte man einer normalen Telefonvermittlungszentrale eine ähnliche Verantwortung übertragen?

Frage: Wie konnte die Verwaltung ihre Identität und Funktion behalten?

4.5 Eins, zwei, drei – hier kommt die *Total Action*-Polizei!

Eigentlich sollte man annehmen, dass bei der Polizei das Total Action-Prinzip generell greift. Alle Aktivitäten der Polizeikräfte müssen direkt auf das Bedürfnis der Bevölkerung, in einem sicheren Umfeld zu leben und zu arbeiten, ausgerichtet sein. In der Praxis ist dies jedoch anscheinend nicht immer der Fall. Das Ziel, an dem sich Denken und Handeln der Polizei orientieren, besteht darin, für die Einhaltung der Gesetze zu sorgen. Nicht zuletzt auf Grund ihrer hierarchischen Struktur und aufgabenorientierten Organisationsmuster erhält der einzelne Polizeibeamte nur wenig Anreiz, den Bürger als „Kunden" zu sehen.

Doch auch bei der Polizei werden die beträchtlichen Auswirkungen des Einsatzes digitaler Geschäftstechnologien allmählich sichtbar. Durch sie hat ein Beamter direkten Zugang zu allen möglichen Informationen, und ihm steht ein nahezu lückenloses Kommunikationsnetz zur Verfügung. Dies ermöglicht und erfordert ein völliges Umdenken in der Frage, worum es bei der Arbeit der Polizei eigentlich geht, zumal die Polizeibehörden immer stärker Gefahr laufen, den Anforderungen der modernen Gesellschaft nicht mehr gerecht zu werden.

Die nachfolgenden Beispiele stammen von verschiedenen europäischen Polizeibehörden, deren strategische Führung bemüht ist, neue Ansätze zu praktizieren, um die steigenden Ansprüche der Öffentlichkeit an ihre Leistung befriedigen zu können. Besonderen Dank schulden wir der Rotterdamer Polizei dafür, dass sie uns Einblick in ihren Lernprozess gewährt hat. Bei der Rotterdamer Polizei handelt es sich um eine der größten Polizeibehörden in ganz Europa. Sie trägt die Verantwortung für Sicherheit und Ordnung in einer sehr dicht besiedelten Region, in der sich außerdem der größte Hafen der Welt befindet. Wir haben für die Darstellung auch auf andere Erfahrungen in unserer Arbeit zurückgegriffen. Deshalb bezieht sich die von uns zum Ausdruck gebrachte Haltung auf eine eher allgemeine Einschätzung der Möglichkeiten, die Grundsätze von Total Action auch für die Polizei nutzbringend einzusetzen.

Es ist offensichtlich, dass die Polizeikräfte in der Lage sein müssen, sich dem Wechsel der Situationen schnell anzupassen und ihr eigenes Handeln problemlos zu organisieren. Sie müssen bei jedem möglichen Zwischenfall in der Lage sein, die eigenen Kapazitäten schnell und effektiv zu organisieren. Die Polizei muss für den Zweck des Austauschs über bestimmte Zwischenfälle über lückenlose Kommunikationsmöglichkeiten verfügen und von einzelnen Personen wie auch ganzen Organisationsstrukturen schnelle und korrekte Profile erstellen können. Viele Polizeibehörden verfügen in der Tat über extrem fortschrittliche, jeweils auf konkrete Vorfälle ausgerichtete Kommunikations- und Informationsmöglichkeiten. Die operativen Abläufe im täglichen Geschäft und die intelligente Verknüpfung notwendiger Teilinformationen sowie die effiziente Organisation von Ressourcen – also die Schaffung eines „Geschäftsnetzes" – lassen jedoch immer wieder merklich zu wünschen übrig.

4.5.1 Wer ist unser Kunde?

Um *Total Action* erfolgreich zu praktizieren, geht es unter anderem darum, sich bei jeder Entscheidungsfindung auf den Kunden zu konzentrieren. Deshalb muss die erste Frage immer lauten: *Wer ist unser Kunde?* Ein Polizeichef antwortete auf diese Frage:

> *Wir haben keine Kunden! Was wir haben, sind Sicherheitsrisiken, Kriminelle und Opfer.*

Wie sieht Ihr lokal zuständiger Polizeibeamter Sie wohl als Privatperson, sollte er sich jemals Gedanken darüber gemacht haben? Kennt er Sie überhaupt persönlich? Sieht er Sie als potentiellen oder bereits als echten Kunden? Oder betrachtet er Sie eher als potentiellen Kriminellen, als Sicherheitsrisiko, als Zeuge oder Opfer? Wie sieht Ihre Interaktion mit der Polizei aus? Ist die Polizei in der Lage, wenn es notwendig ist, alle über Sie verfügbaren Informationen zu aktivieren? Die Polizei kann bereits aus den Kontakten mit Ihnen umfangreiche Informationen über Sie zusammentragen. Vielleicht haben Sie ja einmal wegen Geschwindigkeitsüberschreitung einen Strafzettel bekommen, oder Sie haben den Diebstahl Ihres Autos auf der Wache gemeldet. Nutzt die Polizei diese Informationen, um sich ein vollständiges Bild von Ihnen und Ihrer Situation zu machen und mit zielgenauer Präzision handeln zu können, falls Sie ihre Hilfe benötigen?

In der heutigen Gesellschaft ist „Sicherheit" ein allgemein anerkanntes Bedürfnis. Setzt man verfügbare Informationen sinnvoll ein, kann ein sicheres Lebens- und Arbeitsumfeld garantiert werden. Um diesen Grad der Sicherheit gewährleisten zu können, muss die Polizei mit der ihr zur Verfügung stehenden Information anders umgehen.

Wert für Sie – den „Kunden"

Stellen Sie sich einmal vor, Sie kommen gegen 22 Uhr aus dem Kino nach Hause und stellen fest, dass man Ihre Haustür eingeschlagen hat, überall Papierfetzen herumliegen, die Fensterscheiben zerbrochen sind und ihre Wertsachen fehlen. Natürlich rufen Sie sofort die Polizei. Um etwa 22.30 Uhr trifft ein Streifenwagen ein, die Beamten nehmen einige Details auf und geben Ihnen Namen und Telefonnummer eines Schlossers. Der Schlosser kommt gegen Mitternacht noch und repariert die kaputten Türschlösser. An den zerbrochenen Fensterscheiben und der demolierten Tür kann er im Moment jedoch auch nicht viel ändern. An nächsten Tag begeben Sie sich zur örtlichen Polizeiwache, um dort ihre Aussage zu Protokoll nehmen zu lassen. Das ist nicht nur deshalb notwendig, damit die Einbrecher gefasst werden, sondern auch, weil Ihre Versicherung eine Kopie des Polizeiberichts angefordert hat. Auf der Polizeiwache wartet bereits eine Menschenschlange. Sie stellen sich hinten an. Endlich ist dann einer der diensthabenden Beamten frei, und Sie tragen ihm Ihr Anliegen vor. Nein, auf der Polizeiwache weiß man gar nichts von dem Einbruch in Ihrem Haus. Die Beamten können auch keinen Bericht aufnehmen, denn Ihre Straße fällt in einen anderen Bezirk. Ja, natürlich liegt ihre Wache Ihrem Haus am nächsten, aber das heißt ja nicht unbedingt, dass sie auch für Ihre Straße zuständig ist.

Sie bestehen darauf, dass man Ihnen weiterhilft, und nach einigem Hin und Her werden Ihre Daten dann doch aufgenommen und an die zuständige Wache geschickt. Das erfordert einige Zeit, und Sie haben immer noch keine Kopie des Polizeiberichts für Ihre Versicherung. Sie sind inzwischen an dem Punkt angelangt, an dem Sie ernsthaft erwägen, Ihre Versicherung auf Knien anzuflehen, sich doch einfach auf Ihr Wort zu verlassen. Schließlich entscheiden Sie sich, doch bei der anderen Wache vorstellig zu werden. Nach abermaligem Warten dürfen Sie dort Ihre Situation nochmals erklären. Sie bekommen sogar eine Durchschrift des Polizeiberichts. Als Sie wieder daheim sind, rufen Sie die Versicherung, den Glaser und den Schreiner an, damit Fenster und Türen repariert werden. Sie setzen auch ihre Nachbarn darüber in Kenntnis, dass sich Einbrecher in der Gegend herumtreiben.

Während all dieser Unannehmlichkeiten kämen Sie nicht einmal im Traum auf den Gedanken, dass die Polizei Sie vielleicht als „Kunde" betrachten könnte. In der Nacht nach dem Einbruch schauten Sie aus dem Fenster, und es hätte Ihnen sicherlich gut getan, wenn Sie gesehen hätten, wie ein Polizeiwagen langsam und aufmerksam die Lage beobachtend die Straße hinuntergefahren wäre. Es ist aber weit und breit kein Polizeiwagen zu sehen. Obwohl Sie sich bisher in Ihrem Haus immer sicher gefühlt haben, macht sich bei Ihnen allmählich ein unangenehmes Gefühl breit. Wenn es so einfach ist, in Ihr Haus einzubrechen, sollten Sie sich dann nicht vielleicht doch von einer professionellen Firma eine Alarmanlage einbauen lassen? Im Nachhinein geht Ihnen auf, dass die Polizei in Ihrem Fall eigentlich sehr wenig getan hat. Sie war nicht da, als Sie ihre Hilfe brauchten, und als die Beamten dann schließlich eintrafen, waren sie keine große Hilfe. Heute gab es keinerlei Sonderüberwachung für Ihre Gegend, und auf der Polizeiwache fühlten Sie sich von dem bürokratischen Aufwand eher unangenehm belästigt. Was leistet die Polizei denn eigentlich, was für Sie von echtem „Wert" wäre?

Was können Sie aus diesem Beispiel für Ihre Interaktion mit der Polizei schließen?

- *reaktives statt proaktives Verhalten*: Die Polizei kann auf Ihren Anruf nur reagieren. Als die Beamten dann bei Ihnen eintreffen, wissen sie nur wenig und haben auch keine Ahnung, wie sie Ihnen weiterhelfen können.
- *kein sofortiger Informationsaustausch:* Die neu aufgenommenen Informationen werden nicht umgehend an die übrigen Stellen in der Organisationsstruktur weitergegeben. Der Bericht geht an die „zuständige Stelle". Diese Stelle ist aber leider für einen anderen Bezirk zuständig und nicht identisch mit der Polizeiwache, die sich am nächsten zur Einbruchstelle befindet. Deshalb weiß der Polizeibeamte auf der näher gelegenen Wache auch nicht, was geschehen ist, obwohl die notwendige Information an anderer Stelle in der Organisation durchaus vorliegt.
- *schlechter Service:* Als Sie den Einbruch melden, erfolgt die Aufnahme in einer typisch bürokratischen Art und Weise. Niemand versucht, Ihnen zu helfen oder Ihnen Ihr Sicherheitsgefühl wiederzugeben bzw. mit Ihnen über Präventionsmöglichkeiten zu sprechen.
- *Alternativlösungen:* Es können neue relevante Informationsdienste geschaffen werden, zum Beispiel auf der Grundlage einer Art Nachbarschaftshilfe, einer Verbindung zum Schlosser, Glaser usw. sowie zu Ihrer Versicherungsgesellschaft. Daran hat die Polizei keinen Anteil. Die Polizei hat nichts zu tun mit möglichen Interaktionen zur Vermeidung von Einbrüchen oder hilfreicher Unterstützung nach einem erfolgten Einbruch.

Aus dem Beispiel wird ersichtlich, wie das Verhalten der Polizei zu Unzufriedenheit in der Bevölkerung führen kann. Es handelt sich hier natürlich um ein relativ
einfach strukturiertes Beispiel, aber mit der Zunahme von Gewalt und
Unsicherheit werden sich immer mehr Bevölkerungsangehörige zur Gewährleistung ihrer Sicherheit untereinander organisieren und dabei Mittel einsetzen, die
nicht auf digitalen Grundlagen beruhen, sondern dem Einzelnen ganz einfach
physische Sicherheit bieten.

Als Kunde in der digitalen Welt

Überlegen Sie sich einmal, welche Möglichkeiten eine digitalisierte Welt bietet.
Um bei dem Beispiel zu bleiben, wissen Sie jetzt um die Wächterfunktion der
Nachbarschaftshilfe in Ihrer Wohngegend. Am Abend nach dem Einbruch
finden Sie sogar ein E-Mail vor, das Sie einlädt, sich einmal die Website der
Nachbarschaftshilfe anzusehen. Sie wählen sich in die Seite ein und geben
Ihren Namen und Ihre Adresse an. Ihr Haus ist (wie viele andere) auf der
eingeblendeten digitalen Karte mit einem roten Punkt gekennzeichnet. Sie
klicken den roten Punkt an, und es werden bereits Informationen über den
Einbruch in Ihrem Haus aufgelistet. Es wird auch sichtbar, dass Sie kein Mitglied des Nachbarschaftsverbandes sind. Gleichzeitig werden Sie auf Informationen über Vermeidung, Überwachungsdienste, Schlosser, Glaser, Schreiner
und andere, möglicherweise benötigte Anbieter in Ihrer Region verwiesen.

Sie klicken aus Interesse auch die anderen roten Punkte an. Bei einigen
finden sich eine Liste der gestohlenen Güter mit Angaben darüber, was davon
wieder auftauchte, sowie Informationen über den Status der polizeilichen
Untersuchungen. Sie halten das für keine gute Idee. Diese Website könnte ja
genauso gut von einem Einbrecher eingesehen werden, der dort viele nützliche
Informationen für seinen nächsten Raubzug fände. Eigentlich könnte es sich
auch um die Website einer Verbrecherorganisation handeln. Weshalb tritt denn
die Polizei im Internet überhaupt nicht in Aktion? Würde die Polizei das
Internet wirksam nutzen, könnte sie allerhand Informationen über den Einbruch
bei Ihnen zusammentragen und in Beziehung setzen zu anderen Einbrüchen in
der Gegend. Außerdem könnte die Polizei die von den Einbrüchen betroffenen
Bürger regelmäßig über ihre Maßnahmen zur Ergreifung der Täter informieren.
Sie könnte Ratschläge erteilen, damit eine Wiederholung des Einbruchs
unmöglich wird. Wenn Sie das nächste Mal in einer ähnlichen Angelegenheit
Hilfe benötigen, würden Sie dann die Polizei oder lieber den Nachbarschafts-
verband anrufen?

Die Polizei deckt im Idealfall etwa 5 % aller Straftaten auf, und 40 % der
angezeigten Fälle enden vor Gericht, wobei etwa die Hälfte davon für den
Geschädigten positiv ausgeht. Ein hochrangiger Polizeibeamter kommentierte
diese Zahlen gegenüber einer Gruppe von Kollegen folgendermaßen:

Unsere Aufgabe muss darin bestehen, unsere alte Rolle wieder ganz auszufüllen, das heißt bei der Bevölkerung Vertrauen darin zu schaffen, dass wir uns um sie kümmern. Wenn wir das nicht erreichen, werden auch gesetzestreue Bürger dazu übergehen, Selbstjustiz zu üben. Als Hüter des Gesetzes haben wir eine Monopolstellung inne, aber mit solchen Zahlen wären wir als kommerzielles Unternehmen in der normalen Geschäftswelt schon längst bankrott. Dieses Monopol tut uns nicht gut. Es verzerrt unser Denken und unser Handeln. Wir konzentrieren uns auf Eingriff und Verbrechensbekämpfung. Wir handeln erst, nachdem bereits etwas geschehen ist und tragen kaum etwas zu Prävention und Risikoeinschätzung bei. Wir brauchen ein völlig neues Denken und eine neue Einstellung gegenüber Risiko und Sicherheit. Wir müssen neu definieren, was es bedeutet, ein sicheres Umfeld für die moderne Gesellschaft zu schaffen, in dem die Menschen arbeiten, leben und sich entspannen können.

Viele Interaktionen mit der Polizei finden nach erschreckenden oder schmerzhaften persönlichen Erfahrungen statt: einem Autounfall, einem Strafzettel wegen Geschwindigkeitsüberschreitung, einem Einbruch. Die Mehrheit der Bevölkerung wird zugeben müssen, dass wir die Polizei brauchen, aber nur für die wenigsten Menschen verbinden mit dieser Institution positive Erfahrungen. Die Angehörigen der Polizeibehörden müssen neu erkennen, welche Anforderungen die Bürger an ihre Arbeit (also ihren Service) stellen. Der Wunsch nach Sicherheit ist ein grundlegendes Bedürfnis. Wenn die Polizei mehr sein will als nur der Hüter des Gesetzes, dann muss sie das Management der *Wertkette der Sicherheitsrisiken* zur Stärkung des allgemeinen Sicherheitsgefühls besser beherrschen lernen. Mit einem solchen Denkansatz kann die Polizei in folgender Weise helfen:

– zu einer besseren Risikoeinschätzung in der Bevölkerung beitragen
– zur Risikoeindämmung beitragen
– die Bevölkerung früh vor bevorstehenden Risiken warnen
– zur Vermeidung von Straftaten beitragen und das Justizsystem unterstützen

Wenn die Polizei sich mehr „auf die Bedürfnisse des Kunden konzentrieren" will, muss sie genauer wissen, wie ihre Kontakte mit der Bevölkerung eigentlich ablaufen. Die Entscheidungsfindung muss sich grundsätzlich am Kunden – dem einzelnen Bürger in der Gesellschaft – orientieren:

– Die Polizei benötigt einen *kundenorientierten Denkansatz*, um ein gemeinsames Verständnis davon zu entwickeln, was die Bevölkerung von einem „sicheren Lebens- und Arbeitsumfeld" erwartet, und welche Rolle die Polizei für dessen Sicherung übernehmen muss.
– Auch die Polizei muss ihre *interaktiven Kapazitäten* verbessern, um in unvorhersehbaren Situationen eine Vielfalt von Informationen handhaben und konstruktiv nutzen zu können.

Alle Aktivitäten müssen sich in dieser Wertkette auf den „Kunden" richten. Das ist bei der Arbeit der Polizei normalerweise nicht der Fall. Die Polizei betrachtet den einzelnen Bürger nicht als „Kunden". Der Bürger bezahlt nicht für die empfangene Leistung, und ihm steht deshalb auch kein Wahlrecht zu. Die Argumentation, der zufolge „die Regierung unser Chef und Kunde ist", verzerrt das gesamte System.

4.5.2 Nicht alle Aktivitäten dienen dem Kunden

Auch in einer Polizeibehörde sind unsinnige Abläufe zu beobachten, wie man sie aus kommerziellen Unternehmen kennt. Als man die einzelnen Beamten danach befragte, worauf sie ihre Arbeitszeit verwenden, zeigte sich, dass ein unverhältnismäßig großer Teil der Arbeitszeit mit administrativen Vorgängen vertan und ein ebenfalls beträchtlicher Teil der verbleibenden Zeit einfach verschwendet wurde. Die Öffentlichkeit möchte, dass der Polizeibeamte sich auf der Straße sehen lässt, während er selbst sich lieber „auf der Wache" verkriecht. Ein hochrangiger Polizeibeamter wies darauf hin, dass ein Polizist mehr Anerkennung und Lob zu erwarten hat, wenn er sich auf der Wache befindet.

Wir haben eine Skala mit insgesamt 12 Gehaltsstufen, nach der wir unsere Beamten entlohnen. Drei davon sind für Streifenbeamte vorgesehen, die auf der Straße ihren Dienst versehen. Diese drei gehören keineswegs zu den höher dotierten. Deshalb will auch jeder Beamte, um ein höheres Gehalt zu bekommen, auf der Wache seinen Dienst tun. Niemand will auf Streife gehen.

Ein Großteil der verschwendeten Zeit setzt sich aus Phasen zusammen, in denen es eigentlich nichts zu tun gibt. Die Polizei ist eine reaktiv vorgehende Struktur, und es ist schwierig, schon im Vorfeld zu sagen, wann genau sie gebraucht wird. Das führt dazu, dass Beamte verfügbar sein müssen für den Fall, dass sie tatsächlich gebraucht werden, statt dass man sie erst dann ruft, wenn man sie wirklich braucht. Solch ein Einsatzplan bestimmt auch vor dem Hintergrund begrenzter Budgets und deshalb entsprechend begrenzter Personalkapazitäten letztlich die Qualität der erbrachten Leistung! Somit zeigt die Polizei stets „beste Absichten", misst ihre Leistung aber eher an den – nach dem Prinzip „Geschäftig aussehen!" – vorgetäuschten Pseudoaktivitäten ihrer Beamten als an den erzielten Erfolgen.

4.5.3 Die falschen Parameter: Darum geht es doch gar nicht!

Wie viele andere Organisationsstrukturen handelt auch die Polizei aufgabenorientiert und in Abhängigkeit von ihrem Budget. Die Leistungsindikatoren wirken wie direkt aus dem Taylorschen Denken abgeleitet: Erledige diese Aufgabe und verwende nicht mehr als die Menge X an Zeit und die Menge Y an Geld dafür.

Die meisten Versuche, den Erfolg an der Qualität der Ergebnisse zu messen, müssen vor diesem Hintergrund fehlschlagen. Wenn beispielsweise die Zielsetzung darin besteht, dass die Polizei den Anteil der erfolgreich gelösten angezeigten Straftaten um X % zu steigern hat, bestünde eine normale Reaktion darin, es dem Bürger ganz einfach schwerer zu machen, eine Straftat anzuzeigen! Die jeweilige Budgetpraxis macht es oft schwer zu erkennen, was wirklich in einem Unternehmen wichtig ist. In einem Fall wurde bei der Polizei der Zeithaushalt nach Aktivitäten aufgeteilt. Ein gewisser Anteil der Gesamtzeit war mit der Bearbeitung von Verbrechen zu verbringen, ein anderer auf Umwelt-themen, Verkehrsfragen und andere Bereiche zu verwenden. Leider wurde die gleiche zeitliche Aufteilung für alle Bereiche zu Grunde gelegt, und zwar unab-hängig davon, womit die Beamten jeweils betraut waren. So kam es, dass eine Abteilung, die nachweislich nichts mit Umweltfragen zu tun hatte, dennoch den vorgeschriebenen Teil ihrer Zeit mit eben diesen nicht existierenden Umweltfragen verbringen musste. Im Ergebnis kam es zu langwierigen Diskussionen über die Norm und die Unzuverlässigkeit der Daten – bis schließlich ein Diskussionsteilnehmer die rettende Idee hatte, dass hier wohl jemand verrückt geworden sei und sofort hinter Schloss und Riegel gesteckt werden müsse ...

4.5.4 Die Vernetzung der Informationssysteme

Wenn die Polizei sich im Einsatz befindet und auf einen Zwischenfall reagiert, setzt sie fortschrittliche Kommunikations- und Informationssysteme ein. In solchen Situationen ist die Möglichkeit einer schnellen und effektiven Kommunikation für den Erfolg des Einsatzes von entscheidender Bedeutung. Wie in einer modernen Armee muss auch hier der an vorderster Front stehende Polizist zum Zentrum jeder Entscheidungsfindung werden. Die andern im Einsatz befindlichen Polizeieinheiten können dann zu einem Informationsnetz verbunden werden, was eine wesentlich verbesserte Einsetzbarkeit der Ressourcen garantiert.

Die Polizeibeamten, welche zu Ihrem Haus kommen, in das soeben eingebro-chen wurde, haben wahrscheinlich all notwendigen Informationen bereits vom Notrufdienst (einem Call Center) erhalten und können diese vom Bildschirm am Armaturenbrett ihres Einsatzwagens ablesen. Handelt es sich dabei um nützliche Informationen? Den Polizisten wird nur Ihre Adresse und eine Beschreibung des gemeldeten Vorfalls mitgeteilt. Durch die Vernetzung relevanter Informationssys-teme könnte die Polizei zusätzlich wertvolle Informationen für die Polizisten und das Opfer zur Verfügung stellen. Dabei könnte es sich um Informationen über das Haus, seine Lage, die Bewohner, den Eigentümer, möglicherweise auch über eingebaute Alarmanlagen und einzelne Wertgegenstände im Haus handeln. Diese Daten könnten bestimmen, wie sich die Beamten dem Haus nähern sollten, und welche Unterstützung sie dem Opfer sofort sowie auch später zukommen lassen.

Wenn man voraussetzt, dass wirksame Informationssysteme eingesetzt werden, die sich auf die Aktivitäten der Polizei am Ort des Geschehens konzentrieren,

könnte der leitende Polizeibeamte beispielsweise noch vor Ort Aussagen aufnehmen, sie elektronisch ablegen und Verbindungen zu anderen Datenbanken mit
weiteren Informationen zu der bisherigen Einbruchsgeschichte der Region
herstellen. Gleichzeitig könnten die Berichtsdaten elektronisch an die Versicherung des Geschädigten und andere relevante Informationen an die Inter-
netseite des Nachbarschaftsverbands geschickt werden. Die polizeilichen Systeme
könnten den Schlosser verständigen und ein Informationspaket zur Einbruchsver-
meidung auf den Weg bringen. Diese zusätzlichen Aufmerksamkeiten, vielleicht
auch die sichtbare Überwachung der Gegend durch einen Streifenwagen am
darauf folgenden Tag oder ein beruhigender Anruf des diensthabenden Polizeibeamten am folgenden Abend könnten dazu beitragen, die Bereitschaft der Bürger
zu stärken, „die Polizei bei der Erfüllung ihrer Pflicht zu unterstützen" und ihr so
auch das Management der Wertkette zu erleichtern.

In vielen Polizeibehörden sind die nicht einsatzorientierten Informations- und
Telekommunikationssysteme keineswegs darauf angelegt, einen integrierten
Arbeitsablauf zu fördern. Es mag durchaus Plattformen geben, doch sind diese –
ähnlich wie in der kommerziellen Welt – nicht miteinander vernetzt. Sie wurden
für voneinander unabhängige Funktionen eingerichtet und unterstehen unterschiedlichen Verantwortlichen. Wenn die Polizeibehörden erkennen, dass sie sich
in ihren Entscheidungen sehr viel mehr am Kunden ausrichten müssen, wird nicht
nur ein völliges Umdenken, sondern auch die Integration dieser Informationsplattformen notwendig.

4.5.5 Der Kunde muss im Zentrum aller Entscheidungsfindung stehen

Ein Polizeichef formulierte in Zusammenarbeit mit anderen hochrangigen Polizeibeamten seine Vision von der Zukunft polizeilichen Handelns folgendermaßen:

> *Unser Hauptanliegen muss das Sicherheitsgefühl unserer Bürger sein.
> Wir müssen deshalb eine genauere Definition für dieses Gefühl finden
> und eine Bewertungsmethode für unsere Leistungen zu dessen Stärkung
> entwickeln. Es geht doch letztlich darum, dass die Bevölkerung unser
> Handeln bewerten muss, und wir wollen, dass diese Bewertung
> mindestens gut oder auch sehr gut ausfällt.*

Um diese Vision zu verwirklichen, entschied man sich, sogenannte Gemeindeteams (die *Customer Action Teams* der Polizei) einzurichten. Diese Teams sollten
die volle Verantwortung für die quantitative Leistungsbewertung durch die Bürger
tragen. Jedes Gemeindeteam bestand aus fünf Polizeibeamten, von denen einer
zum Gemeindepolizisten bzw. *Customer Leader* ernannt wurde. Jedes Team war
für 1200 Bürger zuständig, wobei eine Polizeitruppe von insgesamt 5000 Beamten
für eine Gesamtbevölkerung von 1,2 Millionen zuständig war.

Diese Gemeindeteams arbeiten ähnlich wie ein Allgemeinmediziner, ein Zahnarzt oder ein Vertriebsmitarbeiter in einem bestimmten Vertriebsgebiet. Sie benötigen die fachliche Unterstützung ihrer Organisation, aber der Gemeindepolizist trägt letztlich die Verantwortung. So wird gewährleistet, dass sich die Entscheidungsfindung zunehmend auf den einzelnen Bürger konzentriert. Obwohl das Grundkonzept sehr einfach erscheint, stellte es doch für die Polizeibeamten eine völlig neue Arbeitsweise dar. Wichtige Merkmale dieses neuen Vorgehens sind *persönliche Verantwortung, klare Verantwortungsstrukturen in der Wertkette, gestraffte Arbeitsmethoden* und *ein eindeutiger Arbeitsstil.*

Persönliche Verantwortung für Ergebnisse

Die Mitglieder der Gemeindeteams werden an den Ergebnissen ihres individuellen Handelns gemessen. Sie müssen ihre „Kundengruppe" persönlich kennen und nach subjektiven wie objektiven Kriterien, wie zum Beispiel ihrem Bild und Eindruck in der Öffentlichkeit, eine zufriedenstellende Bewertung erhalten. Gleichzeitig müssen sich die Beamten der Gemeindeteams an die „Spielregeln" halten. Sie müssen die vereinbarten Verhaltens- und Leistungsstandards erfüllen. Dazu gehört auch das Budget:

Sie dürfen den Haushalt nicht als etwas betrachten, das wir, die zentralen Behörden, Ihnen auferlegen. Nehmen Sie einmal Ihr Gesamtbudget und teilen es durch die Zahl der von Ihnen betreuten Bürger. Dann haben Sie die Summe, die eine durchschnittliche Familie für polizeiliche Dienste zahlt. Ihre Aufgabe besteht nun darin, diese Menschen davon zu überzeugen, dass sie für ihr Geld eine erstklassige Leistung bekommen. Sie sollten auch neue, kreative Möglichkeiten entwickeln, um diesen Wert für die Öffentlichkeit weiter zu erhöhen.

Dies bedeutet, dass die Gemeindeteams dafür sorgen müssen, dass die von ihnen bei den „Kunden" geweckten Erwartungen realistisch und innerhalb der vereinbarten Parameter erfüllbar sind.

Management der Wertkette

Bei allem polizeilichen Handeln muss sich das zentrale Augenmerk immer auf dessen Bedeutung für die Gesellschaft richten. Es muss neu überdacht werden, inwiefern die Rolle der Polizei als Hüter von Recht und Ordnung bei der Schaffung eines sicheren Umfelds ausreichend ist. Wenn man die Verbrechensbekämpfungsmaßnahmen der Polizei mit den dazu notwendigen Bemühungen in Beziehung setzt, trägt dies nicht unbedingt zur Stärkung des Sicherheitsgefühls beim einzelnen Bürger bei. Vorbeugendes und proaktives Handeln ist in diesem Zusammenhang viel wichtiger.

Wir, die Polizei, müssen unsere Position und Rolle in dem komplexen Markt der Sicherheit ganz klar definieren. Unser Hauptaugenmerk gilt der Beilegung und Prävention von Sicherheitsrisiken. Wir sollten uns nicht mit Aktivitäten belasten, die in anderen Teilen der Kette zu Engpässen führen. Wenn wir wissen, dass die notwendigen Kapazitäten nicht zur Verfügung stehen, sollten wir zunächst das Kapazitätsproblem lösen oder unsere Verbrechensbekämpfungsmethoden ändern. Wenn unsere polizeiliche Arbeit zu der Einleitung eines Verfahrens durch die Strafverfolgungsbehörden führt, müssen wir Doppelarbeit und zeitliche Verzögerungen vermeiden. In Zusammenarbeit mit den Justizbehörden und den Gerichten können wir die Vorlaufzeit für gerichtliche Strafprozesse beträchtlich verringern.

Diese Strategie bietet eine gute Richtlinie für das Handeln der Polizei als einem zentralen Element der Wertkette auf dem Markt der Sicherheit. Sie bindet auch andere Akteure als Partner im Handlungsnetz mit ein. In der konstruktiven Interaktion zwischen Polizei und Öffentlichkeit kann die Polizei ihre Effizienz maßgeblich steigern:

Glauben Sie nur nicht, dass hier 5000 Polizeibeamte versuchen, 30.000 Kriminelle dingfest zu machen! Betrachten Sie uns als Experten, die sich auf die Hilfe der Öffentlichkeit stützen, um ein sicheres Umfeld zu gewährleisten. Uns steht also die Unterstützung von 1,2 Millionen Bürgern zur Verfügung...!

Wie aus Abbildung 4.7 ersichtlich wird, kommt es zur Herausbildung neuer Rollen. Das Management der Sicherheitswertkette erfordert neue Beziehungen zu strategischen Partnern wie der Feuerwehr, den Krankenhäusern, sowie vielen anderen Parteien, die eine zentrale Rolle bei der Schaffung oder Vermeidung von Sicherheitsrisiken spielen.

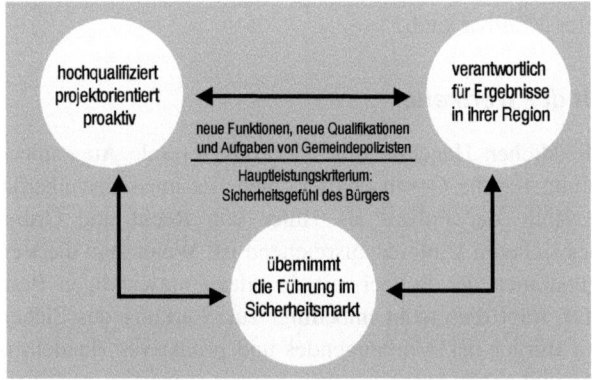

Abb. 4.7 Erfolgreich sein mit dem Bürger

Änderung von Stil und Arbeitsmethoden des einzelnen Beamten

Vielleicht gefällt Ihnen ja nicht immer, was die Polizei so macht, aber sie handelt bei ihren Maßnahmen stets professionell. Um den Kontakt zum Bürger sowie die Leistung ihm gegenüber verbessern zu können, müssen die Beamten mehr erfahren und anders vorgehen. Sie müssen mehr wissen, weil mehr Aktivitäten zu unternehmen sind.

„Jedes Mal, wenn Sie mit der Polizei in Kontakt treten, sollten Sie von ihrem professionellen Vorgehen und ihrer Bürgerorientierung beeindruckt sein."

Wenn Sie ausgeraubt werden, sollte der zuständige Polizeibeamte dies möglichst umgehend erfahren und Ihnen dann auch helfen können. Zwischen dem Polizeibeamten und den von ihm betreuten Bürgern sollte sich auf der Grundlage gegenseitigen Respekts und wachsenden Vertrauens eine persönliche Beziehung entwickeln. Gleichzeitig muss der einzelne Beamte bei Bedarf auf die Kapazitäten der gesamten Polizeibehörde zurückgreifen können. Das erfordert natürlich völlig neue Geschwindigkeiten bei der Informationsverarbeitung. Eine nahezu totale Kommunikation wird notwendig. Der einzelne Beamte und die gesamte Behörde müssen zu jedem Zeitpunkt wissen, was vor sich geht, und was zu tun ist.

Die Verbesserung der polizeilichen Leistung gegenüber dem Bürger erfordert auch eine Veränderung der Arbeitsweise. Das „Projektmanagement" muss von proaktiv handelnden, hochqualifizierten Polizeibeamten übernommen werden, die alle für die Gemeindeteams notwendigen Aktivitäten steuern. Das Gemeindeteam selbst agiert in unmittelbarer Nähe zu den von ihm bedienten Bürgern. Es ist stets verfügbar und allgemein bekannt. Andererseits muss das Team bei Bedarf für bestimmte kurzfristige Projekte auch Fachleute zu Rate ziehen können. Das hat jedoch nichts mit der Zugehörigkeit eines Beamten zu einer Sondereinheit der Polizei mit spezifischem Aufgabenfeld zu tun. Als Teil seiner Arbeit für den Kunden muss das Gemeindeteam sich auch im Namen des Bürgers mit anderen relevanten Stellen der polizeilichen Behörden austauschen und die notwendigen organisatorischen Maßnahmen treffen. Das Team muss in der Lage sein, die kollektiven Kapazitäten der Gesamtbehörde spontan in Reaktion auf eine bestimmte Situation zu aktivieren und einzusetzen. Dabei muss es versuchen, die funktionalen Trennungen zwischen den verschiedenen Einheiten zu überwinden: Verbrechensbekämpfung, Drogendezernat, Mordkommission, Verkehrsdelikte usw. Dabei besitzt das Team selbst nur wenig hierarchische Autorität.

Solche projektgetriebenen Integrationsbemühungen der verschiedenen Einheiten unter Leitung des Gemeindepolizisten ist ähnlich zu sehen wie die Integration der einzelnen „Teileinheiten" in einer modernen Armee, oder der funktionalen Einheiten, die den kommerziell tätigen Unternehmen so oft zum Problem werden, wenn sie ein Kundenmanagementsystem bzw. Maßnahmen zur verstärkten Kundenorientierung einführen. Die Situationen sind im Grunde identisch. Es handelt sich lediglich um unterschiedliche Organisationsstrukturen.

4.5.6 Die Einrichtung der Informationsplattformen

Der Kunde kann nur dann zum Zentrum der Entscheidungsfindung werden, wenn der einzelne Polizeibeamte über Zugang zu den entsprechenden Informationen aus seinem Bezirk verfügt. Wie im Fall der American Airlines muss der Beamte, um einen erstklassigen Service bieten zu können, alle für seine Gegend relevanten Informationen aufnehmen und sich daraus ein neues Bild über die Lage machen. Damit dies möglich wird, bedarf es eines organisierten Zugangs zu diesen Informationen, so dass Letztere auch für die verschiedensten funktionalen Bereiche verfügbar sind. Dieses Erfordernis hat sich als massives Problem erwiesen. Folgende Schwierigkeiten treten auf:

– *fehlende Kompatibilität:* Informationen mit entscheidender Bedeutung für die essentiellen polizeilichen Aktivitäten, den Einsatz von Beamten und Finanzmitteln befanden sich in einer Vielzahl nicht kompatibler Computersysteme. In einem Fall zählten wir über 250 Anwendungssysteme. Einige erfüllten exakt die gleiche Aufgabe oder Anwendungsbestimmung wie andere, arbeiteten jedoch mit unterschiedlichen Datenverzeichnissen. Deshalb war es unmöglich, sie miteinander zu vernetzen.

– *unangemessene Telekommunikationsmöglichkeiten:* Die verschiedenen Telekommunikationsnetze konnten nicht verknüpft werden. Mit den sprachgesteuerten Netzen waren keine Zahlen zu transportieren. Für jeden Standort und jedes mobile Netz gab es unterschiedliche Nummern. Für jeden Mitarbeiter benötigte man außerdem unabhängig von dessen Netz eine eigene Nummer.

– *begrenzter Zugang zu notwendigen Informationen:* Für den Beamten im Einsatz gab es keinerlei Möglichkeit, wichtige Informationen einzusehen. Diese Möglichkeit bestand nur bei einer begrenzten Anzahl fest installierter Terminals. In einem Fall wurde von den Beamten ein Bilderkennungssystem für Verdächtige eingesetzt, bei dem die Beamten selbst zum Computer hinübergehen mussten, weil das Netz keine ausreichende Bandbreitenkapazität besaß, um die Bilder auf andere Geräte übertragen zu können. In anderen Fällen mussten für einzelne Anwendungen völlig neue Netze eingerichtet werden. Wollte man später zusätzliche Anwendungen an diese Netze anhängen, wurden wieder beträchtliche Investitionen fällig.

– *keine ausreichende Sicherheit:* Die enorme Vielfalt eingesetzter Netze und Anwendungen führte zu einer Schwäche in der Daten- und Systemsicherheit. Bei dem Versuch der Integration und Mobilisierung einzelner Anwendungen stellte man fest, dass echte Sicherheit kaum erreichbar war.

– *unzureichende Qualifikationen bzw. Mangel an Fachkräften:* Das verfügbare IT-Personal war nicht in der Lage, ein integriertes „betriebliches Informationssystem" zu entwickeln. Es fehlte darüber hinaus eine Vorstellung davon, was der einzelne IT-Mitarbeiter als Informationsfachmann für die Verbesserung der Interaktion mit dem Kunden tun konnte.

Diese Inseln von untereinander nicht verbundenen Informationssystemen, die als Ergebnis vieler Einzeloperationen entstanden waren, müssen in eine gemeinsam nutzbare Informationsumgebung überführt werden. Dazu ist erforderlich:

- ein kohärentes Kommunikationsnetz
- eine klare Definition und Umsetzung von Informationsplattformen
- Informationstools zur Unterstützung des einzelnen Polizeibeamten unabhängig von dessen Aufenthaltsort
- eine Servicestruktur zur Bereitstellung von im Vorfeld vereinbarten Informations- und Kommunikationsleistungen gegen ebenfalls vereinbarte Kosten

Für die Verbindung von nicht kompatiblen Informationssystemen ist eine „betriebliche Informationsschnellstraße" als allgemeine Grundlage von essentieller Bedeutung. Mit Hilfe der internetgestützten Technologien wird der Datenaustausch auch zwischen dezentralen und unverbundenen Systemen möglich. Die Einrichtung einer solchen Schnellstraße ist zwar keine komplizierte Angelegenheit, doch haben viele Unternehmen es noch nicht vermocht, eine solche „elektronische Steckdose" für die Bereitstellung von „Bandbreiten nach Wunsch" (Datenwählton) einzurichten. Vor diesem Hintergrund erscheint die Möglichkeit, über ein dezentrales Kontrollzentrum Informationen auf Wunsch zu erhalten, wie ferne Zukunftsmusik.

Noch heute konzentriert sich die Hauptarbeit der IT-Experten bei den Polizeibehörden auf die Organisation grundlegender, bereits bestehender Informationsplattformen sowie die Definition und Entwicklung automatisierter Prozesse für zentrale Aktivitäten. Mit einer solchen Arbeit wird jedoch lediglich Chaosbewältigung betrieben. Die gesteuerte Erfassung und Nutzung lokaler Daten über Sicherheitsgefährdungen bildet dabei eine Ausnahme. Im Normalfall werden Daten über Straftäter erfasst. Das ist natürlich wichtig, hat aber nur sehr begrenzten Wert für die Polizei als wichtigem Dienstleister für die Bevölkerung.

Für die künftige Arbeit der Polizei wird es von entscheidender Bedeutung sein, den Einsatzbeamten mit Hilfe der digitalen Technologien wirkungsvoll unterstützen zu können. Wenn dies möglich ist, könnten die Beamten in unserem Beispiel bereits bei ihrem Eintreffen am Tatort des Einbruchs alle relevanten Daten über Lage und Umgebung des Hauses, in das eingebrochen wurde, kennen. Sie könnten wissen, wer angerufen hat, wie das Haus aussieht, welche möglichen Fluchtrouten die Einbrecher genommen haben, und wo die Empfänger ihrer Beute zu finden sind. Die Polizei hätte bereits die Nachbarschaftshilfe und den Schlosser verständigen können. Das Opfer des Einbruchs hätte auch nicht selbst auf der Polizeiwache erscheinen müssen, denn die Versicherung wäre automatisch informiert worden. Dem Opfer hätte man ein elektronisches Formular für die Beschreibung des Schadenfalles zusenden können. Am nächsten Tag hätte man dem Opfer auch Hinweise für eine künftige Vermeidung solcher Einbrüche zukommen lassen. In der Zwischenzeit könnte man die lokale Bevölkerung zur Mithilfe auffordern und sie bitten, nach bestimmten verdächtigen Personen Ausschau zu halten und ein E-Mail zu schicken bzw. eine spezielle Telefonnummer anzurufen, wenn sich etwas Meldenswertes ergeben sollte.

4.5.7 Was kann man daraus für das *Total Action*-Prinzip lernen?

Hinter den dargestellten Beispielen stehen einflussreiche Polizeibeamte bei großen Behörden, die erkannt haben, dass ihre Institutionen sich verändern müssen. Diese Erkenntnis speiste sich im konkreten Fall stets aus der Überzeugung, dass:

- die Polizeibehörden keine effektive Arbeit leisteten
- sie die neuen digitalen Technologien vollständig beherrschen und zur Einschätzung ihrer Auswirkungen auf die Leistung der Polizei in der Lage sein müssen

Diese inhärenten Antriebskräfte waren hier nicht Gegenstand der Diskussion. Es ging vielmehr um *die Entdeckung des Kunden* und darum, *was eine ausgezeichnete Leistung für diesen Kunden bedeutet.* Darin liegt die wirkliche „Entdeckung". Die Polizeibehörden betrachten den Bürger erst dann als Kunden, wenn sie ihre eigene Rolle in der Wertkette der Sicherheitsrisiken kennen gelernt haben. Durch die Identifizierung des einzelnen Bürgers als einem Teil der Gesellschaft und die Bestimmung der Anforderungen eben dieses Bürgers in seiner Rolle als Kunde der Polizei ist es dann auch möglich, einen Kundenservice-Kreislauf zu benennen. Wenn die Polizei dem Kunden gegenüber eine klar definierte Aufgabe zu verfolgen hat, kann sie auch einen *Customer Leader* und ein *Customer Action Team* benennen, die entsprechend der eindeutig definierten kundenorientierten Leistungsparameter bei der Erfüllung dieser Aufgabe mitwirken. Eine eingehende Analyse der Anforderungen an diese Teams hilft bei der Eingrenzung der notwendigen Informationen und Plattformen, mit denen ein direkter Zugang zu diesen Informationen ermöglicht wird.

Die neu zu praktizierende Orientierung am Kunden bedeutet jedoch keineswegs, dass die polizeiliche Arbeit sich ausschließlich im Einsatzfall auf den Kunden konzentriert. Es gilt vielmehr, bei den Beamten eine Denkweise zu verankern, die sich durch eine kontinuierliche Ausrichtung am Kunden sowie durch ständiges Lernen auszeichnet. Ist dies erst einmal gewährleistet, kann die Polizei auch ihr Vorgehen in Fällen, die ihre Beteiligung erfordern, maßgeblich verbessern. Dazu muss allerdings die Polizei selbst eine massive Umorientierung durchlaufen, damit jeder einzelne Beamte unabhängig von seiner Stellung mit einer von außen auf das Innere seiner Behörde gerichteten Sichtweise sein Handeln ganz an den Grundsätzen von *Total Action* ausrichten kann.

Frage: Wie ist das Denken der Polizeibehörden geprägt? Wie kann man hier eine stärkere Ausrichtung am Kunden erreichen?

Frage: Wie würden Sie Ihr IT-Budget investieren, wenn Sie ein hochrangiger Polizeibeamter mit Budget- und Leistungsvorgaben wären?

Frage: Wie teilt die Öffentlichkeit der Polizei ihre Leistungserwartungen mit?

4.6 Einen Augenblick, ich verbinde!

Stellen Sie sich vor, Sie haben es mit einer Organisationsstruktur zu tun, die über ein nahezu perfektes Telekommunikationssystem verfügt, mit dessen Nutzung kaum Kosten verbunden sind, und die Zugang zu den Telefonnummern jeder einzelnen Person und jedes Unternehmens im Land hat. Sie ist finanziell üppig ausgestattet und agiert in einem durch den Staat protegierten Markt. Und doch hat genau dieses Unternehmen Schwierigkeiten, zwischen einem Abonnenten und einem Kunden zu unterscheiden!

In einer solchen Situation befinden sich heute viele große Telekommunikationsunternehmen. Trotz all ihrer Vorteile haben sie enorme Probleme bei der Identifizierung und Wiedererkennung des einzelnen Kunden sowie bei der Zusammenführung aller Kundendaten, die ihnen in den verschiedenen Informationssystemen vorliegen. Auch bei der kommerziellen Abwicklung der einzelnen Kundenanliegen und der Servicedifferenzierung im Umgang mit dem Kunden haben sie noch viel zu lernen. Deshalb setzen die meisten Telekommunikationsunternehmen auf breit angelegte Dienstleistungen für den Massengebrauch. Könnten diese Unternehmen im digitalen Zeitalter nicht klüger vorgehen und effizienter handeln?

Seit Mitte der 80er Jahre befinden sich die Telekommunikationsunternehmen in einem Strudel der Veränderungen. In den meisten Ländern hatten sie vor der Deregulierung eine bequeme Position als staatliche Behörde inne und übten im Bereich der Telefondienstleistungen und -ausstattungen eine Monopolfunktion aus. Ihre Aufgabe war damals recht einfach: Statte jeden Bürger, jedes Heim und jedes Unternehmen mit einem Telefon aus! Als Kunde konnte man sein Telefon in jeder beliebigen Farbe bestellen, solange es nur schwarz war... Die Telekommunikationsunternehmen hatten keine Kunden, sondern „Abonnenten". Als Privatperson oder Unternehmen abonnierte man die Telefondienstleistung und wurde nicht nach seinem Namen, sondern nach der Telefonnummer, die man zugeteilt bekommen hatte, identifiziert.

Die meisten dieser Telekommunikationsunternehmen waren autistische Organisationen, die noch dazu an fataler Untätigkeit litten. Dem Kunden blieb jedoch keine Wahl. Mit Ausnahme des Bereichs der Datenkommunikation (über den ohnehin nur sehr begrenzte Kenntnisse vorhanden waren) hatten die Telekommunikationsunternehmen in ihrem Markt keinerlei Konkurrenz zu befürchten.

Peng!

Als die Welle der Deregulierung und Liberalisierung in den 80er Jahren über die Telekommunikationsunternehmen hinwegschwappte, standen die meisten den immensen Auswirkungen des neuen und intensiven Wettbewerbs, den neuen Erwartungen der Kunden und den dramatischen Veränderungen in der Telekommunikationswelt unvorbereitet gegenüber. Die ehemaligen Monopolunternehmen hatten vor allem mit drei Problemen zu kämpfen:

- *Identifizierung des Kunden:* Man verfügte nicht über ein systematisiertes Bild von der Kundschaft. In der Vergangenheit war das auch nicht nötig gewesen. Als man sich nun dem Kunden zuwandte, verfügte man lediglich über bruchstückhafte Informationen, die nicht dem entsprachen, was wirklich benötigt wurde.

- *Kundenspezifischer Service:* Die Telekommunikationsunternehmen hatten kaum Erfahrung mit der Erbringung und Steuerung differenzierter Dienstleistungen für einzelne Kunden. Ihre Systeme waren nicht für die Unterstützung differenzierter Leistungen ausgelegt. Ein noch größeres Problem bestand in ihrer Unfähigkeit, zwischen Verkauf, Produktmanagement und Netzwerkentwicklung kooperative Strukturen aufzubauen.

- *Fortdauer des autistischen Verhaltens:* Trotz vieler Anstrengungen fiel es den Unternehmen auch weiterhin schwer, ihr Verhalten in einem strukturierten und sinnvollen Dialog mit dem Kunden zu organisieren.

Einige Telekommunikationsunternehmen sahen sich nicht nur mit den Herausforderungen der Deregulierung und Liberalisierung des Marktes konfrontiert, sondern hatten auch mit ihrer eigenen Privatisierung zu kämpfen. Von ihren Eigentümern – den Staaten – wurden sie an die Börse verkauft. Die (oben aufgezählten) Unzulänglichkeiten hatten zur Folge, dass diese Unternehmen nicht in der Lage waren, eine im Vergleich zu den unternehmerischen Vorgaben zufriedenstellende Leistung zu erbringen – oder diese auch nur entsprechend zu messen. Viele Telekommunikationsunternehmen hatten keine Ahnung von Gewinnmargen, Rentabilitätsdenken oder betrieblichen Rechenschaftspflichten, also Konzepten, die normalerweise im unternehmerischen Denken fest verankert sind.

Die Telekommunikationsunternehmen hatten daher mit vielfältigen Herausforderungen zu kämpfen. Zum Teil sind diese auch heute noch ungelöst, obwohl viele der Unternehmen in der Zwischenzeit dramatische Leistungssteigerungen erzielen konnten. Für den hier zu beschreibenden Fall konzentrieren wir uns auf die wichtigsten Vorteile, die *Total Action* einem solchen Unternehmen bescheren kann: *die Entdeckung des Kunden, die Neudefinition des Unternehmensportfolios* und *eine Sichtweise von außen nach innen.*

4.6.1 Identifikation des Kunden

Sir Iain Vallance, Vorstandsvorsitzender von BT, sagte einmal Mitte der 80er Jahre:

> *Ich will, dass meine Kunden nicht deshalb bei uns kaufen, weil sie müssen, sondern weil sie wollen!*

BT (damals noch British Telecom) war eines der ersten Unternehmen, das den Stachel des freien Wettbewerbs wirklich zu spüren bekam. In schneller Abfolge durchlief das Unternehmen Anfang der 80er Jahre folgende Stadien:

– Abspaltung von der britischen Post (heute „Royal Mail")

– „Liberalisierung" zur Beendigung des staatlichen Monopols und Förderung des Wettbewerbs

– Privatisierung

Als BT seine Aktivitäten in dem neuen, vom Wettbewerb geprägten Umfeld aufnahm, war dem Unternehmen eines klar: Was es auch tun würde, es würde Marktanteile verlieren. Die wichtigsten Fragen waren deshalb: *Wie groß wäre dieser Verlust?* und *Wie viel größer würde der neue Markt sein?* Natürlich hatte BT mit dem Verlust von Kunden zu kämpfen. Zunächst einmal verlor der ehemalige Monopolbetrieb einen Teil seiner Geschäfte mit Großunternehmen. Danach begannen auch Privatkunden abzuwandern. Dieser Kundenverlust war zweifelsohne teilweise für die neue Dynamik verantwortlich, die BT danach an den Tag legte. Wenn der Kunde den Anbieter mehr braucht, als der Anbieter den Kunden, hat der Anbieter ein einfaches Leben. Wenn sich die Situation allerdings umkehrt und zum Gegenteil der eher normalen Marktabhängigkeitslage wird, und der Anbieter den Kunden braucht, ist das Leben für einen selbstzufriedenen Anbieter plötzlich gar nicht mehr so einfach.

Alle Organisationsstrukturen, die nicht dem strengen Urteil eines unzufriedenen Kunden unterworfen sind, entwickeln eine stark selbstzentrierte Sicht des Kunden und betrachten ihn vor allem als Hindernis für ihre Geschäftsprozesse. Es ist nicht leicht, dieses Denken zu ändern. Über Jahrzehnte hinweg hatten sich die Telekommunikationsunternehmen vor allem auf technische Belange konzentriert: landesweite Netze aufzubauen, diese an den Landesgrenzen miteinander zu verbinden und dabei die Bevölkerung mit Telefongeräten zu versorgen.

Die zentralen Fragen lauten nun jedoch: Wer sind meine Kunden? und Welche Dienstleistungen muss ich für die Kunden erbringen?

Solche Unternehmen mit ihren realen Kunden zu konfrontieren ist für jene eine schmerzvolle Erfahrung. Wenn die Kunden erst einmal die Möglichkeit haben, „mit den Füßen abzustimmen", müssen die Unternehmen wirklich Leistung zeigen. Wenn sie dabei scheitern, können sich nicht auf ihre alte Monopolstellung zurückziehen, sondern sie verlieren ihre Kunden an die neue Konkurrenz. Wenn ein Unternehmen gezwungen ist, die Sicherheit seiner Monopolstellung aufzugeben, muss es ein klares und detailliertes Verständnis von den Anforderungen seiner Kunden entwickeln. Es muss außerdem jeden Kunden als wichtig erachten. Das Unternehmen muss bereit sein, sich selbst von der Bewertung seiner Leistung durch den Kunden abhängig zu machen.

Viele Telekommunikationsunternehmen begannen damit, im Umgang mit ihren Kunden nach deren Einkünften zu unterscheiden und entsprechende Prioritäten zu setzen. Es mag merkwürdig erscheinen, doch fiel es ihnen häufig schwer, den finanziellen Wert ihrer größten Kunden korrekt zu bestimmen, da ihre Finanzsysteme die falschen Daten am falschen Ort erfassten. Sie konnten durchaus den Umsatz pro Telefonverbindung errechnen, waren jedoch nicht dazu in der Lage, die Umsatzdaten der Kunden den unterschiedlichen Standorten und damit unterschiedlichen Rechnungsadressen zuzuordnen. So waren die Großkunden für die Telekommunikationsunternehmen nicht mehr als eine Liste mit Abonnentennummern in unterschiedlichen Regionalzentren, ohne dass man diese Daten zueinander in Beziehung hätte setzen können.

Als genauere Finanzdaten verfügbar wurden, änderten die Betreiber allmählich ihre Meinung darüber, welche Privatpersonen oder Unternehmen wirklich von Bedeutung waren. So mochte die Telefonrechnung einer alleinstehenden alten Dame, die in Tennessee ein kleines Geschäft für Tennisschuhe betrieb, nicht weiter ins Gewicht fallen, doch wenn man berücksichtigte, dass die alte Dame regelmäßig recht kostspielige Anrufe von ihren Angehörigen in Neuseeland erhielt, änderte das ihre Bedeutung für den Betreiber sehr schnell. Ein Telekommunikationsunternehmen hat es immer mit mindestens zwei Kunden zu tun, dem Anrufer und dem Angerufenen, und es muss wissen, wie es aus der Verbindung zwischen den beiden Wert schöpft (auch wenn einer von beiden gar nicht Kunde dieses Betreibers ist). Diese Einsicht veranlasste die Durchführung eingehender Studien über das Anrufverhalten der Kunden und die Entwicklung neuer Dienstleistungen wie Anklopfen, Anrufweiterleitung, Voice-Mail und Handvermittlung, womit Anrufe verbunden werden können, die früher verloren gegangen wären. Neue Einnahmequellen wurden entdeckt. In diesem Umfeld gewann die Konzentration auf und das Wissen um den einzelnen Kunden entscheidend an Bedeutung.

Sie sind immer nur so gut wie Ihr letzter Dienst für den Kunden!

Der Vorsitzende eines großen internationalen Unternehmens ging einmal selbst in das Geschäft eines Telekommunikationsunternehmens, um sich zur privaten Nutzung ein neues schnurloses Telefon zu kaufen. Die Verkäufer in diesem Geschäft zeichneten sich nicht eben dadurch aus, dass sie auf die Wünsche des Kunden besonders eingingen. Am nächsten Tag diskutierte der Investitionsausschuss des Unternehmens, dem dieser Kunde vorstand, verschiedene konkurrierende Angebote für ein umfangreiches internationales Telekommunikationsprojekt. Als der Vorsitzende nun seine – nicht gerade positive – Meinung über die Servicequalität des betreffenden Telekommunikationsunternehmens kundtat, endete dies für Letzteres in dem Verlust eines Millionengeschäfts!

Die Festlegung von Prioritäten oder Segmentierung des Kundenstammes ist keine leichte Aufgabe. Die Telekommunikationsunternehmen konzentrieren sich ganz auf die größten Unternehmen in ihrem Kundenstamm, da sie mit ihnen sehr hohe Einnahmen erwirtschaften. Gleichzeitig jedoch sind diese lukrativen Unternehmen auch präferierte Objekte für die Bestrebungen der Konkurrenz, Kunden abzuwerben. Solche Großkunden, die sogenannten „Key Accounts", erwarten von ihren Betreibern im Telekommunikationsgeschäft, dass diese ihnen besondere Aufmerksamkeit widmen. Mehr als an Telekommunikationslösungen ist ihnen dabei an der gemeinsamen Ausarbeitung von Geschäftslösungen gelegen. Die Telekommunikationsunternehmen sahen sich gezwungen, zur Verteidigung ihrer wichtigsten Kunden eine Praxis des Großkundenmanagements einzuführen. Dennoch führte ihre strukturierte Analyse der Großkunden nur selten zu einem systematischen Verständnis dieser wichtigen Unternehmen.

Ein professionelles Kundenmanagement erfordert mehr als nur die Qualifikationen eines Star-Verkäufers. Kundenbetreuer erfüllen selten auch die Funktion eines *Customer Leaders*, der auf der Grundlage eines umfassenden Bildes von seinem Kunden wie auch von dem Betreiber mit unternehmensweiter Unterstützung und allgemeinem Respekt die geschäftliche Leitung übernimmt. In der Praxis hatten sie innerhalb des Unternehmens nur selten ein echtes Mandat, wodurch es ihnen natürlich noch schwerer fiel, die Verwaltung ihres Unternehmens konstruktiv einzubinden, zumal diese weiterhin nach den alten Regeln und nach den Verhaltensmustern aus ihrer Zeit als Monopol funktionierte.

Wenn sich ein Telekommunikationsunternehmen auf sein Top-Kundensegment konzentriert, geht es natürlich einige Risiken ein. Auf Grund der veralteten Abrechnungssysteme bei den Telekommunikationsunternehmen ist es schwierig, eine korrekte Einschätzung der Rentabilität dieser Kundengruppe abzugeben. Zu Monopolzeiten waren solche Systeme nicht nötig gewesen. Die Telekommunikationsunternehmen sind sich auch der Tatsache bewusst, dass die Gewinnträchtigkeit dieser Top-Kunden trotz des drastischen Marktwachstums auch für die Konkurrenzbetreiber einen höchst interessanten Aspekt darstellt.

Erfolgreiche Betreiber widmen heute ihrem gesamten Kundenspektrum – vom kleinsten bis zum größten Kunden – vollste Aufmerksamkeit und versuchen, die Methoden des Kundenmanagements in allen Segmenten zu praktizieren. Solange allerdings die oberste Führungsspitze der Telekommunikationsunternehmen von den Kommunikationskanälen zur Kundenbasis weiterhin nur als den „Verkaufsstellen" spricht, wird es für diese Unternehmen schwierig sein, erfolgreich am Markt zu agieren.

4.6.2 Organisation der Kundeninformationen

Bei einem Unternehmen mit extrem geringer Kundenorientierung ist es kaum verwunderlich, wenn die Kundeninformationen bruchstückhaft über viele verschiedene Systeme verteilt sind, wobei jedes dieser Systeme ausschließlich für die Erfüllung der eigenen Funktion optimiert wurde. Es gibt ein System für Netzwerkplanung, eines für Servicemanagement im Netzwerk, ein weiteres für den Bezug der Serviceleistung, ein anderes für Reparaturen und noch einige andere Systeme für Rechnungsstellung und Inkasso. Solche Systeme haben die Tendenz zur Selbstvervielfältigung, denn jede Dienstleistung erfordert ihr eigenes System: Telefone, Datennetz, angemietete Verbindungen, Mobiltelefone usw. In einigen Telekommunikationsunternehmen sind die Kundendaten auf fast 300 verschiedene Computersysteme verteilt, deren Verbindung untereinander sich als nahezu unmögliche Aufgabe erweist.

Die Betreiber mussten also riesige Summen investieren, um ihre Kundendaten in Systemen für Kundenbetreuung und Abrechnung zentral zu organisieren. (Allein BT investierte mehr als £ 1,5 Milliarden in seine mehrere Jahre dauernden Bemühungen und Schulungsmaßnahmen zur Umsetzung eines der größten Systeme Europas zur Schaffung eines kombinierten Abrechnungs-, Reparatur- und Vertriebssystems.) Alle Kundendaten sollen idealerweise in einem riesigen Daten-Warehouse erfasst und miteinander vernetzt werden, um die Vereinfachung grundlegender Kundenprozesse wie Serviceleistungen, Abonnements, Rechnungs-stellung, Einziehung und Beschwerdemanagement zu gewährleisten. Ein solches System kann auch einen Beitrag zur Entwicklung neuer Dienstleistungen auf der Basis einer guten Kundenbetreuung leisten. Wenn es an die intelligenten Netz-werk-Kontrollzentren angeschlossen ist, kann ein solches Verbundsystem neue Dienstleistungen wie beispielsweise den Service „Friends and Family" von BT (die Möglichkeit, für jeweils fünf Telefonnummern verbilligte Tarife zu zahlen) und Treuebonus-Programme fördern. Diese Dienstleistungen können für den Kunden einen beträchtlichen Mehrwert zu jeweils geringen Kosten für Ihr Unternehmen erbringen, insbesondere wenn Sie mit Ihren Angeboten die Nutzung außerhalb der Hauptzeiten fördern und die Gesamtzahl der Anrufe sowie geführten Gespräche steigt.

Es hat einige Zeit gedauert, bis die Telekommunikationsunternehmen feststell-ten, dass eine zentrale Erfassung ihrer Kundendaten aus den verschiedenen opera-tiven Systemen sich durchaus auszahlt. Jedes Mal, wenn ein Kunde sich anschickt, einen Anruf zu machen, registriert das Computerprogramm Detailinformationen über den Standort des Anrufers (d.h. über die Telefonnummer, von der aus angerufen wird, nicht jedoch über die Identität des Anrufenden), des Angerufenen, der Verbindung und der Gesprächsdauer. Diese detaillierten Aufzeichnungen haben für das Telekommunikationsunternehmen denselben Wert wie ein Flug-schreiber für eine Fluggesellschaft. Wenn das Unternehmen weiß, wer wen von wo aus anruft, wann und wo der Anruf erfolgt, und wie lange das Gespräch dauert, verfügt es über eine ausgezeichnete Informationsquelle und damit über einen entscheidenden Wettbewerbsvorteil. Auf Grund des immensen Datenvolumens und der schlechten Verfügbarkeit wurden diese Daten über viele Jahre hinweg nicht zur Kenntnis genommen. Als sie dann an Bedeutung gewannen, hielten es viele Telekommunikationsunternehmen bereits für extrem kostspielig, überhaupt nur zu entscheiden, was mit den Informationen geschehen sollte. Hinzu kommt, dass die Wettbewerbsbehörden heute nur die faire Nutzung dieser Daten zulassen.

Während die Telekommunikationsunternehmen noch mit den technischen Schwierigkeiten zu kämpfen hatten, mussten die gut ausgebildeten Großkunden-manager, deren Arbeitsinhalt im Kampf um das Kundengeschäft bestand, feststellen, dass die nun immer entscheidenderen Kundendaten nicht verfügbar waren.

Um dieses Problem zu lösen, führten viele Telekommunikationsunternehmen ein *Customer Dashboard* ein, was ihnen eine elektronische Arbeitsgrundlage für Kundenplanung und -management bescherte und direkten Zugang zu Daten aus den verschiedenen Computersystemen des Netzwerks und der Produkthäuser ermöglichte, wobei sie diese gleichzeitig auch mit eigenen Daten versorgen konnten.

4.6.3 Maßgeschneiderte Dienstleistungen

Die Systeme von Telekommunikationsunternehmen sind normalerweise nicht darauf ausgerichtet, differenzierte Dienstleistungen für einzelne Kunden zu unterstützen. Außerdem lassen Zusammenarbeit und Verbindungen zwischen Vertrieb, Produktmanagement und den Netzentwicklern meistens sehr zu wünschen übrig.

Wenn Ihr Geschäft darin besteht, zwischen Ihren Kunden Verbindungen herzustellen (Telekommunikation, Post, Spedition, Bankwesen), dann können Sie bei jeder Nutzung dieser Verbindungen von beiden Parteien einen Betrag einfordern. Ein Beispiel wäre die Funktion der Anrufweiter- oder Anrufumleitung. Mit einer Anrufumleitungsfunktion erwirtschaftet der Betreiber einen Erlös von dem ursprünglichen Anrufer (der Anrufer zahlt die Umleitung) und einen weiteren aus der hergestellten Verbindung zwischen der ursprünglich angewählten Nummer und der Nummer, an die der Anruf umgeleitet wird (der Angerufene zahlt). Damit wird ein fehlgeschlagener Anruf zu zwei zu berechnenden Verbindungen. Der Netzwerkbetreiber berechnet den Anruf zweimal und hat trotzdem zwei zufriedene Kunden.

Um dem einzelnen Kunden einen maßgeschneiderten Service bieten zu können, sollte der Anbieter die Identität des jeweiligen Kunden sowie die Gründe für seinen Anruf kennen. Wenn der Kunde eine Calling Card verwendet, kann der Anbieter seine Identität leichter herausfinden. Jedoch bleibt die Identität der angerufenen Partei unbekannt. Nicht einmal die riesigen Systeme der Kundenservice-Abteilung können den einzelnen Anruf aufzeichnen und die Identität des Anrufenden bzw. des Angerufenen in ähnlicher Weise feststellen, wie American Airlines den einzelnen Passagier zu identifizieren in der Lage ist.

4.6.4 Vertrieb und Netzentwickler müssen Hand in Hand gehen

Während die notwendigen Systeme nach und nach eingerichtet wurden, traten bei einigen Telekommunikationsunternehmen bei der Bereitstellung von maßgeschneiderten Kundendienstleistungen auch kurzfristige Probleme auf. Sehr häufig sind Vertrieb und Kundenservice-Abteilung nicht ausreichend mit dem Produktmanagement und der Marketing-Abteilung verknüpft. Das Problem verschärft sich, wenn man die entsprechenden Schnittstellen in der Netzwerk-Abteilung (bei den Entwicklern) betrachtet. Viele der Schwierigkeiten lassen sich auf die spezifische Unternehmensgeschichte und fehlende Erfahrung von Einzelpersonen und Abteilungen mit ihren neuen Rollen zurückführen. Dieses Schnittstellenproblem zwischen Vertrieb und Entwicklung führt zu folgenden Missständen:

- *Missverständnisse über das Serviceportfolio* aus Sicht des Kunden, was zur Angebotslücken wie auch Mehrfachangeboten, sinnloser Preispolitik, schlecht gewählten Prioritäten und zunehmenden operativen Problemen im Tagesgeschäft sowie bei der Einführung neuer Dienstleistungen führt
- *divergierende Prozesse* auf Grund der Versuche von Produkt- und Servicemanagern, traditionelle, im heutigen Telekommunikationsgeschäft nicht mehr angemessene Praktiken des Produkt- und Innovationsmanagements einzusetzen
- *Verschwendung interner Energie* als Folge des Versuchs von Produktmanagern, zur besseren Platzierung ihrer Produkte Vertriebs- und Marketingaufgaben selbst zu übernehmen. Da eine „Kundenlösung" ihre Produkte vielleicht nicht berücksichtigen würde, übernehmen diese Produktmanager selbst die Steuerung und Kontrolle ihrer Kanäle und rufen damit Verwirrung beim Kunden sowie eine Verwischung der Portfoliostrategie im Vertrieb hervor.

Schnittstellenprobleme können teilweise durch ein starkes Portfoliomanagement und klare Marketingfunktionen gelöst werden. Die Marketing-Abteilung kann dabei sowohl für den Vertrieb als auch die Produkt-Abteilungen als intelligente Schnittstelle zwischen Markt und Portfolio dienen, statt sich ausschließlich mit „Marketing-Kommunikation" zu befassen. Produktmanager wie Innovationsmanager benötigen eine neue Art von Verbindungen und Unterstützung (vgl. Abbildung 4.8). Als intelligente Schnittstelle führt die Marketing-Abteilung verschiedene Parteien des Kunden- und Portfoliomanagements zusammen und kann eine wichtige richtungsweisende Funktion übernehmen. Sie kann zumindest für Folgendes sorgen:

- Positionierung einzelner Produkte im Gesamtportfolio
- Zusammenstellung von Leistungspaketen für spezifische Kundengruppen
- Überwachung von Produktplanungs- und Produktfreigabeprozessen

4.6.5 Überwindung des autistischen Verhaltens

In einem Telekommunikationsunternehmen hatte man bereits den Handlungsbedarf erkannt und war entschlossen, die Angriffe der Konkurrenz erfolgreich zu überstehen. Drei Handlungslinien waren in diesem Zusammenhang von entscheidender Bedeutung:

- Es musste sichergestellt werden, dass die Führungskräfte – Vorstand und die oberste Führungsebene – sich der direkten und längerfristigen Folgen ihrer Untätigkeit bewusst waren.

- Für diejenigen Kunden, welche Ziel eines Abwerbeversuchs der Konkurrenz sein würden, musste ein System des Kundenmanagements eingeführt werden.

- Dieses System des Kundenmanagements war als operatives Muster zu nutzen und die Konzepte des *Customer Leader* und *Customer Action Teams* in reale, qualitativ hervorragende Leistungen umzusetzen.

Um sicher sein zu können, dass es sich um ein Programm zur Herbeiführung langfristiger Leistungsverbesserungen (statt einmaliger „Bearbeitung" in Form von Schulungen im Kundenmanagement) handelte, mussten die Führungskräfte dem Wandel den Weg weisen. Auf diesen Punkt wurde sehr viel Wert gelegt. Anfangs hatte man sich bei der Einführung des Kundenmanagements damit begnügt, ausgewählte Mitarbeiter zu Kundenmanagement-Schulungen zu entsenden und dann von ihnen zu erwarten, dass sie das Ruder herumreißen würden. Ein solcher Ansatz war zum Scheitern verurteilt, wenn diese frisch gebackenen Kundenmanager nach der Schulung an ihren Arbeitsplatz zurückkehrten und dort entdeckten:

- Sie genossen keine Anerkennung bei den übrigen Mitarbeitern des Unternehmens.

- Es gab für ihre Bemühungen keine unterstützenden Prozesse.

- Sie hatten zwar die mechanischen Seiten des Kundenmanagements kennen gelernt, waren jedoch nicht in der Lage, diese umzusetzen, bei den (größten) Kunden ein Verständnis für die Veränderungen zu wecken und „Telekommunikationslösungen" auszuarbeiten.

Solche oberflächlichen Versuche, ein Symptom zu kurieren, finden sich sehr häufig. Daran zeigt sich lediglich das Unverständnis derer, die den Wandel herbeiführen wollen, für die notwendige Verankerung eines neuen Verhaltens in ihrem Unternehmen: Es bedarf einer veränderten Sichtweise – von außen nach innen.

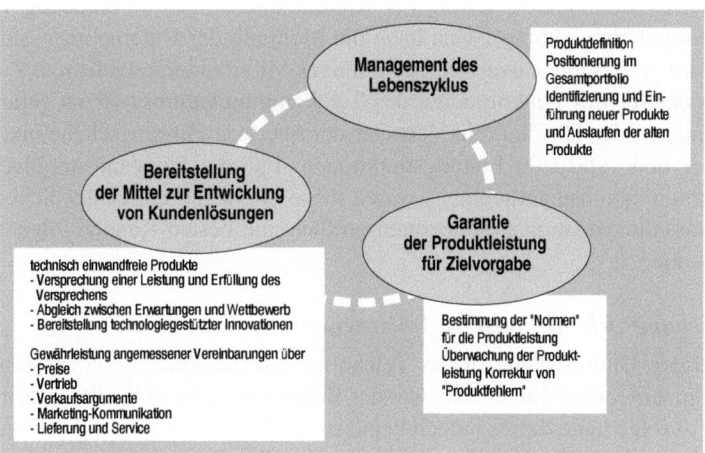

Abb. 4.8 Produkt- und Innovationsmanagement

Augen auf!

Ein führender Manager erkannte, dass sein Unternehmen mit dem von ihm praktizierten Ansatz zu scheitern drohte. Er war davon überzeugt, dass nur ein starker Schock seinen Kollegen die Augen dafür öffnen könnte, wie es wirklich um das Unternehmen stand, so dass sie dann die dringend notwendigen Maßnahmen ausarbeiten und untereinander vereinbaren würden. Ein kurzer, jedoch extrem schockierender Vortrag machte dem Vorstand auf unmissverständliche Weise Folgendes klar:

– die dramatischen Veränderungen in der Telekommunikationswelt und die sich daraus ergebenden Erwartungen der Kunden

– die Ansichten ausgewählter Kunden aus dem Premiumsegment zu den Leistungen des betreffenden Telekommunikationsunternehmens

– das interne Verhalten des Unternehmens

– die verfügbaren Verbesserungsmöglichkeiten

Den meisten Vorstandsmitgliedern war durchaus klar, dass sich ein dramatischer Wandel vollzog, doch es fiel ihnen schwer zu akzeptieren, dass dieser Wandel in naher Auskunft auch für sie Folgen haben würde. Sie fühlten sich ihrer Kunden sicher und waren der Auffassung, dass ihnen ausreichend Zeit für eine Umstrukturierung blieb, und dass sie so mit der Bedrohung durch den Wettbewerb fertig werden könnten. Doch auch sie verstanden, was die Stunde geschlagen hatte, als man sie mit der extrem kritischen Meinung eines wichtigen Kunden konfrontierte, dessen Argumente nicht von der Hand zu weisen waren.

Die Leistungen der Telekommunikationsgesellschaft waren aus der Sicht eines Stahlunternehmens, eines der größten Firmenkunden des gesamten Landes, beurteilt worden. (Man hatte sich für das Stahlunternehmen deshalb entschieden, weil seine Existenz anders als die der Kreditinstitute nicht so eindeutig von der Telekommunikation abhing.) Man hatte die Meinung der Unternehmensangehörigen in Form von Videoaufzeichnungen einiger Mitarbeiter festgehalten. Zu ihnen gehörten der für das Funktionieren des Telekommunikationssystems verantwortliche Manager, der IT-Chef, ein Vertreter der obersten Führungsebene und einige Anwender ohne spezielle Leitungsfunktionen. Für die Vorstandsmitglieder des Telekommunikationsunternehmens waren diese Aussagen ein echter Schock. Sie hörten, dass die Situation sich für ihren größten und besten Kunden folgendermaßen darstellte:

Die Beziehung zwischen unseren Unternehmen ist nicht stabil.

Die zentralen Dienstleistungen des Telekommunikationsunternehmens waren für das Stahlunternehmen von entscheidender Bedeutung. Einem hochrangigen Stahlmanager zufolge hatte dieses jedoch keine solide Beziehung zu der Telekommunikationsgesellschaft. Die Erfüllung des aktuellen Servicespektrums wurde bestenfalls als ausreichend, im schlimmsten Fall sogar als unprofessionell bezeichnet.

Für das Stahlunternehmen war die Telekommunikationsgesellschaft nur unter Monopolbedingungen als bester Dienstleister tragbar gewesen. Mit der Einführung des Wettbewerbs nahm das Stahlunternehmen Gespräche über mögliche Alternativen für die Erbringung bestimmter Leistungen auf. Anfänglich glaubten die Vorstandsvertreter, dass der Kunde „sich lediglich über hohe Preise, Nichterfüllung und Ähnliches beklage". Als das Stahlunternehmen dann nachwies, dass eine Reihe entscheidender Punkte aus den vertraglichen Vereinbarungen der beiden Unternehmen nicht eingehalten worden waren, begannen die Herren des Vorstands das wirkliche Ausmaß der Probleme zu erahnen. Bis zu diesem Zeitpunkt waren ihnen diese Realitäten völlig verschlossen gewesen. Sie waren von den internen Mechanismen ihres Unternehmens geschluckt worden oder durch sie verborgen gewesen.

Wir haben bei diesem Kunden keine solide Stellung.

Der Vorstand hatte die Vorstellung gehegt, dass das Unternehmen bei den meisten seiner wichtigen Kunden eine starke Stellung innehatte und musste nun feststellen, dass dies ganz und gar nicht der Fall war. Eine Analyse der aktuellen und geplanten Gesamtinvestitionen des Stahlunternehmens in die Telekommunikation verdeutlichte, dass es zahlreiche Möglichkeiten für die Generierung zusätzlichen Geschäftspotentials gab. In der Datenvernetzung und Systemerstellung gingen dem Unternehmen Anteile verloren, obwohl der Kunde hier wesentlich größere Investitionen tätigte als in den traditionellen Telefonsegmenten und auch ein wesentlich schnelleres Wachstum verzeichnete. Es wurde darüber hinaus deutlich, dass nur im Bereich der traditionellen Telefondienstleistungen gute Kontakte bestanden. Zu denjenigen Führungskräften, die das Geschäft maßgeblich vorantrieben und für zentrale Entscheidungen verantwortlich zeichneten, hatte man keine Verbindungen, was sich bald als ernsthafter Mangel herausstellte.

Das interne Verhalten ihres eigenen Unternehmens überraschte den Vorstand der Telekommunikationsgesellschaft noch viel mehr. Obwohl es einen relativ intensiven Austausch zwischen den Mitarbeitern im Kundenmanagement, Produktmanagement und den Netzwerkabteilungen gab, führten auch noch so engagierte Bemühungen des einzelnen Kundenmanagers niemals zu wirklichen Verbesserungen für die Position des Telekommunikationsunternehmens. Dem Kunden, also dem Stahlunternehmen, bot sich ein uneinheitliches Bild, und es gab weder ein Schnittstellenmanagement noch überhaupt einen koordinierten Ansatz. Die Beziehung orientierte sich an einzelnen Ereignissen, auf die dann ungeplante und unkoordinierte Reaktionen erfolgten. Die interne Organisation des Anbieters war sich entweder der Situation des Stahlunternehmens gar nicht bewusst oder weigerte sich, überhaupt Verantwortung für den Kunden zu übernehmen. Beispielsweise kannte niemand den realen Gesamtumsatz oder die Position des Portfolios.

Die betrieblichen Servicemanager trafen ihre eigenen Entscheidungen. Als beispielsweise der Servicemanager für Telefondienstleistungen beschloss, dass von nun an Rechnungen mit einzeln aufgeführten Posten zu verschicken seien, bekam jeder Kunde im nächsten Monat ganz einfach eine entsprechend spezifizierte Rechnung zugestellt. Das Stahlunternehmen erhielt diverse Postsäcke mit Tausenden von Telefonrechnungen, auf denen alle Verbindungen für jede einzelne Betriebsnummer detailliert aufgeführt waren.

Der Vorstand ordnete auch bei anderen Kunden weitere Untersuchungen an und veranlasste interne Maßnahmen und Leistungsprüfungen. Kurz danach war allen Führungskräften des Telekommunikationsunternehmens klar geworden:

- Das Unternehmen hatte eine falsche Vorstellung vom Leitbild und den Geschäftsinhalten des Kunden.
- Es war unfähig, seine Aufgabe als Telekommunikationsanbieter auf Kundenebene sinnvoll anzugehen.
- Im Unternehmen wurden weder das System des Kundenmanagements noch die Kompetenzen der Kundenteams respektiert.
- Die Meinung der Kunden über das Telekommunikationsunternehmen stimmte nicht mit dem Selbstbild und den ehrgeizigen Zielen des Unternehmens überein.
- Die Kunden kannten das Portfolio eigentlich gar nicht.
- Die Mitarbeiter des Unternehmens (sowohl Kundenbetreuer als auch Verwaltung) waren nicht ausreichend qualifiziert, um im neu aufgekommenen Wettbewerb bestehen zu können.
- Für die Mitarbeiter mit Kundenkontakt gab es keine unterstützenden Informationen von operativer oder strategischer Relevanz.
- Es gab nur sehr wenig Information über die finanziellen Aspekte der Geschäftsbeziehung zum Kunden.
- Die Haltung gegenüber der Funktion, Bedrohung und möglichen Attacken des Wettbewerbs war von Naivität gekennzeichnet.

Was aus dieser Analyse zu lernen war, war offensichtlich:

- Die aktuellen Leistungen des Telekommunikationsunternehmens seinen Kunden gegenüber waren unzureichend: sie waren „ihr Geld nicht wert" (Leistungsdefizit).
- Wichtige Chancen für die Gewinnung von zusätzlichem Geschäftspotential wurden ungenutzt gelassen (Chancendefizit), weshalb das Unternehmen im Wettbewerb um die neuen Märkte eine empfindliche Niederlage einstecken musste.

Die Aufnahme kundenorientierter Aktivitäten

Diese Lehren mussten nicht nur verstanden werden, sondern es galt auch, danach zu handeln. Insbesondere in den Bereichen Kundenmanagement, Informationsmanagement, Leistungskontrolle und der Verbindung zwischen Produktmanagement und Vertriebsmitarbeitern waren viele zentrale Handlungslinien erforderlich. Statt alles auf einmal regeln zu wollen und unzählige Projekte gleichzeitig anzustoßen, konzentrierte sich das Telekommunikationsunternehmen zunächst auf die Änderung seiner Sichtweise. Es versuchte, sich selbst mit den Augen seiner Kunden – also von außen nach innen – zu sehen.

Es gab auch andere Programme zur Bewertung der Organisationsstruktur und der Unternehmensführung. Um schneller reagieren zu können, beschloss man jedoch, eine Art von *Customer Action Team* einzuführen, das dem *Customer Leader* zuarbeiten sollte. Die Kundenmanager sollten nach und nach die Funktion des *Customer Leader* übernehmen, während ihre Kundenteams als *Customer Action Teams* fungierten. Diese *Customer Action Teams* unterschieden sich in einigen Punkten von dem Konzept, das in diesem Buch bereits vorgestellt wurde. Ihre Funktionsbestimmung besteht weniger in der Gewährleistung der Auftragserfüllung, als vielmehr der Bestimmung die Art und Weise, wie ein Unternehmen das Management seines Kundenservice-Kreislaufs handhabt.

Es wurden folgende Ziele vereinbart:

– Erarbeitung einer genauen Vorstellung von den geschäftlichen Tätigkeiten des Kunden
– Bestimmung der Anforderungen für Telekommunikationslösungen
– Bewertung der Leistungen des Portfolios des Telekommunikationsunternehmens im Vergleich zu diesen Anforderungen
– Bestimmung der für ein erfolgreiches Agieren für den Kunden notwendigen und durch die Verwaltung zu gewährleistenden Unterstützung sowie Bestimmung der erforderlichen Verkaufsunterstützung (von einem neu zu gründenden Unternehmen zu erbringen), Erarbeitung von Strategien zur Überwindung des Autismus in den Produktabteilungen und Aufbau von Kontakten zur Entwicklung (den Entwicklern des Netzes und der entsprechenden Dienstleistungen)
– Schärfung des Blicks für die Bedürfnisse des Kunden durch schrittweise Einführung der Mitarbeiter in die Lebenswirklichkeit des Kunden

Dieser Ansatz hatte zwei wichtige Vorteile:

– Das Kundenmanagement wurde zu einer lernenden Organisation. Durch den Blick von außen war man in der Lage, die für einen ausgezeichneten Dienst am Kunden notwendige Organisationsweise und erforderliche Unterstützung zu bestimmen.
– Die Organisationsstruktur des Kundenmanagements wurde sichtbar und konnte mit weitreichenden Führungskompetenzen handeln. Sie gewann die Achtung der (meisten) Mitarbeiter des Unternehmens, sobald sich neue Kapazitäten entwickelten und die erbrachte Leistung sich verbesserte.

Es handelte sich bei den Anstrengungen keineswegs um ein Projekt, das nach einem Jahr auslaufen sollte. Auch fünf Jahre später dauert dieser Prozess der Neubelebung der Strukturen sowie leistungsorientierten Veränderungen weiter an. Das Telekommunikationsunternehmen war einem kontinuierlichen Wandel seines

Marktes und ständigen Veränderungen seines Kundenstammes unterworfen. Nachdem das Unternehmen die „Kontrolle" über seine Premiumkunden „wieder-gewonnen" und tatsächlich die meisten auch gegenüber der Konkurrenz verteidigt hatte, musste es feststellen, dass nun die kleineren Kunden zum Ziel der Abwerbeversuche wurden. Da immer mehr neue Betreiber eine Lizenz erhielten und Mobiltelefone sich wachsender Beliebtheit erfreuten, mussten breit angelegte Kontaktmöglichkeiten zum Kunden geschaffen werden, die durch auf Dauer angelegte, gelenkte Prozesse begleitet wurden. Sodann wurden in Reaktion auf das Feedback der Kunden wichtige Änderungen am Verhalten des Unternehmens durchgeführt.

Als die Verwaltung und die Kundenkontakte im Vertrieb besser zu funktionie-ren begannen, zeigte sich, dass die prozessualen und informationstechnischen Verbindungen zwischen Vertrieb und Produktabteilungen ein wesentliches Hindernis für einen wirksamen Umgang mit dem Wettbewerb darstellten. Plötzlich begannen die Kunden auch, über das Internet und ihr firmeneigenes Intranet zu sprechen. Für internationale Telefonvermittlungen wurden äußerst kostengünstige Angebote auf den Markt geworfen. Die Regeln des Marktverhal-tens, die noch vor zwei Jahren Gültigkeit besessen hatten, bestanden nicht mehr.

Die Bedeutung einer gelenkten Entwicklung

Nicht nur den einfachen Mitarbeitern fällt es schwer, ihr Verhalten zu ändern. Eine Änderung der Denkmuster bei Führungskräften zu bewirken ist eine weitaus schwierigere Aufgabe. Ein Manager des Telekommunikationsunternehmens kommentierte dies folgendermaßen:

> *Weshalb sollten wir glauben, dass ein Manager, der durch dieses System Karriere gemacht hat, bereit ist, genau dieses System zu zerstören?*

Es bedarf mehr als nur einer Portion Mut, um sich selbst eine Krise aufzuerlegen. Und doch werden viele Unternehmen dazu gezwungen, sich auf eine Krise einzulassen, weil ihre Wettbewerber ihnen wertvolle Marktanteile abjagen, Aktionäre ihre Aktien abstoßen, oder die Banken ihre Kredite veräußern. Der Abstieg beginnt mit unzufriedenen Kunden, die – sofern sie eine Gelegenheit dazu erhalten – sich revanchieren wollen. Der Wettbewerb gibt ihnen diese Gelegenheit.

In konventionellen Telekommunikationsunternehmen wurden stets eher die mechanistisch und effizienzorientierten als die kundenzentrierten Führungskräfte belohnt. Die Finanzsysteme, welche Kapitaleffizienz und Leistung für den Kunden miteinander verbinden, fehlen häufig. Das Ergebnis ist eine „faire" Managementkultur, die ihre Mitarbeiter danach beurteilt und befördert, wie sehr sie sich bemühen, und nicht danach, was sie gemessen an eindeutigen Leistungskriterien letztlich erreichen. In dem heutigen Wettbewerbsumfeld eines Telekommunikationsunternehmens oder jeglicher anderen Organisationsstruktur ist es von essentieller Bedeutung, dass die Unternehmensführung eine Kultur etabliert, die den Kunden ins Zentrum ihrer Bemühungen rückt und klare Indikatoren für die Bewertung finanzieller Ergebnisse aufweist.

Ein umfassendes Verständnis der Theorie ist zwar notwendig, aber nicht ausreichend. Nach einem Workshop über das Management von Veränderungen wissen die teilnehmenden Manager, was zu tun ist und sind überzeugt von der Notwendigkeit des Wandels in ihrem Unternehmen. Doch wenn sie an den Ort ihrer tagtäglichen beruflichen Misere mit ausschließlich intern motivierten Aktivitäten zurückkehren, schmilzt ihr Enthusiasmus dahin wie ein Zuckerwürfel in der Kaffeetasse:

> *Ja, ja, ich verstehe schon, was die Theorie des Wandels und der Leistungsverbesserung uns sagen will, aber ich kann das nicht machen... jedenfalls nicht allein.*

Als die Vorstandsmitglieder des Telekommunikationsunternehmens in unserem Beispiel ihren Workshop beendet hatten, hatte jeder einzelne einen genauen Aktionsplan vor sich, mit dem Ziel, in realen Geschäftssituationen Veränderungen anzustoßen und langfristig zu begleiten. Als diese Manager sich daran machten, ihre Mitarbeiter von den neuen Einsichten zu überzeugen, entwickelten sie neue „aktionsorientierte" Fertigkeiten und lernten, effektiver zu kommunizieren.

Die Manager erkannten, wie sie eine selbsterzeugte Krise bewältigen und über sie kommunizieren konnten. Sie waren sich auch der Tatsache bewusst, dass ihre Mitarbeiter ebenfalls lernen mussten, mit der Krise umzugehen. Deshalb war es notwendig, dass starke Triebkräfte dabei halfen, den Wandel in der Unternehmensstruktur durchzusetzen. Dies war die Funktion der *Customer Action Teams*. Die Manager dieser Aktionsteams hatten eine herausragende Rolle. Sie gingen ihre Aufgabe mit viel Elan und in dem Bewusstsein an, dass sie den Wandel nicht nur an der Spitze, sondern auf allen Ebenen des Unternehmens herbeiführen und umsetzen konnten. Die Unternehmensführung benannte diese führenden Mitarbeiter, förderte sie in ihrer wichtigen Arbeit und ließ ihnen die notwendige Unterstützung zukommen. Zu den erforderlichen Qualifikationen gehörten:

- die unerschütterliche Überzeugung, dass eine Neubelebung den Schlüssel zur Wettbewerbsfähigkeit bietet
- die Fähigkeit, diese Überzeugung als glaubwürdige und überzeugende Vision darzustellen
- die Fertigkeit, diese Vision durch konsequentes Reden und Handeln umzusetzen

Das Management übernimmt eine entscheidende Aufgabe bei der Führung und Lenkung von Mitarbeitern, die eine neue Sicht von außen auf das Innere ihres Unternehmens zu praktizieren lernen. Letztlich müssen die Manager sich selbst drei zentrale Fragen beantworten: Welchen Wert biete *ich* dem Kunden, welchen Wert biete *ich* meinem Unternehmen, und welchen Wert habe *ich* für meine Mitarbeiter?

4.6.6 Was kann man daraus für das *Total Action*-Prinzip lernen?

In dem beschriebenen Fall des Telekommunikationsunternehmens (der sich im Übrigen aus verschiedenen Erfahrungen der Autoren zusammensetzt) ging es vor allem darum aufzuzeigen, dass eine grundsätzliche *Änderung der Betrachtungsweise* der eigenen Arbeit aus der Perspektive des Kunden von entscheidender Bedeutung für einen echten Wandel im betreffenden Unternehmen ist. Der Umstrukturierungsprozess darf nicht gekennzeichnet sein durch:

- interne Debatten und Diskussionen, mit denen lediglich interne Energie verschwendet wird
- eine Verlagerung des Machtgleichgewichts durch neue Führungspersönlichkeiten, jedoch ohne neues Verhalten und neue Leistungsniveaus
- Verwirrung als Folge fortgesetzter Änderungs- und Umstrukturierungsmaßnahmen, die jegliche Initiative ersticken („Wir können da vor der nächsten Umstrukturierung überhaupt nichts machen.") und komplette Verwirrung stiften („Wenn mein Chef anruft, schreibe dir mal seinen Namen auf!" oder „Ich habe keine Ahnung, was ich ab der nächsten Woche machen werde.").
- fehlendes Vertrauen zum Management – viel Geschrei um nichts – auf Grund fehlender Führung

Betriebliches Handeln, das sich an der Sichtweise des Kunden orientiert, platziert den Kunden im Zentrum der Entscheidungsfindung. Leistungserbringung für den Kunden führt zu folgender Situation:

- Klarheit („Wir wissen, was wir erreichen müssen!") in dem Bewusstsein, das allein die Sichtweise des Kunden zählt
- ein totales Engagement für den Kunden tritt an die Stelle der bisher offen ausbrechenden Frustrationen (normalerweise als Enttäuschung über all das, was nicht geschieht)
- Initiative – fortgesetzte Suche nach Lösungen, deren Ergebnisse dann in Handlungsformeln und Prozesse umgewandelt werden können
- Berücksichtigung der Schlüsselkompetenzen und, was oft noch wichtiger ist, der Schlüssel*in*kompetenzen zur Bestimmung dessen, was zu tun ist, und was für einen erfolgreichen Umgang mit dem Kunden möglich ist
- Vertrauen auf die Unternehmensführung, die den eindeutig definierten Lernprozess und seine Umsetzung steuert

In dem Telekommunikationsunternehmen unseres Beispiels begannen die *Customer Leader* und ihre *Customer Action Teams*, den Kunden ins Zentrum aller Entscheidungsfindung zu rücken. Eine vollständige Änderung des Denkens und Handelns muss sich allerdings im Laufe der Zeit einstellen, wenn das Unternehmen seine Organisationsstruktur auf echte *Customer Action Teams* eingerichtet hat, deren „virtuelle" Kundenteams für die Steuerung und Ausrichtung des Kundenservice-Kreislaufs verantwortlich sind. Zwar ist das heute noch nicht der Fall, doch da die wirklichen Anforderungen der Kunden bekannt sind und die Unterstützungs- und Erfüllungsmechanismen – insbesondere die aus dem *Customer Dashboard* des Kundenbetreuers gespeisten Informationsmanagement-Tools – eingerichtet werden, kann man mit Fug und Recht behaupten: Das Unternehmen ist dem Prinzip von *Total Action* schon sehr nahe.

4.7 Der Postbote klingelt niemals zweimal

Traditionell betrachtet würden nur wenige Menschen die Post als kommerzielles, kundenorientiertes Unternehmen mit einem hohen Wachstumspotential bezeichnen. Verglichen mit dem selbst geschaffenen Hightech-Image der Kurierdienste und Logistikdienstleister wirkt die Post eher wie ein Überlebender aus der alten „realen" Welt, die zunehmend durch eine virtuelle der E-Mails, Faxe und anderer Formen elektronischer Kommunikation ersetzt wird.

Eine solche Ansicht ist irreführend. Die eher fortschrittlichen Postunternehmen verwandeln sich heute in Betriebe eines neuen Typs, sie bauen ihre Kernaktivitäten aus und entdecken den Kunden neu. Einige praktizieren die Grundsätze von Total Action mit dem Eifer der Innovativen. Sie beginnen mit der Einführung fortschrittlicher Kundenmanagement-Praktiken und richten ihre Systeme so ein, dass sie jede Handlung des Kunden direkt erfassen und verfolgen können. Viele Postunternehmen gehen diese Aufgaben an, weil sie der Meinung sind, dass ein Postbote mehr tun muss, als nur an der Tür des Empfängers zu klingeln. Die Post muss ihrem Kunden vielmehr einen sprichwörtlichen Besuch abstatten.

Der vorliegende Fall basiert primär auf den Erfahrungen der Autoren mit der TNT Post Group in den Niederlanden. Auch unsere Erfahrungen mit anderen Postunternehmen stützen unsere These, dass einige von ihnen wirkungsvoll auf die neuen Marktkräfte reagiert haben. Daher hielten wir es für sinnvoll, den hier dargestellten Fall ähnlich dem zuvor genannten Beispiel des Telekommunikationsunternehmens ebenfalls aus verschiedenen Szenarien zusammenzustellen.

Die Post hat einen einfachen und eindeutig identifizierbaren Kunden: den Bürger, der einen Brief schreibt, adressiert, eine Briefmarke auf den Umschlag klebt und ihn dann in den Briefkasten steckt. Doch die Post hat auch etwas kompliziertere Kunden: diejenigen, bei denen große Mengen an Post anfallen, und die in einigen Fällen einen Teil ihres Geschäfts der Post übertragen. Ganz ähnlich wie die Telekommunikationsunternehmen waren die nationalen Postunternehmen auch über lange Zeit hinweg durch ein Monopol geschützt. In diesen Jahren entwickelten sie sehr fortschrittliche Technologien für die Abholung, das Sortieren und die spätere Zustellung von Briefen und Paketen.

Heute ist die Post ein Unternehmen mit einem bekannten Kundentypus und vielen anonymen Kunden. Um im Wettbewerb zu bestehen, muss die Post folgende Aspekte berücksichtigen:

– Sie muss darauf achten, dass der Kunde die Triebkraft ihrer internen Agenda –
und damit das Zentrum aller Entscheidungsfindung – ist.
– Sie muss interaktive Fertigkeiten entwickeln, um eine lückenlose Kommunikation und direkten Zugang zu Informationen zu gewährleisten und so für den
Kunden und sich selbst einen echten Wert zu bieten.

4.7.1 Wer ist mein Kunde?

In der Vergangenheit folgte die Post dem Motto: „Unser Kunde ist wichtig, aber
wir können den Kunden nur bedienen, wenn unsere interne Entwicklung richtig
funktioniert!" Geschützt durch die Monopolstellung konnte sich das Management
der Post auf sein Kerngeschäft konzentrieren: zeitlich korrekte Massenabholung,
Sortierung und Zustellung von Briefen und Paketen zu geringen Kosten. Nach
einer Analyse jedes Teilschritts dieses Prozesses entwickelte man einen effektiven
Standardservice, der keine hohen Kosten verursachte. Das einzige, für einen
Kunden maßgeschneiderte Angebot bestand in Mengenrabatten für Großkunden
und einer Differenzierung zwischen Briefmarken erster und zweiter Klasse in
einigen europäischen Ländern.

Ein beträchtlicher Teil des Geschäfts der Post entfällt auf und wird bezahlt von
einer relativ kleinen Zahl großer Unternehmen. In den Niederlanden beispielsweise erwirtschaftet die Post 40 % ihres Umsatzes mit nur 50 Unternehmen. Diese
Kunden erhalten einen besonderen Service in Form von Rabatten, jedoch nur so
lange, wie die Standards des Kerngeschäfts eingehalten werden. Die Post ist auch
sehr davon überzeugt, dass die Nachfrage nach ihren Dienstleistungen von
Faktoren abhängt, auf welche die Post selbst keinen Einfluss hat:

*Wenn eine Bank sich entscheidet, die Zahl der von ihr per Post ver-
schickten Kontoauszüge drastisch zu reduzieren, dann können wir als
Post da gar nichts unternehmen. Wir können nur zusehen, wie uns das
Geschäft verloren geht.*

Produktionsorientierte Unternehmen investieren normalerweise nur sehr wenig in
die Kompetenzen ihrer Kunden, und wenn sie es tun, dann gehen sie dabei nicht
systematisch vor. Den Postunternehmen fehlt häufig eine systematische Kenntnis
ihrer Kunden, weshalb sie auch nicht in der Lage sind, die Entwicklungen in den
Geschäftstätigkeiten der Kunden zu verfolgen und bei Bedarf entsprechend zu
reagieren. Dies könnte jedoch für die Post von großer Bedeutung sein. Wenn die
Bank sich nun also entscheidet, weniger Kontoauszüge an ihre Kunden zu
verschicken, dann könnte die Post ihr die Dienste eines (von der Post selbst
betriebenen) Call Centers anbieten, der Auszüge auch direkt drucken und sofort
verschicken könnte, so dass die Kunden der Bank ihre Auszüge innerhalb von 24
Stunden auf dem Tisch hätten.

Im Kundenmanagement würde man in einem solchen Fall das Problem in eine Kundenlösung verwandeln. Häufig geschieht dies jedoch nicht. Kluge Kundenbetreuer, die hier eine Chance wittern, sehen sich oft mit Schwierigkeiten konfrontiert: Ihr Unternehmen versteht sie einfach nicht. Im Denken der Post ist der Kundenmanager nicht dazu da, um zu denken, sondern um die Dienstleistung zu verkaufen!

Für jede Organisationsstruktur besteht die erste Phase der „Entdeckung des Kunden" in der Einrichtung von Kundenteams und der Benennung eines *Customer Leader* mit einem breit angelegten Mandat, das es ihm ermöglicht, den Kunden übergreifend über die internen Grenzen aller organisatorischen Einheiten hinweg zu unterstützen. Ein solcher Schritt mag unvereinbar sein mit der Einrichtung von Geschäftsbereichen (Briefpost, Drucksachen, Pakete, Kurierdienste, Internationales), die normalerweise eine Begleiterscheinung „kommerziellen" Denkens darstellt. Wenn jeder Geschäftsbereich sich für den Kunden verantwortlich fühlt, gehen potentielle Synergien verloren. Wenn sich dann auch jeder Geschäftsbereich sein eigenes Bild von dem Kunden macht und nicht gewillt ist, sich mit den anderen Bereichen des Unternehmens auszutauschen, verschlimmert das die Situation nur noch. Zwar hängen alle von derselben Entwicklungsabteilung ab, doch können unterschiedliche Auffassungen von der Identität des Kunden zu sehr viel größeren Problemen führen als nur zu bloßer Verwirrung. Wenn die wirklichen Ziele und Anforderungen des Kunden nicht mehr sichtbar sind, kann die Post auch nicht innovativ handeln.

Die Entwicklung eines gemeinsamen Bildes vom Kunden

Dabei geht es um die interaktiven Fertigkeiten des Postunternehmens. Inwieweit ist die Post in der Lage, Informationen über den Kunden auszutauschen, intern und extern zu kommunizieren und auf bestimmte Ereignisse beim Kunden entsprechend zu reagieren? Mit Ausnahme der Rechnungserstellung sind die Kunden für die Post nahezu unsichtbar. Natürlich gibt es immer einen Absender, der zahlt, aber der zieht oft nur eine Briefmarke aus einem Automaten. Dann gibt es noch den Empfänger. Das Produktionssystem benötigt, um die Zustellungsroute festzulegen, nur die Postanschrift des Empfängers. Weitere Daten über den Kunden werden nicht erfasst. Die Post weiß nicht, wer, auf welchem Postweg, wann und von wo aus etwas verschickt. Muss sie das denn überhaupt wissen?

Wenn man das Geschäft der Post analysiert, um Kommunikationsmuster unter den Kunden festzustellen, dann ist das eine eher ungewohnte Betrachtungsweise. Wenn man diese Perspektive einnimmt, erwächst daraus jedoch eine neue Nachfrage nach zusätzlichen Informationen. Die Post ist aus kommerzieller Sicht dazu verpflichtet herauszufinden, warum ihre Kunden miteinander kommunizieren. Grundsätzlich verfügt die Post über entscheidende Daten hinsichtlich der – stofflichen – Kommunikationsmuster ihrer Kunden. Lange Zeit war ihr die Bedeutung und der Wert dieser Informationen nicht klar. Heute jedoch kann sie mit dieser Erkenntnis neue Geschäftspotentiale und Einkommensquellen generieren.

Dazu muss die Post die Strukturen und Gründe für die zwischen den Kunden stattfindende Kommunikation untersuchen. Wenn sie diese kennt, kann sie die Kommunikationsmuster der Kunden zu deren und zum eigenen Nutzen optimieren. Absender und Empfänger können zu neuen Umsatzquellen werden. Solche Möglichkeiten bieten sich beispielsweise, wenn Großkunden ihren Postaustausch zunehmend als zentralen Bestandteil ihrer Kommunikationssysteme betrachten.

Wenn die Post weiß, warum Unternehmen Nachrichten per Post verschicken, und wie diese empfangen werden, kann sie ihre Beziehung zum Kunden stärken, indem sie Post- und Kundenprozesse integriert. Wenn der Empfänger eines Briefes diesen zum Beispiel nicht öffnet, oder interne organisatorische Verfahren die Zustellung an den Endempfänger verzögern, dann ist der Sonderservice der Post mit einer Zustellung innerhalb von 24 Stunden eine verschwendete Leistung. Um dem Kunden eine Kombination von Wert und Effizienz bieten zu können, muss die Post über solche Verhaltensweisen des Kunden Bescheid wissen.

Das entscheidende Potential zur Verbesserung der Dienstleistungsprozesse der Post kann nur dann sinnvoll genutzt werden, wenn sie ein besseres Verständnis von ihrem Kunden gewinnt und die Entwicklung ihrer Prozesse auf die Erfüllung spezifischer Kundenwünsche ausrichten kann.

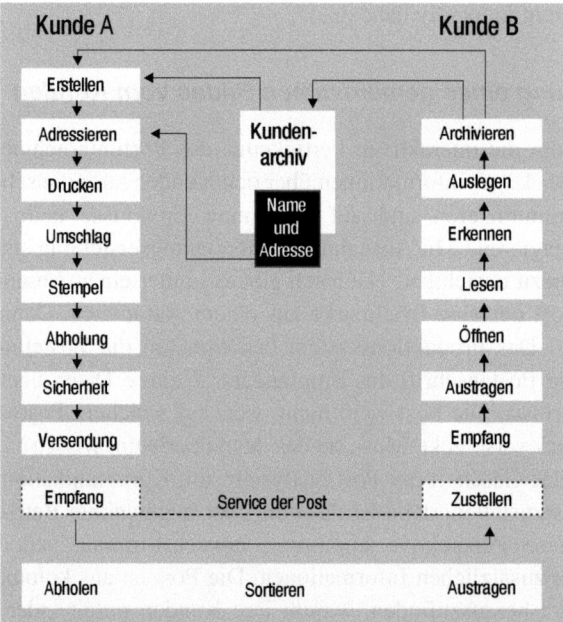

Abb. 4.9 Die Post als logistischer Dienstleister

Ein besseres Verständnis vom Geschäft des Kunden

Stellen Sie sich vor, Sie sind Chef eines großen Versandhauses. Wäre die Post dann für Sie ein wichtiger Geschäftspartner? Die Post stellt Ihre Kataloge zu, bringt Ihnen Briefe und Schecks der Kunden und kümmert sich um die Zustellung Ihrer Rechnungen. Vielleicht übernimmt sie ja sogar den Paketversand für Sie.

Ein Vorschlag von der Post

Im Frühling ruft der *Customer Leader* der Post bei Ihnen an, vereinbart ein Treffen und macht Ihnen außerdem einen Vorschlag, der etwa so lautet: „Wir könnten für Sie in diesem Jahr einen Urlaubs-Sonderkatalog versenden. Der Sommer ist nicht mehr fern, und dann haben Sie in Ihrer Branche doch normalerweise ohnehin mit einer Flaute zu rechnen. Wir sind überzeugt, dass wir zusätzliches Geschäftspotential für Sie generieren können. Wir werden Sie bei der Erstellung des Katalogs unterstützen und dafür sorgen, dass die Kataloge rechtzeitig beim Kunden sind. Wir können auch das Lagerproblem für Sie lösen und bei Bestellung am Vortag eine Auslieferung der Ware über Nacht garantieren. Unsere Fahrer könnten bei der Auslieferung dann auch gleich den Rechnungsbetrag für Sie mit einziehen. Wir kümmern uns auch gern um Ihre Kundenkorrespondenz. Wir können Kundenbriefe für Sie einscannen und dann in elektronischer Form an Ihre Verwaltungszentrale weiterleiten. Unser Call Center könnte Zusatzkapazitäten bereitstellen für den Fall, dass Ihr interner Call Center einmal überlastet ist. Wenn Sie im Regionalradio oder -fernsehen Werbesendungen schalten, können wir dafür sorgen, dass die Kataloge zeitgleich zugestellt werden, damit sich die Kampagne besser auszahlt. Natürlich können Sie auch jederzeit unsere direkte Mail-Datenbank nutzen."

Der *Customer Leader* beschreibt kurz und bündig seinen Geschäftsvorschlag, der ihm selbst 2 % an Zusatzgeschäft verspricht. Gemessen an dem Paketpreis, den er Ihrem Versandhaus für den zusätzlichen Service berechnen will, ist das ein lohnendes Angebot für Ihr Unternehmen. Außerdem wird Ihnen nahegelegt, dass die Post sogar über Kapazitäten verfügt, um Bestellungen von Ihrer neuen Website zu übernehmen.

Sie fragen sich jedoch: „Kann die Post wirklich leisten, was sie da verspricht?" Sie wollen sich ein genaueres Bild von den Kapazitäten der Post machen und fragen den *Customer Leader* deshalb:

– Wenn wir einmal die saisonalen Schwankungen unseres Geschäfts beiseite lassen, glauben Sie dann noch, dass Sonderkataloge eine gute Idee sein könnten? Und wenn ja, warum?

– Können Sie etwas genauer skizzieren, welche Rolle die Post in unserem Erfüllungskreislauf zu spielen gedenkt? Sie wissen doch genau, dass wir unsere eigene Logistik-Abteilung haben, und dass ihre Vorschläge Sie zu einem Konkurrenten unserer internen Logistiker machen würden.

Wenn der *Customer Leader* das Geschäft mit Ihnen abschließen will, muss er eine genaue Vorstellung vom Versandhausgeschäft und ganz besonders von Ihrem Unternehmen haben. Ohne diese Kenntnis wäre das Angebot allerdings nicht gemacht worden, und der Vorschlag wäre bedeutungslos gewesen. Wenn der *Customer Leader* nicht über ein genaues Verständnis von den Prozessen in Ihrem Unternehmen verfügt oder nutzbares Wissen bzw. Erfahrungen nachweisen kann, wird er oder sie in Ihnen wahrscheinlich keinen willigen Geschäftspartner finden.

Sollten Sie sich aber entscheiden, das Geschäft abzuschließen, dann erhält die Post durch die Erbringung der Zusatzleistungen einen größeren Teil Ihres Geschäfts. Die Post bietet eine einzigartige Kombination von Dienstleistungen aus ihrem Portfolio. Die Prozesse Ihres Unternehmens und die der Post aufeinander auszurichten ist keine leichte Aufgabe und könnte deshalb für die Post eine große Herausforderung darstellen. Das angebotene Volumen auch wirklich zu bearbeiten ist dabei vielleicht noch die einfachste Übung. Die Organisation der Katalogzustellung über Nacht zu einem fest vereinbarten Termin könnte schon eher Probleme aufwerfen. Das Einscannen der Kundenbriefe und die Vernetzung der Informationen sowie Transaktionen könnte für die Post ebenfalls eine Herausforderung bedeuten, da diese bisher vor allem mit Standardentwicklungen arbeitete, die nicht ohne Probleme oder Zusatzkosten an die individuellen Wünsche des Kunden angepasst werden können.

Die Post muss alle organisatorischen Kapazitäten einsetzen, die sie aktivieren kann und eine Möglichkeit für ihre Mobilisierung im Unternehmen verankern. Die Rolle des *Customer Leader* besteht darin, die Kapazitäten und Fertigkeiten zu aktivieren, die jeweils für die Erfüllung der Kundenwünsche benötigt werden.

Diese Rolle ist an folgende Voraussetzungen geknüpft:

– Der Wertbeitrag für den Kunden muss dem *Customer Leader* bewusst sein. Was bietet das Versandhaus seinen Kunden, und weshalb besitzt dieses Angebot einen Wert?

– Die Ziele des Anbieters müssen mit denen des Kunden vereinbar sein. Zeigt das Versandhaus Interesse an einem umfassenderen Service sowie an der Sonderaktion zum Thema „Urlaub"? Wenn ja, kann die Post diesem Interesse nachkommen?

– Ist die Post in der Lage, zwischen dem, was sie erbringen kann und dem, was für den Kunden einen echten Wert besitzt, Übereinstimmung zu erzielen? Für die Kundenlösung bedeutet das die Beantwortung der Frage: Kann die Post diese Lösung bieten? Ist sie Teil des aktuellen Portfolios? Könnte man eine solche Lösung als Standarddienstleistung entwickeln, einsatzfähig gestalten und sie dann für Versandhäuser und andere Unternehmenstypen mit ähnlichen Bedürfnissen optimieren?

– Handlungsorientierung: Der *Customer Leader* muss die Motivation eines Unternehmers und Geschäftemachers besitzen, als Projektführungskraft eine zielorientierte Einstellung haben und Führungsqualitäten entwickeln, die auf der Grundlage einer systematischen Planung in einem nicht-hierarchischen Umfeld erfolgreich eingesetzt werden.

Wenn der *Customer Leader* der Post die Aktivitäten für den Kunden auf der Grundlage einer systematischen Planung steuern soll, muss er oder sie das Versandhausgeschäft und das Kapazitätspotential der Post genau kennen. Dem Prinzip von *Total Action* zufolge verdient jeder Kunde unabhängig von seiner Größe einen solchen *Customer Leader.*

Zu den Informationen, die der *Customer Leader* über das Versandhaus benötigt, gehört:

– die Zahl der Pakete, die durch die Post bestellt, zugestellt oder zurückgeschickt werden

– die dazu notwendigen Kommunikationsströme (Briefe und Telefonate)

– die Zahl und Versandadressen der zu verteilenden Kataloge

Außerdem muss der *Customer Leader* die Antworten auf drei Fragen kennen:

– Wer wird auf die Kataloge reagieren?

– Wie soll der Lieferprozess organisiert werden?

– Wie soll die Interaktion ablaufen?

Auch wenn die Post diese Informationen vielleicht an den *Customer Leader* weitergeleitet hat, wurden die Daten nicht erfasst. Sie wurden nicht als relevant beurteilt, da sie nicht der Logik des Geschäfts entsprachen.

Wahrscheinlich schrieb das Postunternehmen den Kundeninformationen keine besondere Bedeutung zu. Grundlegende Informationen über einzelne Kunden wurden regelmäßig auf viele verschiedene Informationssysteme verteilt, und deshalb konnte bei Bedarf nicht ohne Weiteres auf sie zurückgegriffen werden. Dennoch bildete der Zugang zu diesen Informationen eine zentrale Voraussetzung für den Erfolg von *Total Action*. Die notwendigen Verbindungen zwischen einzelnen Informationen waren:

– ein Produktkodierungssystem mit unterschiedlichen Dienstleistungen und Preiscodes

– ein Kundenvertragssystem

– ein System für die Erstellung von Rechnungen

– ein Vertragsmanagementsystem

– ein Zahlungssystem

– ein System für die Erstellung von Finanzabschlüssen

– ein System für den Verkauf „an der Ladentheke"

– ein Managementberichtssystem

Aus all diesen Systemen konnte die Post ihr internes *Customer Dashboard* erstellen, um auf dieser Grundlage dann die neuen interaktiven Kapazitäten zu entwickeln, deren Notwendigkeit man durch das neu erworbene Verständnis des Kunden erkannt hatte.

4.7.2 Einrichtung eines *Customer Dashboard*

Die Post erkannte, dass eine entscheidende Maßnahme in der Erfassung und Nutzung von Informationen über ihre größten Kunden bestand. Es war zwar bereits ein System für das Kundenmanagement eingerichtet worden, doch musste dies durch Informationstools und interne Verbindungen bei der Post weiter gestärkt werden.

Das *Customer Dashboard* der Post sollte sich vorrangig an dem *Customer Leader* und seinem Team ausrichten. (Man nannte das den „Kundennavigator".) Der Informationspool des *Customer Dashboard* unterstützte den Kundenbetreuer bei der systematischen und detaillierten Planung strategischer Zielsetzungen, taktischer Maßnahmen und Ertragsziele. Außerdem erleichterte der Pool die Pflege und Überprüfung der Kundenpläne.

Das *Customer Dashboard* verfügte über alle Informationen, die der Kundenmanager für die Ausübung seiner Steuerungsfunktion benötigte. Die Post entwickelte eine klar strukturierte Kundennavigationsplattform mit den notwendigen Tools, um die Arbeit des Kundenteams sowie Planungen und Leistungsbewertungen besser abwickeln zu können. Die Kundenpläne wurden in einfach zu nutzende elektronische Formate überführt. Gleichzeitig wurden die monatlichen Leistungsdaten über das *Dashboard* verfügbar gemacht. Statt wie bisher eine Kopie der Unterlagen als Ausdruck oder Word-Datei zugeschickt zu bekommen, erhielt der Kundenmanager nun interaktiven Zugang zu Daten auf den verschiedensten Detailebenen. Damit wurde es möglich, jede Abweichung von der Planung (Budgetvorgaben und periodische Vorausschau) bis zur Ebene des Produkts oder des Geschäftsbereichs zurückzuverfolgen. Die erbrachte Leistung ließ sich problemlos mit den Daten aus dem Vormonat oder den Daten vergleichbarer Kunden vergleichen. Zentrale Leistungskriterien dienten der Veranschaulichung des aktuellen Geschäftsstandes. Außerdem gab es eine genaue Überprüfung des Erreichungsgrades strategischer Zielsetzungen sowie der Umsetzung taktischer Maßnahmen. Die zusätzliche Analysearbeit wurde durch Möglichkeitsszenarien gefördert und trug zur Entwicklung neuer Ideen bei. Darüber hinaus konnte der Kundenbetreuer Leistungsdaten mit Anmerkungen versehen in den Kundenplan einpflegen. Das System legte dem Abteilungsleiter und dem Vorstand automatisch einen elektronischen Monatsbericht vor.

Das *Dashboard* für die „Kundennavigation" besaß die folgende Informationsstruktur:

– *Planungsinformationen:* Kundenpläne, Absatzplanung, Budgetzahlen und periodische Vorausschauen aus der Kunden- und Absatzplanung

– *Kontrollinformationen:* Angabe quantitativer Ergebnisse (Umsetzungsgrad) und qualitativer Leistungsinformationen (z.B. über den bei strategischen Zielen und geplanten Aktionen erzielten Fortschritt) durch den Kundenmanager im Managementbericht

- *Lenkungsinformationen:* abgeleitet aus dem Vergleich zwischen Planung und Umsetzungsergebnis und in den Beschreibungen geplanter Aktionen der Kunden- und Absatzplanung enthalten
- *Quantitative Planungs- und umsetzungsrelevante Informationen:* Analyse mit Gültigkeit für mehrere Kunden und Unterstützung sowie Angabe durch ein OLAP-Umfeld (On-line analytische Verarbeitung)

Der Nutzer wählt einen bestimmten Kunden im *Customer Dashboard* aus und kann dann den aktuellen Kundenplan, die Kampagnen- und Absatzplanung oder den neuesten Managementbericht für diesen Kunden einsehen. Eine Überarbeitung dieser Aktionspläne ist jederzeit möglich. Es können auch ganze Pläne, einzelne Kapitel oder noch kleinere Ausschnitte aus den Plänen und Berichten ausgedruckt werden. Es werden auch quantitative Informationen über Produkte, Kunden, Kundenmanager usw. angegeben. Das System ist jedoch nicht nur in der Lage, interaktiv Informationen zu ermitteln, sondern es kann auch von Information zu Information springen und die gesamte Datenbank „durchzuforsten", wenn zusätzliche Einzelheiten oder unterschiedliche Perspektiven zu der jeweiligen Datenanalyse gewünscht werden. Der Nutzer kann sich bei Anwendung dieser Funktionalitäten schnell einen umfassenden Einblick in die Daten verschaffen. Der Kundenmanager kann persönliche Berichte mit aufnehmen und per Mausklick verfügbar machen.

Der Kundennavigator ist ein auf höchster Ebene gut organisiertes hierarchisches Dokumentenarchiv, an dessen oberster Stelle der Kunde selbst steht. Jeder Nutzer kann sich einen persönlichen Informationspool anlegen und weitere Datenanalysen durchführen, Möglichkeitsszenarien durchspielen und seine individualisierte Navigation durch die Welt der verfügbaren Daten bestimmen.

Die Post stattete ihre *Customer Leader* mit dem „Kundennavigationssystem" aus. Seine Nutzung garantiert eine verbesserte und korrekte Betrachtung aller Kunden. Alle Teammitglieder können unter Einhaltung klarer Strukturvorgaben bestimmte Aktivitäten verfolgen und über sie berichten. Neue Informationen über die Kunden werden sofort eingepflegt und für das Unternehmen aufbewahrt (und nicht nur in der Erinnerung der Kundenmanager abgelegt). Der Kundenmanager erfährt auf diese Weise sehr schnell von Abweichungen in der Planungsumsetzung.

Aus konzeptueller Sicht betrachtet ist das Navigationssystem ein fortschrittliches und nützliches Instrument zur unmittelbaren und kontinuierlichen Steuerung der Kundenbeziehung. Eine der wichtigsten zu ergreifenden Maßnahmen muss nun in der stärker strategisch geprägten Nutzung relevanter Daten über bestimmte Kunden bestehen. Spezifische Daten über die Prozess-, Produkt- und Informationsströme des Kunden können somit zur Grundlage für den Verkauf wirklich „wertvoller" Dienstleistungen werden.

4.7.3 Das Management der kundenspezifischen Wertkette

Viele große Unternehmen verfügen über Postfächer. Dorthin wird die aus allen Teilen des Landes zusammengetragene Post zugestellt. Was könnte ein Postunternehmen darüber hinaus tun, um zusätzlichen Wert anzubieten?

Die Zustellung von Post an ein Postfach erfolgt in völlig zuverlässiger Art und Weise. Im Unterschied dazu treten in der Phase nach der Zustellung oft Verzögerungen von bis zu einer Woche auf, bevor die Post auf dem Schreibtisch des Endempfängers in dem Unternehmen landet, bei dessen Postfach sie zuvor abgeliefert worden war. Wie kann die Post dies voraussehen und die versandten Schriftstücke schneller zum Endempfänger befördern? Oder sollte sie ganz einfach zu dem internen Postwesen des Adressatenunternehmens in Konkurrenz treten? Und wer ist in dieser Situation der Kunde? Schließlich zahlt nicht der Inhaber des Postfachs, sondern der Absender die Briefmarke auf dem Umschlag!

Schauen wir uns einmal die Informationen an, welche die Post in ihrer Zusammenarbeit mit den Kunden erhält – oder zumindest erhalten könnte. Die Post weiß, wer etwas an den Inhaber des Postfachs schickt. Sie weiß auch, woher die Post kommt. An dieser Stelle sollten also alle weiteren Maßnahmen ansetzen. Wenn die Post hochentwickelte Schrifterkennungssysteme einsetzen kann, um den Namen des Absenders zu entziffern, dann ist es auch möglich, die Absenderdaten mit der internen Organisationsstruktur des Empfängerunternehmens abzugleichen. Auf Grund dieser Kenntnis kann das Postunternehmen dann die Post direkt an diejenigen zustellen, die für die Weiterleitung der Korrespondenz (z. B. eines Schreibens zur Geltendmachung eines Versicherungsanspruchs des Versicherten an das Postfach seiner Versicherungsgesellschaft) zuständig sind.

Eine solche proaktive Integration der Prozesse der Post mit denen ihrer Hauptkunden kann eine ausgezeichnete Umsatzquelle sein. Die Post könnte beispielsweise den Direktversand von Computerausdrucken organisieren. Sie könnte auch E-Mail-Nachrichten ausdrucken und zustellen oder ähnliche Serviceleistungen übernehmen. Die Post könnte auch Briefe öffnen, die Inhalte einscannen und dann in elektronischer Form an die Empfänger weiterleiten, was dem Postfachinhaber den Umgang mit allzu viel Papier ersparen würde.

Das Beispiel des Postfachkunden verdeutlicht, dass die Post mehr tun muss, als lediglich Schriftstücke von einer Adresse zu einer anderen zu transportieren. Ab dem Zeitpunkt, an dem die Post in das System des Postunternehmens eintritt, muss der Empfänger bekannt und darüber hinaus klar sein, wie das betreffende Poststück diesem Empfänger am besten und schnellsten zugestellt werden kann. So kann das Postunternehmen dem Absender und dem Empfänger einen zusätzlichen Wert bieten, indem es die gegenständlichen, elektronischen und gemischten Transportprozesse zwischen Absender und Empfänger beschleunigt. Die Gesamtkosten dieser Prozesse reduzieren sich, und die Post selbst verbessert die Effizienz ihres Zustellungsprozesses. So könnte ein integrales Management der Wertkette zwischen Absender und Empfänger aussehen.

5 Der Blick von außen – oder: Wie wir zu einem *Total Action*-Unternehmen werden

Es gibt nur einen Ausgangspunkt für Total Action: den Kunden. Fatal Inaction, also fatale Untätigkeit, ist durch das Missmanagement der Schnittstelle zwischen Unternehmen und Kunden gekennzeichnet. Der ideale Weg zu einem Total Action-Unternehmen beginnt mit der Entdeckung – oder vielleicht Wiederentdeckung – des Kunden.

Damit sich in einem Unternehmen wirklich jede Aktivität um den Kunden dreht und von ihm ausgeht, muss es sich selbst mit den Augen seiner Kunden betrachten und aus dieser Perspektive handeln können. Das Unternehmen muss alle Aktivitäten, die für den Kunden wertlos sind, ausfindig machen und über Bord werfen. Dabei sind Umdenken und eine neue Organisationspraxis gefragt. Jeder Mitarbeiter muss verstehen, was es heißt, wenn der Kunde die zentrale Triebkraft ist, muss diese Überzeugung mit tragen und dabei helfen, alle Anstrengungen im gesamten Unternehmen darauf auszurichten, den Kunden zum wahren Zentrum des betrieblichen Universums zu machen.

Während sich das gesamte Unternehmen auf diesen neuen Ansatz konzentriert, müssen gleichzeitig Informationsplattformen fest verankert werden, mit deren Hilfe der Total Action-Anspruch einer nahezu „totalen" Kommunikation erfüllt werden kann. Dies erfordert die aktive Beteiligung der IT-Abteilung sowie jedes anderen funktionalen Bereichs. Ein Unternehmen, welches das Prinzip von Total Action wirklich lebt, kann nur durch die Ausschöpfung des gesamten Potentials seiner digitalen Technologien erfolgreich bestehen.

5.1 Die Herausforderungen von *Total Action*

Der grundlegende Ansatz ist denkbar einfach: Der Kunde steht im Zentrum der Entscheidungsfindung, und die Erfüllung seiner Wünsche wird ermöglicht durch den *Customer Leader* und sein hochqualifiziertes, hervorragend geschultes Mitarbeiterteam. In den Händen dieser *Customer Action Teams* liegt das Management der Aktivitäten des *Total Action*-Unternehmens wie auch seiner Geschäftspartner. Die Mitarbeiter des Teams stützen sich in ihrer Arbeit auf die im *Customer Dashboard* unmittelbar zugänglichen Informationen und gewährleisten auf diese Weise das Management von Verpflichtungs- und Erfüllungsprozessen in dem stetigen Kreislauf einer nahtlosen Kommunikation mit dem Kunden sowie innerhalb der – befristet aktivierten – Lieferkette. Die traditionelle Aufteilung in Abteilungen mit Kundenkontakt und verwaltende Hintergrundfunktionen entfällt durch eine praktizierte Kultur der strategischen Flexibilität und Selbstorganisation, deren stetes Bemühen sich auf die Harmonie zwischen zentraler Zielsetzung des Unternehmens und aktuellen Möglichkeiten des Marktes richtet.

Das wirkliche Leben sieht allerdings häufig ganz anders aus! Das so offensichtliche Zutreffen dieser Aussage wird immer wieder neu hinterfragt:

– Es ist gefährlich, wenn man den Kunden so einfach „ans Ruder" lässt.

– Wir sehen durchaus ein, dass wir als Unternehmen eine Verbindung zum Kunden brauchen, aber für viele unserer Mitarbeiter und Abteilungen ist der einzelne Kunde doch gar nicht relevant!

– Wir praktizieren bereits heute verschiedene „Kundenlösungen" und haben außerdem eine Vielzahl von organisatorischen Initiativen ergriffen, die uns zu einem *Total Action*-Unternehmen machen. Was haben Sie uns da noch Neues zu bieten?

– Unsere Mitarbeiter und unsere Führung haben sich bereits für eine Reihe von Änderungsmaßnahmen entschieden. Sollen wir denen nun noch eine zusätzliche Belastung aufbürden?

– Wir haben schon genug Probleme damit, unsere IT-Infrastruktur auf den neuesten Stand zu bringen. Unsere IT-Ausstattung ist eigentlich noch nicht bereit für das gesamte Potential der digitalen Geschäftstechnologien.

– Wir wissen, dass wir etwas tun müssen. Wir sehen, dass sich bei uns interne Märkte gebildet haben, und dass unser Unternehmen an autistischem Verhalten leidet. Aber wir wissen nicht, wo wir anfangen sollen. Haben Sie vielleicht eine Liste mit den dringlichsten Punkten für uns?

Die eigentlichen Fragen sind jedoch folgende:

– Weshalb sollten wir das machen, und weshalb ist das *Total Action*-Prinzip anders?

– Wo – und wie – beginnen wir?

– Und was machen wir danach?

5.2 Weshalb sollten wir das machen, ... – und was ist anders?

Das Aufkommen der digitalen Technologien ist wahrscheinlich die stärkste Triebkraft für die Neuentdeckung der Relevanz des Kunden. Wenn diese Technologien wirkungsvoll eingesetzt werden, können sie zu einer Verbesserung der interaktiven Kapazitäten führen, die einerseits die Chance für neue Erfolge eröffnen, andererseits aber auch das Risiko eines sichtbaren Scheiterns in sich tragen.

Insbesondere die größten Organisationsstrukturen müssen sich der aus den digitalen Technologien erwachsenden neuen Herausforderungen bewusst sein. Die Geschichte hat gezeigt, dass sogar die größten, scheinbar sichersten Unternehmen scheitern können. Wer hätte es jemals für möglich gehalten, dass IBM Verluste in Milliardenhöhe machen würde? Wo liegt die Grenze zwischen Selbstvertrauen und Hybris? Viele Unternehmen, die mit einer genialen Idee ihre Sternstunde am Markt erlebt und die Gefahren des Wachstums gebändigt und dann überwunden haben, fühlen sich in ihrer Führungsrolle zu sicher und verfallen der Hybris, dem trügerischen Gefühl, im Leben alles risikolos meistern zu können. Diese Art von Selbstvertrauen ist die Ursache für das Festhalten am Status Quo – „Das hat gestern funktioniert, also wird es auch morgen funktionieren!" – und fördert die Misere des internen Marktes und eines wachsenden Autismus im Unternehmen. Die Folgen dieser Unfähigkeit, den Kunden zu erkennen und seine Wünsche zu erfüllen, werden durch die neuen digitalen Technologien nur noch verstärkt.

Das Beispiel des amerikanischen Militärs veranschaulichte, wie eine riesige Organisation der fatalen Untätigkeit zu verfallen drohte, sich aber aufraffte, die massiv gewordenen internen Wände niederriss und die digitalen Technologien einsetzte, um sprichwörtlich die Informationen an die Front zu bringen. Nur wenn der Soldat im Einsatz die Information in seinen Händen hatte, konnte das gesamte Militär zielgenau handeln. Die militärische Führung stellte fest, dass die *Technologie allein nicht ausreichend war*. Andere hatten immer mehr oder bessere Waffen. Natürlich war die beste militärische Kampftechnologie völlig unverzichtbar, doch vor allem musste sich die *Doktrin* ändern: *Führung* wurde ebenso wichtig wie Feuerkraft. Außerdem war eine Verbesserung der Einsatzqualifikationen der einzelnen Soldaten notwendig, so dass diese mit einer überlegenen Kampfmethode ihr gesamtes Potential erfolgreich einsetzen konnten. Im Golfkrieg konnte diese Kombination von neuem Denken und Technologie seinen Wert unter Beweis stellen.

Das Beispiel American Airlines zeigte, wie ein Unternehmen alle verfügbaren Informationen über das eigene Leistungsportfolio – bestehend aus Flugtransporten – zusammentrug und seine Technologie einsetzte, um eine Wertkette zu schaffen, die auch dem Kunden zur Erfüllung seiner Anforderungen offen stand. Es ist entscheidend, an jeder Stelle der Prozesskette freien Zugang zu diesen Informationen zu besitzen. Das SABRE-System hilft der Fluggesellschaft bei der Verführung ihrer Kunden, bucht Reservierungen und zieht Rechnungsbeträge ein. Die Erfüllung des Kundenauftrags ist jedoch auch von anderen Akteuren abhängig, wie z.B. den Flughäfen, den Zoll- und Einwanderungsbehörden und der Flugsicherung, deren Servicegrad keine einzige Fluggesellschaft garantieren könnte. Letztlich wird aber wohl diejenige Gesellschaft einen Wettbewerbsvorteil erzielen, welche in der Lage ist, die Passagiere über Verzögerungen zu informieren, neue Abflugzeiten durchzugeben usw.

Der Fall First Direct verdeutlichte, dass weniger die Technologie, sondern vielmehr der Ansatz ausschlaggebend ist. Das altmodische Telefon stellt den zentralen Kontakt zum Kunden her, und der Bankbeamte (oder *Customer Leader*) hat dann bereits alle Informationen parat, um die Anforderungen des Kunden an

Service und Informationen zu erfüllen. Auch hier wurde erneut deutlich, dass ein Mehr an Befugnissen für die Mitarbeiter mit Kundenkontakt einen großen Gewinn für das ganze Unternehmen darstellt.

Das Beispiel der Polizeibehörden unterstrich die Erkenntnis, dass sich alles um den Kunden drehen muss, bevor überhaupt die Anwendung der neuen digitalen Technologien zu irgendeiner Verbesserung der Unternehmensleistung führen kann. Darin besteht die wirkliche „Entdeckung". Bis die Polizei begann, ihre Funktion in der Wertkette der Sicherheitsrisiken zu erkennen, gab es für sie keinen Kunden. Als ihre Aufgabe dem Kunden gegenüber jedoch klar definiert war, konnte die Polizei einen *Customer Leader* und ein *Customer Action Team* einsetzen, dessen Mitglieder sich in ihrer Arbeit an vordefinierten und auf den Kunden konzentrierten Leistungsparametern orientierten. Nur durch die Analyse der Anforderungen dieser Teams war die Polizei in der Lage, die notwendige Unterstützung in Form von Informationen und Plattformen für deren Vermittlung zu bestimmen.

Alle diese Fälle zeigen, dass ein entscheidender Erfolgsfaktor des *Total Action*-Prinzips in einem von außen nach innen gerichteten Handeln – aus der Perspektive des Kunden das eigene Unternehmen beurteilend – besteht. Die Firma Dell Computer bietet mit ihren auftragsgefertigten Computern ein gutes Beispiel für die Orientierung des Handelns an der Perspektive des Kunden. Bei Dell können die Komponentenhersteller jeden einzelnen Kunden eindeutig identifizieren und kennen seine Wünsche. Sie erhalten ein elektronisches Bestellformular mit einer Liste der angeforderten Komponenten und liefern diese entsprechend den Anforderungen der Bestellung aus. Die Komponentenhersteller müssen integrierter Bestandteil eines dichten Geschäftsnetzes sein, das mit Hilfe seiner ausgezeichneten interaktiven Kapazitäten dem Kunden eine Bestleistung zu bieten in der Lage ist. Das *Customer Action Team* bildet sich spontan für die Erfüllung eines spezifischen Kundenauftrags, während Dell jedes Mitglied klar und unmissverständlich über den Kunden und dessen Ziele aufklärt.

Es gibt zahlreiche Beispiele für die wirkungsvolle Anwendung der Elemente und Grundsätze von *Total Action*. Sie alle basieren auf einer vollständigen Ausrichtung auf den Kunden sowie auf kundenorientierten Aktivitäten, die durch die digitalen Technologien möglich geworden sind. Die daraus erwachsende Vereinigung aller Aktivitäten zur Interaktion mit dem Kunden in einem kohärenten Prozess, an dem das gesamte Unternehmen beteiligt ist, unterscheidet das Prinzip von *Total Action* in seiner Relevanz für die Effizienz eines Unternehmens von allen anderen Ansätzen.

Man mag das Prinzip von *Total Action* letztlich als eine bloße Organisations- oder Managementphilosophie betrachten, seine Besonderheit und Stärke liegen jedoch in der Wiederentdeckung des Kunden und dabei vornehmlich in dem totalen Engagement eines Unternehmens, das diese Entdeckung gemacht hat. Wir wollen mit *Total Action* keineswegs andere Ansätze entkräften oder verwerfen, sondern auf ihnen aufbauen und ihre Ergebnisse in messbare Leistungs- verbesserungen verwandeln. Zu diesen Verbesserungen gehören:

Ein neues Kundenbild im Unternehmen

Durch die Anwendung des *Total Action*-Ansatzes erkennen die Mitarbeiter eines Unternehmens, dass sie mit Hilfe der digitalen Technologien einen Mehrwert bieten und ihre Leistung gegenüber dem Kunden verbessern können. Das Unternehmen bezieht dementsprechend eine neue und solide Stellung in der Wertkette. Die Kenntnis des Kunden und des Prozesses der Wertschaffung für den Kunden führen insbesondere in nicht-kommerziellen Strukturen wie Regierungs- oder Polizeibehörden zu merklichen Änderungen im Führungsansatz. Auch die Prioritäten im IT-Bereich ändern sich mit Blick auf ein besseres Verständnis der wirklichen Herausforderungen und Prioritäten der betreffenden Struktur. Von der Unterstützung durch die neuen Informationsplattformen und -systeme profitieren vor allem die gegenüber dem Kunden für die Leistung Verantwortlichen sowie die- jenigen Mitarbeiter, welche sich eine genauere Vorstellung vom Kundenverhalten und der Unternehmensleistung machen wollen. Die Bestimmung neuer Leistungs- parameter ist in vielen Unternehmen von entscheidender Bedeutung. Auch die An- näherung zwischen der Verwaltung, also den Mitarbeitern, die im Hintergrund für die Erfüllung sorgen, und den Mitarbeitern mit Kontakt zum Kunden hat sich als sehr positiv erwiesen. Die Gestaltung und Einrichtung eines *Customer Dashboard* gewährleistet die notwendige Unterstützung für alle beteiligten Akteure.

Eine genauere Vorstellung von den Auswirkungen der digitalen Geschäftstechnologien

Entscheidend ist die Erkenntnis, dass die digitalen Technologien eine wesentlich verbesserte Koordination des internen Managements der Kundendaten erfordern. Die Einrichtung von Websites und anderen Verbindungen zum Kunden kann nur dann erfolgreich sein, wenn das Unternehmen über ein einheitliches Bild von seinen Kunden verfügt und auf der Grundlage seiner Informationen über den Kunden handeln kann. Es geht dabei nicht um die technische Frage, wie eine allumfassende Datenbank für sämtliche Kundendaten eingerichtet werden kann. So soll unser Anliegen auch nicht verstanden werden. Es handelt sich vielmehr um eine Frage des richtigen Managements: *Es geht darum, Wissen über den Kunden zusammenzutragen und sich darauf vorzubereiten, bei Bedarf entsprechend zu handeln.*

Die Schlüsselrolle des Customer Leader und seiner Customer Action Teams

Viele Unternehmen haben die eine oder andere Spielart eines *Customer Leader* und seines *Customer Action Teams* eingeführt. Es handelt sich dabei keineswegs um völlig neue Ansätze. Die Grundlagen, finden sich in vielen Werken zum Thema Vertriebs- und Kundenmanagement. Wie jedoch bereits festgestellt wurde, können solche Ansätze – z.B. ein funktionierendes Kundenmanagement – nur mit einer engen informations- und handlungstechnischen Verbindung mit Erfolg für die Erfüllung des Kundenwunsches praktiziert werden. Ohne diese enge Verzah- nung kann ein Kundenbetreuer allenfalls als ausgezeichneter Verkäufer agieren, denn es fehlen ihm die richtigen Instrumente und die wesentlichen kundenbezogenen Informationen. Ebenso fehlt ihm normalerweise das Mandat zur Einsetzung eines *Customer Action Teams* sowie zur praktischen Umsetzung der neuen, am Kunden ausgerichteten Sichtweise des Unternehmens.

Ein integrales Management der Lieferkette

Die Bedeutung der modularen Struktur von Geschäftsnetzen für Analyse und Umsetzung kann gar nicht hoch genug veranschlagt werden. Dennoch erweisen sich die ersten Bemühungen zur Entwicklung eines groben Modells für jeden der Geschäftspartner häufig als enorm kostspielig. In einigen Fällen wurden detaillierte Diagramme der Prozesse innerhalb der einzelnen Unternehmen sowie zwischen den beteiligten Partnern erstellt, welche den Unternehmen dabei helfen sollten, ihre Geschäftsnetze effektiver zu gestalten und intern eine bessere Aufgabenerfüllung zu gewährleisten. Ihnen war klar geworden, wie wichtig eine möglichst erstklassige Erfüllung für den geschäftlichen Erfolg ist. Offene Fragen im Zusammenhang mit der Erfüllung (einheitliche Definitionen der entscheidenden Prozesse, Austausch zentraler Transaktionsdaten sowie gemeinsame Führung) wurden geklärt und einer Lösung zugeführt. Auch die Neudefinition des Portfolios aus der Perspektive des Kunden erwies sich als sehr wertvoll.

Das eigene Unternehmen mit den Augen des Kunden sehen

Die von den ausgeprägtesten Emotionen begleiteten Phasen der Verankerung von *Total Action* in den Unternehmen traten dann auf, wenn in intensiven Sitzungen versucht wurde, die oberste Führungsebene auf die neue Betrachtungsweise des eigenen Unternehmens aus der Sicht des Kunden einzuschwören. Diese Sitzungen befassten sich weniger mit komplizierten technologischen Fragen, als vielmehr mit dem Versuch, dem Management die Augen zu öffnen für die unzureichenden Leistungen des eigenen Unternehmens und dessen Unfähigkeit, die simple Logik der Konzentration auf den Kunden und der daraus folgenden Handlungsorientierung zu praktizieren. Gleichzeitig sahen sich die Manager mit der Herausforderung konfrontiert, einerseits zwar alles beim Alten belassen zu sollen, andererseits jedoch Einnahmesteigerungen erzielen zu müssen. Dieses Denken wie auch die gestellten Anforderungen führten häufig zu extrem kontroversen Diskussionen.

Es war Aufgabe des Managements, mit dem Ziel einer Bewertung und Besserung der Wertschaffung gegenüber dem *Kunden*, dem *Unternehmen* selbst und den *Mitarbeitern* in Übereinstimmung mit den Grundsätzen von *Total Action* neue zentrale Leistungsindikatoren festzulegen. Alles Handeln sollte von einer totalen Kundenorientierung bestimmt werden.

Für den *Total Action*-Ansatz ist die Perspektive des Kunden ein entscheidender Erfolgsfaktor. Eine verstärkte Beachtung des Kunden sowie die Leistung für ihn lässt sehr schnell beträchtliche Mängel an betrieblichem Wissen, Verständnis und Kapazitäten im Unternehmen erkennbar werden. Zwei einfache Fragen: *Wer ist der Kunde, den Sie bedienen?* und *Wie gut ist Ihre Leistung für diesen Kunden?* bildeten häufig den Ausgangspunkt für viele neue Erfahrungen der Autoren.

Für ein *Total Action*-Unternehmen kann es immer nur einen Ausgangspunkt geben: den Kunden!

5.3 Wo – und wie – beginnen wir?

Zahlreiche Manager stellen die falschen Fragen für ihr Unternehmen. Sie reagieren lediglich auf Witterungsveränderungen, nicht aber auf den erfolgenden Klimawechsel, oder sie stellen ganz bestimmte Missstände in bestimmten Bereichen ihres Unternehmens fest, ohne dabei jedoch die tieferliegenden Gründe für die erbrachten Fehlleistungen zu erkennen. In vielen Fällen verschlimmert ein Mangel an soliden Verbindungen zum Kunden und damit die Unfähigkeit des Unternehmens, wirklich im Sinne des Kunden zu handeln, diese Situation nur noch.

Lassen Sie uns die beiden simplen Fragen noch einmal aufgreifen: *Wer ist der Kunde, den Sie bedienen?* und *Wie gut ist Ihre Leistung für diesen Kunden?* Genau diese Fragen leiteten die Diskussionen ein, an deren Ende dann die Erkenntnis stand, dass nur eine veränderte Blickrichtung im Sinne von *Total Action* zu echten Leistungsverbesserungen führen konnte.

Stellte man Vertriebsmitarbeitern oder Vertretern der oberen Führungsebenen diese Fragen, lief man Gefahr, scharfzüngige Antworten zu erhalten. Wandte man sich jedoch eher an die zentralen Bereiche des Unternehmens – IT-Abteilung, Produktentwicklung sowie Strategie- und Geschäftsplanung – , so nahm die Genauigkeit der Antworten immer mehr ab. Sogar in den Bereichen, deren Aufgabe in der Absatzförderung bestand, hatten sich die Mitarbeiter oft sehr weit von ihren Kunden entfernt.

Total Action funktioniert letztlich nur dann, wenn das gesamte Unternehmen an einem Strang zieht. Beginnend beim Kunden kann der Weg nur so aussehen: *Wiederentdeckung des Kunden, Neubelebung der Beziehung* und *Erneuerung*.

Abb. 5.1 Schritte auf dem Weg zu *Total Action*

Schritt 1: Wiederentdeckung des Kunden

Es geht darum, das traditionelle Abhängigkeitsverhältnis von einem „Der Kunde braucht mich!" umzukehren in ein „Ich brauche meinen Kunden, und deshalb muss ich genau diesen Kunden entdecken und ihn verstehen lernen!" Durch die Einrichtung von *Customer Action Teams* mit der klaren Aufgabenstellung, die Lebenswirklichkeit der Kunden zu erforschen, kann das Unternehmen folgende Aspekte bestimmen:

– das wirkliche Maß der Abhängigkeit des Kunden
– die Abhängigkeit des Unternehmens von seinen Kunden
– wie durch die Bereitstellung eines echten Wertes eine gesunde Kundenabhängigkeit geschaffen werden kann

Dies erfordert, dass die *Leistungen für den Kunden* verstanden und bewertet werden, damit daraus neue *Leistungsparameter* entwickelt werden können, die den Wert der geforderten Leistung objektiv widerspiegeln. Zu diesen Leistungsparametern müssen auch finanzielle Vorgaben gehören, so z.B. eine Servicekosteneinschätzung für jeden Kunden.

Somit sind wichtige *Portfolioentscheidungen* notwendig zur Klärung der Frage, welche Kapazitäten:

– vom Kunden benötigt werden
– vom Kunden noch nicht erkannt worden sind
– wir (gemeinsam mit unserem Geschäftsnetz) aktivieren *können* und *müssen*.

Schritt 2: Neubelebung der Beziehung

Einerseits müssen die Abhängigkeitsverhältnisse zum Kunden und neue Leistungsparameter bestimmt werden, andererseits geht es darum, die Beziehung zum Kunden mit neuem Leben zu erfüllen. Die Einrichtung eines *Customer Leader* und eines *Customer Action Teams* für ausgewählte Kunden kann in diesem Zusammenhang ein konstruktiver erster Schritt sein. Diese Mitarbeiter und ihre Teams entdecken den Kunden neu, definieren dabei jedoch gleichzeitig die für eine Neugewinnung der Glaubwürdigkeit beim Kunden entscheidenden Handlungen. Zu diesen Handlungen gehören häufig:

– die Verbesserung der Servicequalität
– die Einhaltung der Leistungsparameter
– möglichst eine Reduzierung der Vorlaufzeit bei gleichzeitiger Erkenntnis und Umsetzung von zeitlich marktgerechten Lösungen
– die Motivation von Mitarbeitern durch ihre Verbindungen zu den *Customer Action Teams*

Schritt 3: Erneuerung

Der Erneuerungsprozess ist langfristig angelegt. In dieser Phase geht es um die Neuorientierung operativer Kapazitäten an den strategischen Vorgaben von *Total Action*. Dazu gehören:

- schnelle Reaktion auf die neu erkannten Möglichkeiten und Umsetzung in Form von Kundenzufriedenheit
- Entwicklung der von beiden Seiten gewünschten und für beide Seiten vorteilhaften Partnerschaft
- Verankerung anspruchsvoller Aus- und Weiterbildungsinitiativen innerhalb des Unternehmens zur Fortführung und Weiterentwicklung der neu gewonnenen Ausrichtung allen Handelns am Kunden

Den Blickwinkel des Kunden praktizieren

Total Action setzt bei der Perspektive des Kunden an. Dies erfordert die genaue Bestimmung aller Elemente der Kundendienstleistung an allen Kontaktpunkten und die Verankerung in den Bereichen des Unternehmens, denen die Erfüllung des Kundenwunsches obliegt. Kein Unternehmen kann sein Verhalten jedoch von heute auf morgen ändern, obwohl viele es versucht haben. Die Sichtweise des Kunden einzunehmen bedeutet:

- Bestimmung dessen, was dem Kunden wichtig ist – also einen Mehrwert darstellt
- Beschreibung der Erbringung dieses „Wertes" für den Kunden (Kundenkontaktpunkte und Kapazitätsportfolio)
- Einführung eindeutiger und untereinander vereinbarter Leistungsparameter im Sinne des Kunden
- feste Verankerung einer vollständigen Kundenorientierung im Unternehmen, so dass alle Mitarbeiter und Teams den von ihnen zu erbringenden Wert kennen

Es gilt, die digitalen Technologien zu beherrschen und für die Verbesserung des interaktiven Potentials einzusetzen, so dass sich wirklich eine Praxis des Handelns aus der Perspektive des Kunden etablieren kann.

Möglicherweise gibt es keine verzwicktere Herausforderung als die Aufgabe, die IT-Abteilung eines Unternehmen von den Vorteilen des *Total Action*-Ansatzes überzeugen und dabei gewährleisten zu müssen, dass die Abteilung dem Ansatz entspricht. Wo immer in einem Unternehmen *Total Action* auch eingeführt werden soll, es müssen stets die Kapazitäten der IT-Abteilung hinterfragt werden. Letztlich fällt immer den IT-Mitarbeitern die Aufgabe zu, die sinnvolle Nutzung der digitalen Technologien sicherzustellen und die Informations- und Kommunikationsplattformen einzurichten, mit denen externe und interne Produktivität erzielt werden.

5.4 Denken kommt vor dem Handeln

Die Technologie kann verhindern, dass *Total Action* funktioniert, aber sie kann im Umkehrprozess nicht das Funktionieren von *Total Action* bewirken. Das können nur Menschen, die sich für den Erfolg entschieden haben. Also lautet die wichtigste Regel für alle, die *Total Action* in ihrem Unternehmen etablieren wollen: Umdenken! Erst wenn die Mitarbeiter innerhalb des eigenen Unternehmens und in dessen Wertkette ihr Denken neu ausgerichtet haben, wird sich auch auf der Kundenseite ein neues Denken einstellen.

Das Denken bestimmt den Informationsbedarf

Wenn Sie auf der Straße wegen überhöhter Geschwindigkeit angehalten werden, will die Polizei andere Informationen von Ihnen, als wenn Sie in einen Unfall verwickelt werden und verletzt sind. Im ersten Fall will der Beamte Ihre Fahrerlaubnis und die Fahrzeugpapiere sehen. Wenn das geschehen ist, kann er entscheiden, welche Handlung aus einer Reihe von Möglichkeiten er in der gegebenen Situation für angemessen hält. Zu welchem Zweck die Information eingefordert wurde, ist offensichtlich.

Nehmen wir aber einmal an, Sie wurden in einen Autounfall verwickelt und sind verletzt. In diesem Fall besteht die oberste Pflicht der Polizei darin, Hilfe herbeizuholen. Es wäre sehr hilfreich, wenn schnell medizinische Informationen über Ihren gesundheitlichen Zustand beschafft werden könnten. Um diese Information zu erhalten, muss die Polizei direkten Zugang zu Ihrem Hausarzt oder einem Krankenhaus haben. Diese Informationen würden dann dem Krankenwagen, der schon zu der Unfallstelle unterwegs ist, übermittelt. In der Zwischenzeit müssten die Beamten alle notwendigen Vorkehrungen treffen, damit der Krankenwagen ungehindert zur Unfallstelle vorfahren kann, und sie müssten sich darüber hinaus um den übrigen Verkehr kümmern. Ein Arzt mit Zugang zu dem polizeilichen Kommunikationssystem könnte indessen den Beamten an der Unfallstelle Tipps für Erste-Hilfe-Maßnahmen durchgeben.

Der Frontkämpfer muss die Regie übernehmen

Wenn Sie jedoch mit zu hoher Geschwindigkeit auf der Landstraße erwischt werden, ist der Pflicht des Polizeibeamten eigentlich schon damit Genüge getan, dass er Ihnen einen Strafzettel verpasst. In unserem hypothetischen Autounfall muss er dagegen ganz anders handeln. In der heutigen Welt würde die Polizei zwar das Krankenhaus verständigen, jedoch wohl kaum medizinische Informationen über Ihren Gesundheitszustand weiterleiten.

Also würde bis zum Eintreffen eines Arztes an der Unfallstelle gar nichts geschehen. Dabei könnten wertvolle Minuten verloren gehen, die Sie im schlimmsten Fall das Leben kosten könnten! Überlegte man vor jedem Handeln erst einmal, wer welche Informationen erhalten sollte, würde wertvolle Zeit verschwendet. Der Polizeibeamte kann in dieser Situation demnach gar nicht die Regie übernehmen, denn er hat am Unfallort keinen Zugang zu Datenbanken, die dezentral an anderen Orten verwaltet werden.

Verfügte die Polizei über eine solche Zugangsmöglichkeit, könnte Sie das Opfer eines Autounfalls schneller identifizieren. Es könnte auch schneller entschieden werden, welche Aktivitäten am dringlichsten sind. In einer derartigen Situation könnte der Polizeibeamte auch als effizienter Organisator auftreten und für Krankenhaus, Unfallwagen, Arzt, Verkehrsumleitung, Abschleppwagen und Versicherungsbenachrichtigung ohne Zeitverlust das Entsprechende veranlassen.

Das ist im wirklichen Leben aber leider nicht der Fall. Das Denken der Polizei als Institution hat den Informationsbedarf des Polizeibeamten an der Unfallstelle bereits im Vorfeld festgelegt. Der Polizeibeamte übernimmt keineswegs die Regie, und in Anbetracht der Lage kann er das auch nicht. Verletzte in einem Autounfall sind per Definition keine „Kunden", und der Beamte handelt auch nicht wie ein „Kundenbetreuer". Wenn hier eine Besserung eintreten soll, heißt es auch für das Selbstverständnis der Polizei: Umdenken!

Ein ähnlich fehlgeleitetes Denken ist auch in anderen Situationen zu finden. Man denke nur an den Fall American Airlines. Geht es bei dem Geschäft der Fluggesellschaft darum, dass Flugzeuge rund um die Erde fliegen und zufällig ab und zu ein Passagier einsteigt und dafür bezahlt, dass man ihn mitnimmt? Oder geht es darum, dass ein Fluggast innerhalb einer vereinbarten Zeit möglichst bequem von einem Ort zum anderen geflogen wird? Geht es bei der Arbeit der Polizei darum, als Hüter des Gesetzes aufzutreten? Oder geht es darum, ein sicheres Lebens- und Arbeitsumfeld für gesetzestreue Bürger zu schaffen?

Ein solche Denkweise über den Ort und die Nutzung von Informationen – Woran orientieren sich unsere Entscheidungen? – ist unerlässlich, wenn Informationen am Ort des Kundenkontaktes effektiv nutzbar sein sollen. Die erforderlichen Informationen müssen so organisiert sein, dass sie problemlos mit allen möglichen Ereignissen in Verbindung gebracht werden können, die auf den ersten Blick gar nichts miteinander zu tun haben,. Allzu oft haben wir es jedoch mit „Datenfriedhöfen" zu tun, deren Informationen, auch wenn sie eigentlich vorliegen, nicht verfügbar sind. Um den Erfolg zu garantieren, müssen Daten unabhängig von der Funktionsbestimmung des Systems erfasst und verwaltet werden. Die Datenerfassung muss so angelegt sein, dass eine Verbindung zu anderen Systemen leicht möglich ist und die Daten mehrfach genutzt werden können.

Das Internet zeigt uns den richtigen Weg. Mit seinen Hyperlinks und dem World Wide Web ermöglicht es dem Anwender zu entscheiden, welche Informationen er erfassen, organisieren und miteinander verbinden will. Intelligente Suchsoftware kann bestimmte Informationen auf Wunsch ermitteln. Die intelligente Verbindung von Informationen ist der Grundpfeiler für die Organisation von Kundeninformationen in der Zukunft. Allerdings ist ein solcher Ansatz weit entfernt vom traditionellen Denken unserer konventionellen IT-Experten.

Das Denken des Kunden kann einem Unternehmen den totalen Erfolg oder die totale Niederlage bescheren. Levitt schrieb über die „Produktumgebung", die das Denken des Kunden beeinflusst:

Wir leben in einer Zeit, in der unser Denken über das, was ein Produkt oder eine Dienstleistung ausmacht, sich sehr vom Denken der Vergangenheit unterscheidet. Es geht nicht mehr so sehr um das grundlegende, eigentliche und zentrale Produkt, das wir vor unserem geistigen Auge haben, sondern um das ganze Bündel potentieller Glücksmomente, mit dem wir es umgeben.[1]

Lovelock[2] befasste sich mit der Bedeutung von *Kernservice* und *ergänzendem Service*. Er stellte fest, dass ein Unternehmen sich im Normalfall auf seinen Kernservice konzentriert, sein Wettbewerbsvorteil jedoch meistens aus einer hervorragenden Leistung im Bereich der *ergänzenden* Serviceelemente erwächst. Deshalb konnte Virgin Airlines auch den Vorteil der kleinen, in die Rücklehne jedes Sitzes eingebauten Fernsehbildschirme ausnutzen, um Zeit zu gewinnen und erst einmal zu lernen, wie eine Fluggesellschaft zu verwalten ist. Die *Leistung* – Qualität und Wert des Ergebnisses, das dem Kunden übermittelt wird – ist entscheidend! Zu dieser Leistung gehören die bewertete Qualität des Kernproduktes und seiner Produktumgebung.

Das Kernprodukt ist ein mess- und greifbares Gut. Für die Fluggesellschaft ist es der Platz im Flugzeug, den Sie gebucht haben, natürlich verbunden mit pünktlichem Abflug und Landung sowie Rückgabe Ihres Fluggepäcks bei Ankunft im Zielflughafen. Das Kernprodukt muss halten, was die Leistungsspezifikation versprach.

Für einen Express-Paketdienst besteht das Kernprodukt in der Abholung eines Paketes zu einem vereinbarten Zeitpunkt an einem vereinbarten Ort und Zustellung zu einem vereinbarten Zeitpunkt an eine vereinbarte Adresse. Wenn der Kurierdienst bei der Leistung hinter den gemachten Zusagen zurückbleibt, wird er langfristig nicht überleben. Lovelock weist darauf hin, dass Kernprodukte mit zunehmendem Wettbewerb zu Massenprodukten werden. Deshalb muss ein erfolgreicher Wettbewerb immer auf mehr als nur der Produktumgebung aufbauen. Die Produktumgebung kleidet das Kernprodukt in Eigenschaften, mit denen es sich von den Produkten der Konkurrenz absetzt. Zu solchen Eigenschaften des Produktumfelds gehören:

– *leichte Kaufbarkeit des Produkts* durch ein angenehmes und attraktives Umfeld
– *leichte Nutzbarkeit des Produkts* durch verständliche Vermittlung der erforderlichen Informationen
– *auch langfristig problemlose Nutzbarkeit des Produkts* durch zuverlässigen Kundenservice nach dem Erwerb

---

[1] Levitt T (1969) Marketing for business growth. McGraw-Hill, New York, S. 74
[2] Lovelock CH (1994) Product plus: How product + service = competitive advantage. McGraw-Hill

Erinnern wir uns an das Beispiel des Kundendienstmitarbeiters, der zu einem vereinbarten Termin nicht erschien. In diesem Fall konnte von einem zuverlässigen Kundenservice nach dem Erwerb keine Rede sein. Im täglichen Leben treffen wir immer wieder auf solche Beispiele für schlechten Service. Der einzelne Fall mag trivial sein (wenn z.B. die Fluggesellschaft meine Lieblingszeitung nicht an Bord hat), ärgerlich (wenn man Ihnen am Fahrkartenschalter nicht sagt, dass der Zug, für den Sie soeben einen Fahrschein gekauft haben, gar nicht fährt) oder geradezu katastrophal ausfallen (in Fällen, in denen die Hotelrezeption Ihnen mitteilt, dass auf Ihren Namen leider kein Zimmer reserviert ist). Und doch scheinen solche Zwischenfälle an der Tagesordnung zu sein, wenn wir die Aktivitäten der angeblich kundenzentrierten Weltunternehmen einmal näher betrachten. Normalerweise ist das Ärgerliche an einen solchen Vorfall nicht der Ausfall des Produktes selbst. Was den Kunden letztlich dazu treibt, zu einem anderen Anbieter abzuwandern, ist vielmehr die fehlende Information über den erfolgten Ausfall.

Alle Kundenkontakte und Erfahrungen des Kunden mit dem Anbieter sind im Grund nichts anderes als kleine Ausschnitte aus der Gesamtdienstleistung, die alle zusammen genommen das wirkliche Kompetenzportfolio des Anbieterunternehmens erkennen lassen. Die Trennlinie zwischen Produktumgebung und Kernprodukt kann unklar sein. Es ist vielleicht auch gar nicht anzuraten, eine klare Trennung vorzunehmen. Letztlich besteht immer die Gefahr, dass die Umgebung als kostspieliger Zusatz und nicht als integraler Bestandteil der Leistung für den Kunden betrachtet wird.

Wenn es eine Trennlinie gibt, dann ist sie zweifelsohne variabel. So konnte American Airlines mit SABRE und AAdvantage die Grenze zwischen dem Kernprodukt „Transport eines Fluggastes" und den gebotenen Zusatzleistungen erfolgreich verschieben. Als die erste Fluggesellschaft Bordkarten mit festgelegter Sitzverteilung einführte, wurde es unnötig, von der Gangway aus einen Sprint ins Flugzeug einzulegen, um noch einen passablen Platz zu erwischen. Von dem Zeitpunkt an hatten alle Fluggesellschaften, welche die gleiche Strecke bedienten, aber noch nicht mit Bordkarten arbeiteten, einen entscheidenden Nachteil wettzumachen (es sein denn, sie konkurrierten mit Niedrigstpreisen).

Noch vor fünf Jahren hätte niemand erwartet, dass man eines Tages eine spezifizierte Rechnung zugeschickt bekommen würde. So etwas hatte es bis dahin noch nicht gegeben. Man bekam, was man erwartete und gab sich damit zufrieden. Trotzdem war man erfreut, als die Telefongesellschaft spezifizierte Rechnungen einführte – zumindest für eine Weile. Nur sechs Monate nach der Einführung hatte die Erwartung bereits mit der erbrachten Leistung gleichgezogen, und spezifizierte Rechnungen waren zum Standard geworden. Wenn man aber in einem anderen Land arbeitete und keine spezifizierte Rechnung mehr bekam, führte das dann sehr schnell zu Unzufriedenheit und mangelndem Vertrauen in die Dienstleistung und technischen Kompetenzen des Anbieters.

Genau hier muss *Total Action* mit seiner vollen Konzentration auf den Kunden ansetzen, damit auf dieser Grundlage eine Leistungsverbesserung und gesteigerte

Innovationsfähigkeit erzielt werden können. Wir müssen in der Lage sein, eindeutig zu differenzierende Dienstleistungen zu gestalten und auch zu erbringen, indem wir die Informationen, die wir über den einzelnen sowie Gruppen ähnlicher Kunden besitzen, konstruktiv nutzen.

Die Servicebeziehung zum Kunden ist durch drei zentrale Komponenten gekennzeichnet:

– *die greifbaren Elemente:* das, was der Kunde wirklich erhält
– *das Verhalten der Mitarbeiter:* die Erfahrungen des Kunden im Umgang mit den Mitarbeitern
– *die Prozesse:* Systeme und Verfahren, die dem Kunden einen Wert bieten und die Mitarbeiter in deren Umgang mit dem Kunden unterstützen

Der Kunde benötigt eine ausgezeichnete Interaktion

Unter ausgezeichneter Interaktion mit dem Kunden ist zu verstehen, dass allen Kundenkontakten unabhängig vom Zugangskanal größte Aufmerksamkeit gewidmet wird, denn diese Kontakte bestimmen die Meinung des Kunden über ihre geschäftliche Kompetenz und bilden die Grundlage für seine Geschäftsbeziehung mit dem Unternehmen.

Die in Interaktion mit dem Kunden stehenden Mitarbeiter oder Systeme benötigen eine effektive Unterstützung aus der Verwaltung des Unternehmens. Die Informationsinfrastruktur muss so angelegt sein, dass die Mitarbeiter an der Kundenfront alles für ihre Arbeit Notwendige zur Verfügung haben. Dazu gehören die Steuerung von Format, Inhalt und Zielen der Interaktion sowie die Festlegung des Weges, um die angestrebten Ergebnisse der Interaktion zu erreichen.

Wenn ein Kunde oder Interessent eine Interaktion anregt oder auf eine solche reagiert, sind unterschiedliche Zielsetzungen als Motivationsgrund denkbar. In der Mehrheit aller Interaktionen benötigt ein Kunde Informationen, möchte eine Beschwerde loswerden oder hat ein Problem auf dem Herzen. Die Ziele des Kunden sind stets unterschiedlich.

Ausgezeichnete Interaktion mit dem Kunden

Bei dem Anfragezentrum von General Electric gehen jährlich 2 Millionen Anrufe ein, von denen 10 % aus Beschwerden bestehen. Alle anderen beziehen sich auf Fragen, die ein Kunden beantwortet sehen möchte, bevor er sich zum Kauf eines Produktes entschließt. Wenn mit diesen Kundenbeschwerden richtig verfahren wird, hat GE eine 95 %ige Chance, dass der Kunde das Produkt erneut kauft.

Aus der Sicht des Kunden lässt sich eine hervorragende Interaktion folgendermaßen bewerten:

- *Zeit – schnelle Erreichbarkeit und zügige Erteilung einer Antwort*
  Hier handelt es sich um die Chance des Kunden, den zuständigen Mitarbeiter zu erreichen oder die richtige Information innerhalb einer akzeptablen Zeitspanne zu erhalten sowie um die Geschwindigkeit, mit der das Unternehmen auf die Ziele der Interaktion eingeht.

- *Wert – die Wichtigkeit/der Wert der Reaktion*
  Die Interaktion entspricht den Anforderungen des Kunden, und die erteilte Information ist relevant, korrekt und klar verständlich.

- *Einfachheit* – Reduzierung einer unnötig komplexen Kommunikation auf das Wesentliche

Anders formuliert gilt es aus der Sicht des Anbieters zur Gewährleistung einer ausgezeichneten Interaktion Folgendes zu berücksichtigen:

- *Einfachheit der Geschäftsbeziehung* (Geschäftsinstrumente, Verträge, Bestellungen, Beschwerdemanagement)

- *Qualität der Informationen* (Produktbeschreibungen, Reaktionen auf Anfragen, Fragen und Probleme)

Informationen sind ein zentraler Bestandteil der Interaktion. Berichten zufolge bezieht sich die Mehrheit der Beschwerden auf die nicht erfolgte Information über einen Missstand, nicht jedoch auf den Missstand selbst. Darüber hinaus erwächst aus einer angemessenen Unterrichtung auch die Fähigkeit, die entscheidenden internen Ressourcen so zu koordinieren, dass die Kundenanforderungen verstanden und erfüllt werden.

Garantierter Zugang zu Kundeninformationen

Im heutigen geschäftlichen Umfeld sind Informationen schneller überholt als jemals zuvor. Verglichen mit den Soldaten im Golfkrieg hatte ein Feldsoldat in der Armee Napoleons nur einen sehr geringen Informationsbedarf. Der moderne Soldat benötigt sehr viel mehr Informationen in Realzeit. Ähnlich wie bei dem Einsatzsoldaten sind die Anforderungen für geschäftliche Informationen heute wesentlich unvorhersehbarer geworden. Welche Informationen benötigt werden, wird von dem jeweiligen Ort und der spezifischen Situation bestimmt:

- *Ort*: Hier geht es um den konkreten Ort, an dem die Informationen benötigt werden. Für alle diejenigen, welche diese Informationen benötigen, muss ein unmittelbarer Zugang gewährleistet sein.
- *Situation:* Die Situation bezeichnet die beabsichtigte Nutzung oder Anwendung der Informationen.

Die heutige Geschäftswelt ist von einer intensiven Konzentration auf Kundendaten geprägt. Ob es sich nun um eine Supermarktkette handelt oder um ein Industrieunternehmen, das ein Kundenmanagementsystem einführt, um mehr über seine Kunden zu erfahren und so die Umsatzzahlen hochzuschrauben, sie alle verlangen riesige Mengen an Informationen. Diese Unternehmen erstellen „Informationspools" oder starten zumindest den Versuch, solche einzurichten. Dabei handelt es sich um fortschrittliche computergestützte Datenbanksysteme, die so viele Informationen über den Kunden wie nur möglich enthalten.

Diese umfangreichen und kostspieligen Projekte erweisen sich häufig als Albtraum, wenn sie die sie gestellten Erwartungen nicht erfüllen können. Die Investition zahlt sich oft erst sehr spät aus, wohingegen jedoch bereits ganz zu Anfang immense Investitionen nötig sind. Das Risiko eines Fehlschlags ist hoch, da diese Projekte auf Grund ihrer Größe eine starke Anfälligkeit für technische und organisatorische Probleme aufweisen. Um den Erfolg solcher Projekte zu gewährleisten ist es notwendig, noch einmal neu zu überdenken, welche Kundeninformationen entscheidend sind.

Welche Informationen würden Sie als Vertriebsmitarbeiter, Kundenbetreuer oder führender Geschäftsmann wirklich benötigen? Was an Kundeninformationen unerlässlich ist, wird durch die folgenden drei Komponenten verdeutlicht:

Unveränderliche Kundendaten

In Ihrem Informationspool machen diese Daten die einzigartige Identität Ihres Kunden aus. Dabei geht es nicht nur um Namen, Adresse und Zahlen oder Kundendaten allgemeiner Natur. Es muss möglich sein, den Kunden mit Hilfe bestimmter Betriebsdaten eindeutig zu identifizieren.

Wenn Sie beispielsweise ein Postunternehmen betreiben, dann ist Ihr Kunde zwar der Absender (er kauft schließlich die Briefmarke), aber der Empfänger ist oft die Ursache für den als Dienstleistung erbrachten Wert. Deshalb muss das Postunternehmen Daten darüber erfassen, wer was an wen schickt und warum. Darin besteht die Grundlage für eine Individualisierung der Dienstleistung und die Aufstockung des Geschäftsvolumens z.B. durch die Verfolgung und Umleitung eingehender Post an die Empfänger in Echtzeit.

Häufig scheint eine Dienstleistung der Post nur für den Absender einen Wert zu besitzen. Wenn Sie jedoch beispielsweise ein Buch bei einem digitalen Buchladen bestellen, ist es ein echter Mehrwert für Sie als Kunden, wenn Sie erfahren, wann es versandt wird. Genauso wertvoll kann es sein, wenn Sie wissen, wo sich das Buch zu einem bestimmten Zeitpunkt befindet, so dass Sie es vielleicht auf dem Versandweg noch umleiten können.

Leistungsdaten über den einzelnen Kunden

Von welcher Güte ist Ihre Arbeit, also die Leistung Ihres Unternehmens, für den einzelnen Kunden? Zu den klassischen Leistungskriterien gehören:

- Finanzumsatz
- Gewinnspanne
- Anteil des Kundengeschäfts
- Kundenzufriedenheit
- Motivation der Mitarbeiter
- Innovationsstärke

Welche Kriterien man auch anlegen mag, in jedem Fall muss sich das Leitbild Ihres Unternehmens in dem wiederfinden, was der einzelne Kunde für sich selbst als wichtig erachtet. Sie benötigen zuverlässige und unkontroverse Zahlen, die den einzelnen Kunden in seiner Individualität charakterisieren.

Entwicklung über Zeit

Es ist unabdingbar, historische Daten verfügbar zu machen, einen Wissenspool über den Kunden und die Leistung Ihres Unternehmens einzurichten und differenzierte Leistungen anzubieten, um eine individuelle Kundenleistung garantieren zu können. Die zeitliche Dimension ist ebenfalls von Relevanz für die künftigen Aktivitäten und Leistungsziele, die sich Ihr Unternehmen für einzelne Kunden als Teil der kundenbezogenen Aktivitätsplanung gesetzt hat.

Als erster Schritt sind Entscheidungen über das *Grundmuster an Informationen* für ein kundenzentriertes Handeln zu fällen. Man stelle sich einmal vor, alle verfügbaren kundenspezifischen Informationen lägen vor:

– Was könnte das bedeuten?

– Was könnte man anders machen, und welchen Nutzen hätten Sie und Ihre Kunden davon?

– Welche Informationen benötigen Sie wirklich?

– Wo befinden sich diese Informationen heute – im Unternehmen oder anderswo, beim Kunden, oder sind sie an seinen Handlungen ablesbar?

– Wie können Sie Zugang zu diesen Informationen bekommen?

– Wie hoch sind die Kosten sowie zeitlichen und finanziellen Investitionen, um diese Informationen zu erhalten?

Für das Informationsgrundmuster gibt es keine einfache Checkliste. Sie müssen dieses Muster für Ihre spezifischen Kundengruppen und Einzelkunden selbst bestimmen und durch Ihr Portfolio mit den verfügbaren Kapazitäten und dem Unternehmensleitbild in Verbindung bringen. Es geht auch nicht darum, Kompetenzen zu bestimmen. In dem Kundeninformationsmuster müssen sich Leistungs- und Verhaltensdaten finden, die für Ihr Unternehmen und den Kunden wichtig sind und weiterhin wichtig sein werden. Die Portfoliomatrix sowie die Ansätze des Kundenmanagements und der Orientierung am Kunden bilden die Grundelemente zur Schaffung dieses Musters, das dann mit Hilfe des *Customer Dashboard* den Mitarbeitern mit Kundenkontakt als Unterstützung dient.

Zur Gewährleistung dessen müssen die gewünschten Informationen erhoben werden, damit sie dann als reale und verlässliche Kundendaten das Grundmuster anreichern können. Im Unternehmen muss es für jeden Kunden ein „Data Sheet" und eine „Homepage" geben. Mit der heutigen Technologie – Groupware, Intranet – lassen sich Datenelemente untereinander zu einem Informationspool verknüpfen, der dann als Navigationsbasis dienen kann. Die Gesamtheit aller Kundendatenblätter macht die Marktintelligenz des betreffenden Unternehmens aus.

5.5 Und was tun wir dann?

Wenn Sie nun von den Vorzügen des *Total Action*-Ansatzes überzeugt sind, berufen Sie eine Zusammenkunft mit Ihren Kollegen im Management ein. Dazu sollten die Manager in der Verwaltung und Entwicklung genauso gehören wie die Führungskräfte im Kundengeschäft. Ihre Tagesordnung sollte knapp formuliert etwa folgendermaßen lauten: *„Während der nächsten zwei Stunden möchte ich herausfinden,..."*

– wer unser Kunde ist

– wie gut unsere Leistung diesem Kunden gegenüber ausfällt

– ob wir wirklich das Potential der digitalen Geschäftstechnologien ausschöpfen

Sie sollten auch einen kurzen Vortrag über die Notwendigkeit von *Total Action* vorbereiten. Sprechen Sie etwa 20 Minuten lang über den Bedarf und den Inhalt des Ansatzes. Im Anschluss daran wäre es sinnvoll, die genannten Fragen in größerer Detailschärfe zu behandeln. Ihren Kollegen müssen die Augen aufgehen, denn ihr intellektuelles und operatives Engagement ist entscheidend. Vergessen Sie nicht, Ziele und Zeitleisten zu bestimmen! Und dann: Ärmel hochgekrempelt und ans Werk!

Wie Ihr eigenes Unternehmen im Hinblick auf die Prinzipien von *Total Action* dasteht, lässt sich relativ leicht mit der *Total Action Scorecard* feststellen. Dazu ist es erforderlich, dass Sie die in Ihrem Unternehmen vorhandenen Erfahrungen und Kenntnisse aktivieren. Dabei ist besonderes Augenmerk auf die Mitarbeiter an der Verkaufsfront und die Kunden zu legen. Es ist auch relativ einfach, auf der Grundlage einer strengen Bewertung einen umfassenden Eindruck davon zu gewinnen, wie effizient Ihr Unternehmen im Vergleich zur Konkurrenz und anderen Branchen seine technische Infrastruktur anwendet.

Für die Einschätzung der Lage Ihres Unternehmens und die zu ergreifenden Maßnahmen gibt es weder ein Patentrezept noch eine Checkliste. Wir hoffen jedoch, dass dieses Buch Ihnen einen Richtungshinweis geben und als Anleitung dienen konnte. Im Kern besteht Einigkeit darüber, dass etwas geschehen muss und auch geschehen kann – und darin liegt der wahre Anreiz zum Wandel. Die Verantwortung für diesen Wandel muss dann bei Ihnen liegen – dem Management!

Bibliographie

Adams S (1996) The Dilbert principle. HarperCollins, New York

Baldwin CY, Clark KB (1997) Managing in an age of modularity. Harvard Business Review, September–Oktober 1997, S. 84–93

Benjamin RI, de Long DW, Scott Morton MS (1990) Electronic data interchange: how much competitive advantage? Long Range Planning, 23, 1, S. 29–40

Braverman H (1974) Labour and monopoly capital: the degradation of work in the twentieth century. Monthly Review, New York

Brynjolfsson E (1993) The productivity paradox of information technology. Communications of the ACM, 36, 12, S. 67–77

Burns T, Stalker GM (1961) The management of innovation. Tavistock, London

Fayol FW (1916) Administration Industrielle et Générale. Dunod, Paris

Foy N (1994) Empowering people at work. Ashgate

Hoogeweegen MR (1997) Modular network design: assessing the impact of EDI. Dissertation, Erasmus-Universität Rotterdam

Hoogeweegen MR, Vervest PHM (1998) Modularity: being agile and versatile at the same time. Agility & Global Competition, 2, 4, S. 23–34

Hopper MD (1990) Rattling SABRE – new ways to compete on information. Harvard Business Review, Mai–Juni 1990, S. 118–125

Huczynski A, Buchanan D (1997) Organisational behaviour. Prentice Hall, Europa

Kanter RM (1985) Change masters: innovation for productivity in the American corporation. Simon & Schuster, New York

Keen PWG (1986) Competing in time – using telecommunications for competitive advantage. Ballinger

Levitt T (1969) Marketing for business growth. McGraw-Hill, New York

Lovelock CH (1994) Product plus: how product + service = competitive advantage. McGraw-Hill, New York

Lussato B (1976) A critical introduction to organisation theory

Magretta J (1998) The power of virtual integration: an interview with Dell Computer's Michael Dell. Harvard Business Review, März–April 1998, S. 73–84

Matsushita K (1993) Learning leadership: cases and commentaries on abuses of power in organizations

Mouzelis NP (1968) Organisation and bureaucracy: an analysis of modern theories. De Gruyter

Parkinson CN (1957) Parkinson's law or the pursuit of progress. Penguin, New York

Pascale RT, Guthrie ER (1994) The United States Army: change or transformation. Arbeitspapier

Peppers D, Hull R (1969) Enterprise one to one: tools for competing in the interactive age. Doubleday, New York

Peter LJ, Hull R (1969) The Peter principle. Morrow, Großbritannien

Porter ME (1980) Competitive strategy. Free Press, New York

Reichheld FF (1996) Learning from customer defections. Harvard Business Review, März–April 1996

Sachs O (1985) The man who mistook his wife for a hat. Duckworth, Großbritannien

Steiner TD, Teixeira DB (1990) Technology in banking: creating value and destroying profits. Irwin Professional

Taylor FW (1911) The principle of scientific management. Harper & Row, New York

Vervest PHM (1994) Communication, not information: an ad-hoc organisation of the value chain. Antrittsrede, Erasmus-Universität Rotterdam, Niederlande

Über die Autoren

Im Jahre 1990 gründeten Peter Vervest und Al Dunn *Multimedia Skills*, ein innovatives Telekommunikationsberatungs- und Projektmanagementunternehmen mit Sitz in London. Den Ausschlag gab ihre Faszination in der Auseinandersetzung mit den neuen digitalen Technologien und ihrem ungeheuren Potential sowie das Erstaunen über das Unvermögen so vieler Unternehmen, diese Technologien richtig einzusetzen. Als ehemaliger Bereichsleiter bei Philipps Electronics UK war Peter Vervest (1955) zu einem überzeugten Verfechter der Gewinnträchtigkeit dieser neuen Technologien geworden. Al Dunn (1945) kooperierte hatte während seiner 10jährigen Analysetätigkeiten im Bereich von Telekommunikations- und Informationstechnologiemärkten unter anderem mit der Yankee Group Europe. Er erstellte Forschungsarbeiten im Bereich der Mehrkundenforschung und entdeckte in diesem Zusammenhang die Welten des „Kunden" – oder auch „Opfers".

In ihrer gemeinsamen Arbeit fanden Vervest und Dunn heraus, dass die digitalen Geschäftstechnologien – denen in dem vorliegenden Buch eine tragende Funktion zugeschrieben wird – vielen Unternehmen zu einem Innovationsvorteil verhelfen können. Um diesen Vorteil für sich nutzen zu können, mussten die Unternehmen jedoch völlig neue Wege des Denkens und Handelns gegenüber dem Kunden entdecken. In einer Vielzahl von Projekten in ganz Europa und im pazifischen Raum konnten Peter Vervest und Al Dunn ihre Philosophie von *„Total Action"* für Telekommunikationsanbieter, Kreditinstitute, Produktionsunternehmen, Logistikfirmen, Regierungsbehörden und andere nutzbar machen. Im Rahmen dessen sammelten die beiden Berater detaillierte Erfahrungen bei der Änderung der grundlegenden Sichtweise dieser Unternehmen mit dem Ziel einer vom Kunden ausgehenden Beurteilung der eigenen Leistung: Jeglichen Änderungsbemühungen wurde die Perspektive des Kunden zu Grunde gelegt, so dass in allen Bereichen der oft autistisch von der Umwelt abgekapselten Unternehmen der Wunsch des Kunden verstanden und als Handlungsorientierung gewertet wurde. In dem vorliegenden Buch legen die Autoren für den interessierten Leser ihre Erfahrungen und theoretischen Ansätze dar.

Seit 1993 ist Peter Vervest auch Professor für Telekommunikation an der Erasmus-Universität Rotterdam in den Niederlanden. Beide Autoren unternehmen bei der Zusammenarbeit mit ihren Kunden häufige Reisetätigkeiten. Als vortragende Redner werden sie von ihrem Publikum für ihre klaren Ansichten geschätzt, die sich stets mit dem befassen, was Unternehmen in einer vernetzten Welt der digitalen Technologien leisten müssen, um das eigene Unternehmen – und den Kunden – glücklich zu machen.

Index

Druck: Strauss GmbH, Mörlenbach
Verarbeitung: Schäffer, Grünstadt